JN437778

대인관계의 지평을 넓히고 의사소통의 지혜를 선물하는

사회복지리더의 환대하는 리더십과 설득의 대화

이 재 용

창지사

머리말

누군가의 도움이 필요한 상황에 처했을 때 도움 제공자의 환대가 아니면 웬만해서는 부탁하지 않고 참게 된다. 수십 년을 이렇게 지내왔다면 익숙해진 생활방식을 바꾸기 위해 쉽지 않은 결정을 해야 한다. 이때 결심할 수 있도록 설득하고, 결심한 것에 대한 기대와 희망으로 도전할 수 있는 의지를 제공해 주는 것은 환대하는 사회복지리더만이 할 수 있는 역량이다. 설득은 대화로 이루어져야만 동기를 갖는다는 점에서 환대하는 미소, 환대하는 친절함, 환대하는 설득의 대화는 이용자들의 어려움을 극복하게 하는 유일한 것이다.

사회복지사가 "저를 믿으십시오."라고 말해 준다면 이용자들의 내면 깊숙이 간직된 생각을 들을 수 있을 것이다. 이용자들이 간절하게 바라는 것은 다가가 얘기할 수 있는 리더이다. 환대하는 대화로 설득하는 사회복지사는 이용자들의 이러한 욕구와 기대를 충족시켜 준다.

본서가 사회복지기관을 조망하고 사회복지사가 리더임을 증명하고자 하였던 이유는, 설득하기 위해 대화를 시도하고, 상황을 극복하기 위해 상시적으로 이끄는 역할을 해야 하는 직무특성 때문이다. 사회복지사는 대화하는 직업이고 대화를 통해 자원의 개발 및 영입 등 중요사업을 실행하기 위해 기관을 소개하기도 한다. 또한 봉사의 중요성을 설명하거나 사회복지사업의 필요성을 강의해달라는 요청을 받게 되는데, 이는 사회복지리더의 체득된 경험이 설득의 단초이기 때문이다.

본서는 사회복지사가 반드시 갖추어야 할 대화기법을 토대로 하여 시작을 여는 대화, 대화의 질을 높이기 위한 최적의 설득은 무엇인가? 하는 물음을 통해 리더십 발휘의 대안을 모색하였다. 사실 사회복지 직무는 여러 요인에 의해 실행되지만, 직무의 시작은 타인과 관계하는 대화에서 시작된다. 시작의 첫 마디를 어떻게 여는가에 따라 상대의 호응과 참여를 촉구하게 된다. 또한 표정과 태도, 반응에 의해 상대가 호감을 느낀다. 따라서 진지한 모습과 의도하는 반응을 얻으려면 대화로써 설득해야 하며, 어떠한 모습으로 대화에 임했는가에 따라 마음을 움직일 수 있다.

하지만 이것은 시작에 불과하다. 대화의 물고를 텄다면 이용자의 입장에서 그들의 마음을 움직여야 한다. 이때 필요한 기술이 설득이다. 설득되었다면 결심한 것이다. 이제부터 참여하겠다는 의지를 갖는 데 동기가 필요하다. 동기를 의지로 강화하여 변화하겠다는 목적을 갖게 하는 것은 환대하는 것에서 시작된다.

즉, 환대하는 사회복지리더의 설득은 대화에 기반을 둔다. 설득되었을 때 동기를 갖고, 이러한 동기를 의지로 강화시키는 것이 환대하는 설득의 대화이다. 그럼 환대하고 설득한다고 변화될 것인가. 아쉽게도 그렇지 않다. 이제부터 필요한 것이 사회복지리더의 리더십이다. 환대하며 끝까지 책임을 지고 노력할 것이라는 확신을 주어야만 포기하지 않고 자기 몫의 삶을 살기 위한 의지를 갖는다. 이를 이끌어 가는 인물이 사회복지리더이고, 리더의 이러한 역량은 리더십 발휘를 기반으로 한다. 따라서 역량 있는 사회복지리더는 이용자로 하여금 '현재를 잊게 하여 더 나은 생활을 위해 노력하게 만들어 준다.'는 생각을 갖게 한다. 포기하지 않게 만드는 것이 리더십의 발휘이고, 이러한 리더십을 발휘하는 사회복지사는 유능한 사회복지리더로 자기 확신을 통해 기관의 동료들과 이용자들, 주민들을 이끈다.

이용자들은 사회복지사와 친구가 되기를 원한다. 즉, 친구 같은 사회복지리더를 기대한다. 사회복지리더가 대화로써 이용자를 설득하였을 때 참여의지를 보이게 된다. 기관의 동료들에게 협조요청이나 협의해야 할 사안을 논의하는 과정에서 개입해야 한다는 당위성을 피력하는 것, 대화의 물꼬를 트기까지 고군분투하는 사회복지리더의 역량과 환대하는 대화기술의 리더십 발휘는 이 같은 이용자들의 기대를 충족시킨다.

독자는 지금 환대할 준비가 되어 있는가. 사람을 사랑하고 존중하면서 이용자들과 그들을 지원하는 주민들과 관계된 사람들의 미래를 고민하는 멋진 계획을 제시할 인물인가. 본서를 통해 사회복지리더가 갖추어야 할 리더십을 고민할 것이다. 어떻게 리더십을 발휘하고 설득의 대화를 실천할 것인지를 고민하게 될 것이다. 또한 주민들을 설득하기 위한 자신만의 방식을 찾게 될 것이다. 그리고 대화를 이끌고 설득하는 인물로 거듭날 것이다. 오직 환대하는 사회복지리더만이 얻게 되는 것임을 확인하게 될 것이다.

독자의 건승을 기원한다.

2018. 9

이 재 용

차 례

제1부

사회복지리더의 전문성과 직무역량

제1장

사회복지리더의 개념과 자질

1. 리더의 개념

사회복지기관에 근무하면서, 또한 직무를 수행하면서 이용자를 이끌어야 한다는 생각을 사회복지사라면 누구나 한 번쯤은 해보았을 것이다. 의도한 변화를 이끌기 위해 해결 방법을 찾는 등 실행방안을 마련하기 위해 고군분투하면서 추진하였던 경험 또한 있을 것이다.

이러한 중요한 역할을 수행하고 있음에도 사회복지사가 리더라고 생각하지 않는 이유는 리더는 위대한 일을 해내는 특별한 존재라는 편견 때문이다. 리더십이 발휘되려면 구성원들의 열망, 간절함, 기대 등을 충족시키면서 대중을 이끌 수 있는 탁월한 역량을 갖추어야 한다는 생각을 버려야 한다. 독자는 리더의 자질과 충분한 역량을 갖추었다는 것을 확신해야 한다.

본 절에서는 리더가 누구이고, 그들은 어떠한 리더였는가를 정의하고, 좋은 리더가 되기 위한 리더십 발휘 방법과 자질을 살펴보고자 한다.

1) 리더와 리더십에 대한 오해

독자가 생각하는 리더는 어떠한 인물인가

독자는 직무를 수행하면서 리더라고 생각해 본 적이 있는가? 리더는 선구자, 선도자, 혁신적인 혁명가로서 사람들의 안위와 행복을 만들어 가는 인물인가, 온화하고 매력적이며, 부드럽게 사람들을 움직이고, 지혜롭게 처신하면서 이끌어 가는 인물인가.

이와 같은 리더에 대한 고정관념은 과거에 배웠던 훌륭한 인물들의 위대한 업적을 알고 있는 데서 비롯된 것이다. 그들의 평범함 속에 가려져 있는 진정한 자아의 성숙과 내면적 성찰을 이해하지 못하고, 업적 중심으로 리더는 이러한 인물이었고 위대한 일을 해냈기 때문에 난세에 사람들을 구한 사건만을 회자시켜 학습한 결과이다.

안타깝게도 우리에게는 이러한 역량이 없다. 과연 이러한 능력을 갖춘 사람이 몇 명이나 되겠는가, 한 나라의 대통령도 어린 청소년 수백 명이 죽어가는 생사기로의 상황임에도 무어라 핑계를 대는 세상인데 말이다. 그가 리더인가, 일개 개인일 뿐이라는 것을 여실히 확인하게 된다.

리더는 위기 상황을 극복할 대안을 제시하는 사람인가

아니다. 리더 역시 문제에 직면하게 되면 누구보다 더 많이 고민을 한다. 한마디 말에 사람들이 동요할 수 있어 차분하려 애쓰고, 불안하다는 것을 드러내지 않기 위해 여유 있는 표정을 짓는 것이다. 어느 누가 심각한 위기 상황에서 대범한 척, 태연한 척하며 고심하지 않겠는가.

만약 몸담고 있는 조직에 능력이 없고 무능한 직원이 있다면 어떻게 이끌어야 하는가. 사실 이러한 동료가 더 위험하다. 사회복지기관의 성장을 방해하는 것은 물론 갈등을 초래하는데, 직무마다 설득해야 한다거나 처리과정을 일일이 확인해야 한다면 그를 유능하다고 인정할 수 있겠는가. 설사 직무를 추진한다고 하여도 그의 직무는 지극히 개인적인 일일 뿐이다. 따라서 이는 능동적으로 직무를 수행한다고 볼 수 없을 뿐 아니라 동료들과 관리자를 힘들게 할 뿐이다.

하지만 이러한 직원 또한 생존하기 위한 방법을 동원하기 때문에 직무를 능숙하게 처리하는 동료도, 평판이 좋은 동료도 그에게는 불편한 대상일 뿐이다. 쓸데없는 말을 하고 더 많이 일을 한다는 등 자신을 드러내기 위해 끊임없이 문제를 제기한다. 생존하기 위한 수단에 불과하지만 그의 생존방식이기 때문에 관점과 태도를 바꾸기 위해서는 극단의 조치가 필요하다. 만약 이러한 동료와 근무하고 있다면 가급적 관여하지 않기 위해 자기관리를 해야 한다.

무능력한 직원은 위기 상황을 회피하는 특성을 보인다. 사회복지기관의 위기는 직무수행 및 대상자를 지원하는 과정에서 언제든 생길 수 있다. 직무수행 중의 위기는 중요직무를 처리하면서 마감기일을 지키지 못해 기관의 사업에 치명적인 손해를 끼치는 경우이며, 대상자와 관련된 위기는 사고 또는 위험에 노출되는 것 등이다. 기관장의 입장에서 무능력한 직원을 통해 위기상황을 극복하려고 시도하지 않을 것이다. 그 이유는 간단하다. 그가 할 수 있는 일이라곤 시키는 일을 수행했다는 것 외에는 없기 때문이다. 처리하는 동료를 어떻게 이끌어야 하는지는 별개의 문제이다.

리더는 혁신적인 실천가인가

이 또한 아니다. 리더는 기관의 상황을 잘 파악하고 있다. 문제가 무엇이고, 무엇이 해결되어야 하는지, 어떠한 일들이 해결되지 않아 문제를 유발하는지 등을 알고 있다. 이러한 상황에서 자신이 해야 할 일들과 적절한 대안이 무엇인지, 문제가 지속된다면 더 심각한 상황을 초래할 수 있다는 것도 알고 있다. 그래서 리더는 정황을 파악한 후 유사사례를 찾아 해결방법을 모색하고 도움을 줄 수 있는 사람들에게 조언을 받으며 문제해결을 위해 전력한다.

리더는 현재의 문제를 개선하고, 해결하는 데 충분한 능력을 갖추고 있으며 대안을 모색하는 전략가이다. 이러한 전문가와 관계를 맺고, 부하직원이나 동료로 둔다면 좋겠지만 능력을 갖추고 있는 사람을 만나는 것이 쉽지 않고, 또한 드물다. 사회복지기관의 현실은 관리적 사무에 집중하고 성과를 내라고 요구하는 관리자와 관계된 사람들과 일을 해야 하기 때문에 스스로 리더로 성장하고 자격을 갖추는 것이 더 나은 선택이다.

2) 리더와 리더십 정의

Kotter(1990)는 "리더십이란 바람직한 목표를 성취시키기 위해 사람들에게 동기를 부여하고 지휘하며 영향력을 행사하는 능력"이라고 하였다. Stogdill(1974)은 "목표설정과 목표달성을 지향하도록 집단행동에 영향력을 행사하는 과정"(박계홍·김종술, 2014, 재인용)으로, Richards & Engle(1986)은 "비전을 제시하고 가치관을 구체화하여 일이 완수될 수 있는 환경을 창출해 내는 것이다."라며, 리더십은 다른 사람을 이끄는 것으로 비전 성취와 관련된 것이라고 정의하였다. Greenberg(1993)는 "한 사람이 집단이나 조직의 정해진 목표를 달성하기 위해 다른 집단구성원에게 영향을 미치는 과정이다."라고 하였으며, House 등(1990)은 "타인에게 영향을 미치고 동기를 부여하며 타인이 조직의 효과성 및 성공을 위해 공헌할 수 있도록 능력을 배양하는 개인의 능력이다."(김윤호·김태완, 2015. 재인용)라고 정의하고 있어 리더십은 집단 개개인에게 동기부여와 영향력을 행사하는 것이라고 정의하였다.

이상의 학자들의 리더십에 대한 정의를 살펴보면, 추종자가 있다. 이끄는 자도 있다. 결국 리더십은 리더가 있고, 추종하는 무리가 있어야 발휘된다. 하지만 누가 이끌고, 언제 따를 것이냐의 문제가 제기된다. 또한 누구를 따를 것인가 하는 문제도 있다.

리더십은 'leader+ship'의 합성어로, leader는 '다른 사람 또는 집단의 목표달성을 위해 행동하게 만들어 구성원들에게 영향을 미치는 사람'이다. 'ship'은 어떤 상태, 특질을 나타내거나, ~로시의 기술, 능력을 의미하고, 지도자의 지위와 지도자로서 갖추어야 할 덕목, 특성, 행동 등 지도자가 갖추어야 할 상(象)을 말한다(김윤호·김태완, 2015, 재인용). 따라서 리더가 지도자의 역량을 갖추지 않는다면 리더십을 발휘하지 못할 뿐 아니라, 설사 리더의 위치에 있다 해도 리더가 아니다.

사회복지 직무는 자원봉사자들과 후원자, 행정기관의 직원들과 동료, 타 기관 직원들과의 협조 정도에 따라 목적을 달성하게 되는데, 이는 협력적인 관계여야 하고 요구와 기대를 충족시켜야 한다는 전제에서 가능하다. 이전까지는 소속된 기관에서 각자의 역할을 수행할 뿐이다. 관계된 기관, 또는 전문가들과 사회복지사업의 가치를 협의하면서 사업에 참여하고, 사업의 본래 목적을 성취하기 위해 함께 일한다. 이 과정에서 누군가 리더 역할을 수행해야 하는데 리더로 지목받은 그가 어떻게 협의하고 합의를 이끄는가에 의해 리더가 되는 것이다.

리더는 타 기관 및 전문가의 참여를 독려하기 위해 회의를 하는 등 설득의 대화를 시도하며 리더십을 발휘한다는 점에서 지역복지주체로서 대표하는 인물로 인식된다.

사회복지사가 리더가 되어야 할 이유는 사람들을 이끌어야 하기 때문이다

사회복지리더는 이용자들이 원하는 옳은 것을 성취하게 할 책임을 다하며 성실하게 수행해야 하는 리더 역할을 감당하게 된다. 또한 성장에 필요한 관계 형성에 적극적이고 바람, 기대 등을 성취하기 위한 직무 활동을 활발하게 해야 한다.

전통적인 리더십 관점은, 집단의 구성원들에게 동기를 부여하여 방향자로서의 역할을 하고 성과를 중심으로 규합할 것을 주문하였다. 목표달성에 필요한 노력을 기울이면서 개인들의 성취감을 높이기 위한 영향력의 행사, 즉 리더십을 발휘하면서 수행할 과업을 효율적으로 달성하는 데 필요한 이끎을 강조하였다. 따라서 리더의 역할이 강조되고, 개인들 또한 리더에 대한 적극적인 협조와 협력 관계를 중시하면서 따르는 데 초점을 두었다. 리더로부터 긍정적인 영향을 받음으로써 기관의 과업이 달성된다는 리더 중심의 논의이다.

이를 볼 때 과거의 리더십이 집단, 목표달성, 리더, 구성원의 동기부여, 영향력 행사 과정이라면, 현대의 리더십은 리더, 부하, 상황변수들을 종합한 통합적 관점에서 교환적 관계를 강조한다고 볼 수 있다(강정애·태정원·양혜현·김현아·조은영, 2010).

Barnard는 조직 내에서 공식적 리더와 비공식적 리더가 있음을 주장하였는데, "공식적 리더는 조직의 위계에 의해 일정 직위에 있으며, 권한을 가지고 있는 책임자, 즉 부서장, 기관장, 이사장, 이사 등이며, 비공식적 리더는 직위와 상관없이 소속된 조직에서 리더 역할을 자연스럽게 발휘하는 자"라고 하였다. 하지만 공식적 리더는 부하인 동시에 관리하는 리더이고, 보고하는 입장에서 부하직원들의 보고를 받는다. 이러한 점에서 공식적 리더는 보고를 잘 받고 보고를 잘해야 하는 특수한 상황에 처해 있다. Jago(1982)는 리더십을 개인들이 소유한 특성으로 개념화하면서 리더십의 자질과 특성은 특정 개인에게 나타나고, 특별한 사람에게 제한된다는 특성론적 관점을 주장하였다. 한편 과정을 강조하는 시각은 누구나 상황 속에서 리더십을 발휘할 수 있다는 것을 제기하였으며, 리더의 행동은 관찰될 수 있고 후천적인 학습에 의해 누구나 개발할 수 있다고 하였다(강정애 외, 2010).

성과를 기대하지 않으면서 직무를 수행하는 직원은 없다. 따라서 Jago가 제기한 누구나 리더가 될 수 있고, 리더십을 발휘할 수 있다는 가능성은 가정에 불과한 것이 아니다. 누구나 특정한 직무를 수행하기 위해 시행 초기와 과정, 결과가 좋아지기를 기대하고, 성과를 높이기 위해 다양한 방법을 동원한다. 이러한 점에서 과정에 충실하고 더 나은 성과를 얻기 위해 헌신한다면 분명 결과가 좋아질 것이고, 리더임을 확신하면서 직무에 임한다면 리더십은 발휘될 수 있다.

이를 뒷받침하기 위해 학자들은 리더와 리더십에 관한 연구를 통해 다양한 정의를 내렸으며, 이러한 견해는 시대의 흐름에 따라 재정의되었다. 실제 리더의 역할 또한 바뀌어 왔다. 주목해야 할 것은 현재의 조직에서 리더 역할을 수행하고 있는가이다. 수년 동안 동일한 직무를 수행하면서, 직무에 필요한 지식과 기술을 습득했지만 주변인으로 머물고 관계된 사람들을 이끌지 못한 채 지쳐 있다면 고민해야만 한다. 리더의 가능성을 개발하고, 능력에 맞게 개발하기 위해 무엇을 시도해야 하는가에 관한 논의로써 리더와 리더십 개발에 관심을 갖는다면 잠재력을 개발할 수 있다.

여러 학자의 리더 및 리더십에 대한 정의를 종합해 보면 다음의 특성이 포함되어 있다(박계홍·김종술, 2014).

첫째, 팀원들의 자발적 추종을 이끌어낸다

개인들의 생각, 이념, 철학 등 상황에 몰입하고 유사한 관점을 갖게 되었다면 자발적인 협력, 협조 등이 원활해지고 이끌고 있는 자신의 위치를 깨닫게 된다.

둘째, 기대되는 역할에 대한 이해를 갖는다

기관의 장으로부터 기대하는 팀원들의 역할을 알게 되어 초기에는 직위에 걸맞은 역할을 수행하지만 점차 팀원들이 갖는 기대, 역할수행과정, 결과를 얻기 위해 직무를 수행한다.

셋째, 팀원들을 협조자와 후원자로 간주한다

하급자와 상급자라는 원칙이 지지와 격려자로 바뀐다.

넷째, 이슈를 개발하고 목표를 구체화한다

현안에 대한 것을 공동으로 추구하며 공유하고, 설사 개인적인 것이라 하여도 팀을 위해 활동한다.

다섯째, 몰입이다

사안에 따라 뭉치고, 무엇을 할지에 대한 합의가 있었으므로 이제부터는 시행과 과정, 결과를 얻기 위해 구성원 모두가 집중한다.

리더십은 특성이고 능력이며 스킬이다. 따라서 행동하면서 관계를 맺는 등 영향을 미치는 과정이라는 관점을 가져야 한다. 리더는 만들어지는 것이 아니라 타고난 것이라고 하는 이유는 조직의 특정한 상황에 대처하기 위한 리더십 발휘의 특성 때문이다. 능력은 더 나은 역량을 개발하기 위해 습득해야 할 것과 강화해야 할 기술 등에 관한 것이다. 흔히 스승, 코치, 코칭을 의미한다. 전문지식과 기술, 태도의 배움을 통해 직원은 리더 역할을 준비할 수 있다. 스킬은 무언가를 성취하기 위해 개발된 개인의 역량으로, 학습과 숙련도에 의해 향상된다. 행동은 실천이며 이는 팀원 모두 확인할 수 있고 직접 체험되기도 한다. 시행, 업무완수, 과정 모두를 팀원과 함께 더 나은 성과를 얻기 위해 참여한다. 중요한 것은 자발적인가 아닌가의 문제이다. 리더는 팀원들에게 흔들림 없는 목표를 제시하고 실천하기 위해 노력하면서 팀원들의 변화를 촉진하는 역할을 수행한다. 관계는 소통이 전제된 과업, 상황해결을 위해 몰입하는 것으로 진행과정에서 상호작용이 충분한 경우 기대한 결과를 얻게 된다. 충분한 상호작용 정도에 의해 팀원들은 깊은 신뢰를 갖고 행동한다(Peter G. Northouse, 2012, 이용철·김진웅·김기홍·리상섭 역, 2014).

Tip............................ 현대 사회의 리더십

현대의 리더에 대한 이해는 리더십 발휘과정에서 어떠한 방식으로 구성원들을 자발적으로 추종하게 할 것인가와 변화를 위한 방법에 초점을 두고 있다. 성과 도출을 위해서는 구성원들의 상황에 적합한 리더 역할이 있어야 한다. 즉, 리더의 자격을 갖추는 것과 리더십을 발휘하기 위한 준비에 대한 것으로 구성원들의 상황에 적합하게 역할을 하면서 요구 등에 대한 부응이 얼마나 치밀했는가에 의해 능동적으로 역할을 하게 된다는 것이다.

개인적으로 극심한 곤란이나 어려움에 처해 본 적이 있는가. 당장 도움을 받을 만한 사람이 없어 힘든 시간을 보냈던 상황은 사실 포기하고 싶을 정도로 힘들었던 시간일 것이다. 이 시기는 혼자의 힘으로 극복하기 어렵다. 따라서 필요하면 도움을 받아야 한다. 하지만 도움을 받을 만한 상황이 아니고 구할 데가 없을 수 있다.

힘든 문제는 예기치 않은 상황에서 발생하고, 예측했지만 상황 전개가 복잡하여 어떤 준비부터 해야 할지 혼란스럽기 때문에 판단하지 못할 때가 있다. 판단 중지는 자주 겪는 일이다. 하지만 바꿀 수 없는 것들이 너무 많아 무엇부터 해야 할지 몰라 포기하게 된다.

이러한 곤란에 처해 있는 이용자들이 늘어나고 있음을 감안하여 볼 때 리더는 과정을 중시하면서 개인들이 처한 상황을 이해하기 위해 노력한다. 또한 진행과정에서 옳은 말을 하고 필요한 얘기를 조언한다. 사회복지사가 리더가 되는가와 아닌가의 차이는 침묵을 지키는가, 아닌가에 의한다는 것을 기억하자.

2. 사회복지리더의 개념

사회복지리더는 계획과 과정에 충실하고 이용자의 반응을 살피며 상황에 따라 행동한다

사회복지리더는 여러 사람과 관계하고 그들의 필요를 알게 되면서 기대하는 역할을 수행하게 된다. 이때부터 해야 할 역할을 위해 노력과 수고를 아끼지 않는다.

리더가 아닌 관리자가 리더 역할을 수행하게 되면 개인을 위해 충성하는 꼴이다. 프로그램에 참여한 이용자들은 사회복지리더가 리더십을 발휘하지 못하는 한계에 실망하고 더 힘든 상황에 내몰리면서 따랐던 지난날을 후회한다. 아닐 것이라는 기대를 갖고 따르지만 사회복지사의 성품과 태도에 실망과 기대를 충족시켜주지 못하는 것에 대해 답답해하고 비난하며 적대적으로 변한다. 사회복지사는 결국 비난의 대상으로 전락하게 된다.

중요한 것은 실망한 사회복지사를 아무도 따르지 않을 뿐만 아니라 인정하지 않는다는 것이다. 사회복지사는 분노와 원망의 대상으로 전락하여 이용자들은 그의 모든 역할을 부정하고 어떠한 관계 맺기도 거부하면서 신뢰하지 않는다. 이러한 부정적인 경험은 쉽게 잊혀지지 않기 때문에 사소한 일조차 그와 연관되거나, 특별한 장소 또는 기억이 연상되는 사건이 생길 때면, 그는 분노의 대상이 된다. 그를 아는 모든 이용자들이 부정적인 것들을 연상하기 때문에, 잃어버린 신뢰를 회복하는 것은 불가능하다. 이용자들도 그가 리더인지 아닌지를 판단하기 때문에 더 이상 사회복지리더로서의 역할을 할 수 없게 된다. 그래서 사회복지리더가 되기 위해서는 신중해야 하고 리더의 위치를 견고하게 유지하는 것이 더욱 중요하다.

허갑수·변상우(2013)는 좋은 사회복지리더는 첫째, 우수한 두뇌를 소유하고 있어 환경의 변화 등에 능동적으로 대처할 수 있는 능력이 있어야 한다는 것을 제기하였다. 둘째, 성실성, 인간미와 성실성을 갖추고 있다. 셋째, 추진력, 이용자들의 가치관과 잠재력을 파악하고, 태도 등 적극적으로 동기를 부여하여 프로그램의 목표달성에 기여할 수 있도록 추진력을 갖추고 있다. 넷째, 목표의식, 사회복지리더는 비전을 수립하여 이용자들에게 전파하고 공유하여 목표달성에 몰입한다. 다섯째, 문제해결능력, 사회복지리더는 새로운 것을 추구하고 변화를 주도한다. 따라서 창의력과 쇄신능력이 뛰어나다. 해결책이나 정책구상 등 당면문제를 해결할 수 있는 능력이 있다. 여섯째, 의사소통능력, 사회복지리더의 의사를 이용자들이 수용하게 하여 기분 좋은 상태를 유지하게 한다. 개인들이 가진 지식을 활용하여 프로그램에 참여한 이용자를 이끌고, 생산적이고 효율적으로 일할 수 있도록 만든다. 일곱째, 전문지식, 관련 분야의 전문지식이 있다. 새로운 서비스를 개발하는 데 있어 전문지식을 통해 이용자를 이끌고 개인들의 역량을 강화시킨다. 여덟째, 솔선수범, 누구나 힘든 일을 싫어한다. 솔선수범은 앞장서는 것을 말한다. 아홉째, 최고를 추구하는 근성, 항상 노력하고 최고가 되어야 한다는 근성이 있을 때 경쟁사회에서 도태되지 않는다. 열째, 결단력, 매사 우유부단하지 않고 적극적이며, 과감한 의사결정을 내릴 수 있는 결단력이 있다. 열한째, 상황분석능력, 신속한 상황판단능력이 있으며, 적절히 대응한다. 상황분석과 상황대처능력은 프로그램에 참여한 이용자들이 나아갈 방향에 관한 것으로 사회복지리더는 철두철미하게 상황을 점검하고 분석하면서 적절하게 대응해나간다(허갑수·변상우, 2013).

허갑수 외(2013)의 논의를 종합해 보면, 좋은 사회복지리더는 팔로워(follower), 즉 이용자들의 상황을 이해하고, 그들이 원하는 것이 무엇인지를 알고 있다. 리더 자신의 의지보다 이용자들이 원하는 일과 해낼 것들을 생각한다. 개인들이 활동의 주체가 되도록 다양한 방식을 고민하고 해결해 내도록 자신감을 부여하기 위한 방안을 마련한다.

사회복지리더는 사회복지기관을 이용하는 이용자들과의 상호작용에 총력을 기울이며 다음의 사항을 추진하기 위해 최선을 다한다(Richard, Hughes, Robert, Ginnett, Gordon, & Curphy, 1994, 정재삼·두민영·김은지·이영민, 2013).

첫째, 바라는 기대를 무조건 수용하지 않는다

이용자들이 요구하는 것은 외부 환경에 대한 대처와 해결방법이다. 따라서 상황이 어떠한지에 대한 확인이 필요하고 미흡한 경우 보충하기 위해 방안을 모색한다. 사회복지리더는 이용자 개인을 존중하고 그들의 상황을 개선하기 위해 적극적으로 대처한다. 여기에서 중요한 것은 관찰이다.

둘째, 이용자들이 리더에게 영향을 받는 것들을 확인한다

촉진요소와 그렇지 않은 것들을 상황장면에 따라 확인한다. 또한 어떻게 변화되는지를 확인한다. 기관 내부에서 이용자들이 상호작용하는 정도를 파악하고 외부에서 영향을 받는 것들을 구별하여 충성도, 헌신, 신뢰 등을 다각적으로 분석한다. 또한 이용자들 간의 관계, 사회복지사와의 관계, 영향을 미치는 요소, 어떠한 상황에서 더 적극적으로 반응하고 따르는지에 대한 대처방안을 강구한다.

셋째, 원하는 리더 상을 이해하고 부응하기 위해 준비한다

이용자들은 추구하고 동경하는 이상이 다르다. 그들의 기대에 부응하는 리더가 되기 위해 경험, 경력, 새로운 지식소유 등에 최선을 다하고 주의를 기울인다.

넷째, 공정한 기회를 제공하여 자유로운 경쟁을 유도한다

심리적 동질감을 느끼게 하도록 다양한 장치를 마련한다. 리더에 대한 지원을 포함한 중재 역할을 상시적으로 수행한다.

이용자들은 자신이 이용하는 사회복지기관이 번창하기를 기대하고 이끌어 줄 사회복지사를 리더로 선택한다. 리더 선택의 결정적 판단은 지원하는 역할, 중재, 조언, 지식의 전수 등 다양한 요구에 대한 부응이다. 자신보다 나은 역량과 지식 등을 소유하는 것과 관련되어 있어 성장을 고대한다는 점에서 배울 것이 없는 사회복지사에게는 기대하지 않는다. 따라서 이용자들의 기대를 충족하기 위해서는 부단한 자기노력이 필요하다.

Richard I. Hughes 외의 논의를 정리하면, 사회복지리더는 기회를 많이 제공하고, 또한 성장을 위한 환경을 조성하기 위해 노력한다. 이용자들은 자신의 상황을 중심으로 사회복지리더를 본다. 리더의 견해와 생각, 가치 등을 알기 원하고 리더의 확신 있는 주장이 자신에게 반영되기를 기대한다. 새로운 변화를 추구하면서 에너지를 쏟고, 쏟은 것만큼 보상을 바라고, 더 성장하고 싶다는 바람을 통해 프로그램의 참여에 최선을 다하기를 기대한다. 모든 활동은 사회복지사의 전유물이 아니기를 기대하고, 해야 할 일에 대한 역할을 개척하며 능동적으로 수행하기를 원한다. 필요한 때에 역량을 발휘할 기회를 기대하는 것이다.

따라서 사회복지리더는 사회복지기관의 상황에 적합하고 이용자의 입장에서 직무를 수행한다. 문제에 직면한 개인뿐 아니라 이용자에게 필요한 여러 정보를 적극적으로 습득하면서 해결하기 위해 노력한다. 결국 사회복지리더는 노력에 의해 만들어지고 상황이 어렵거나 특별한 경우 더 많은 역할을 하면서 인정을 받는다. 학자들이 주장하고 제기한 리더와 이용자들과의 관계는 구별된 것이 아니라 문제와 해결 역량을 동시에 갖추고 함께 역할을 하는 운명공동체로 인식하는 것이 적절하다.

진정한 사회복지리더는 누구일까? 상황대처능력, 문제해결능력, 적절한 정보제공, 위기적 상황에서의 상호작용, 변수에 대한 해결지지, 해결방법에 대한 공조, 치밀한 과정실행에 따른 협의기능의 확대, 에너지를 발휘할 수 있는 적절한 환경 등을 촉진하는 인물이다. 그러므로 직위와 상관없이 누구나 이러한 역할을 수행하게 되면 그가 좋은 사회복지리더이다.

3. 사회복지리더의 전문성과 자격

1) 독자가 생각하는 리더는

사회복지리더는 어떤 사람인가. 리더는 집단 또는 조직을 이끌어 가는 인물인

동시에 이용자들의 삶에 변화를 주어 새로운 인생의 역사를 쓰도록 영향을 미치는 존재여야 한다. 항상 이용자를 상대하고 그들을 이끌어야 한다는 점에서 사회복지사에게 리더의 자질과 역량은 리더십을 발휘하기 위해 매우 중요한 것임을 알 수 있다. 따라서 사회복지리더로서의 자질과 영향력을 갖춘 인물을 양성하는 것이 중요하다.

그들에게 직접적인 도움자 역할을 통해 생각의 전환을 갖게 하여 도전하고 실천하는 행동가의 마음을 품게 하는 것이 가장 중요한 사명이다.

사회복지리더의 상(像)은 리더 역할에 대한 신념에 기반을 둔 것으로 유능한 사회복지리더는 성장 동력을 개발하기 위해 전력한다. 개인의 변화 후의 성공과 성취할 것들을 고려하면서 부적절한 환경을 개선하기 위해 전력한다. 또한 이용자를 긍정적으로 대하고 생활 속에서 성취할 것들을 관찰한다. 긍정적인 자아상을 정립하고 선택한 자아상을 이루기 위한 확실한 신념이 있다. 이는 장기적인 비전에 대한 강한 신념이다. 유연하고 여유로운 균형감각을 항상 유지하는 데 필요한 정보 습득을 위해 감각을 활용하여 필요한 곳에 적시에 제공한다(이영관, 2010).

이를 정리해 보면, 사회복지리더는 자기 신념이 있고, 주변에 영향을 미치기 위해 지속적으로 노력하며 성과도출을 위해 전력한다. 그래서 사회복지리더는 성공을 만들어 내기 위해 지속적으로 탐구하고 신념 있게 일한다.

사회복지리더가 되고자 한다면 리더임을 확신해야 한다

일부 사회복지기관의 사회복지사는 이용자를 이끌겠다는 신념을 갖지 않고 상담대상으로만 처우한다. 자원봉사자를 설득하는 데에도 활동이 필요한 이유와 당위성만을 강조하고 잠재된 능력을 단순 봉사활동에 가두어 버린다. 또한 이용자의 아픈 현실을 체험만 하여도 더 나은 활동으로 이어지게 만들 수 있는 기회를 놓치고 장기 자원봉사자로 활동할 수 있는 자원들의 유능성을 발휘할 수 없도록 가로막는다. 지역사회에서 더 다양한 사업을 시행할 기회를 놓치고도 아무렇지 않게 생각한다.

자원의 활동이 얼마나 중요한지를 알고 있으면서 순간의 소홀한 대처로 인해 자원들의 연계를 방치하는데, 누군가 대신할 것이라든가, 또는 개발하면 된다는 안이한 생각의 함정에 빠져 재능을 연계하는 데 실패하는 것이다.

2) 사회복지리더는 기관의 발전과 이용자의 성장을 촉진하는 매개이다

기관의 장이 소극적으로 직무에 임한다면 사회복지사 또한 소극적인 태도로 직무를 수행한다. 반면 확실한 비전을 제시받는다면 직무성취를 위해 능동적인 자세로 직무에 임한다.

자발성은 사회복지사가 부서와 조직을 위해 무엇을 해야 할지를 알게 된 이후에 발현되는 직무태도이다. 능동적인 자발성을 지속적으로 갖게 하는 **실천가가 사회복지리더이고 리더십을 발휘할 때 시너지 효과가 크다는 점에서 사회복지리더의 신념은 이용자들의 신념이어야 하고, 신념을 펼칠 수 있는 기회를 마련하는 것이 리더십 발휘의 토대이다.**

학생들에게 왜 공부를 하느냐고 묻는다면 아마 부모의 요구이고, 좋은 대학을 가야 좋은 직장을 얻을 수 있기 때문이라고 답할 것이다. 풍족한 생활을 할 수 있기 때문이라면, 또는 우리가 선택할 수 있는 것이 없어서 등의 이유라면 고민해야 한다. 졸업 후의 진로는, 어느 직장에 취업할 것인지, 결혼은 언제하고, 인생을 어떻게 개척해 나갈 것인지 등 좋은 대학에 입학한 후 준비할 것들이 너무 많음에도 주변의 요구와 기대를 충족하기 위해서라는 식의 답변이라면 보다 나은 미래를 준비하기 위한 도전을 제안해야 한다.

관리자와 리더의 차이는 이용자들의 신념을 비전으로 확신하게 하는 데 있다. 직무의 시작과 과정을 사무절차에 의해 시행한다면 성과는 좋아지겠지만 원칙이 강조된 일상이 반복된다면 무기력을 경험하게 된다. 그래서 사무적인 관리자에게 오랫동안 직무를 배운 사회복지사가 리더로 성장하지 못하고 리더십을 발휘하지 못하는 것이다. 왜냐하면 해야 할 것과 하지 말아야 할 것을 알고 있으며, 이러한 관리자의 직무수행 방식에 익숙해져 더 이상 노력할 필요가 없기 때문이다.

따라서 사회복지리더는 관료적인 무료함을 벗어나도록 비전을 제시하고 비전을 성취하기 위한 방향을 제안해야 한다. 비전을 성취하기 위한 방향의 모색은 행정원칙이 왜 필요한지, 사회복지사의 직무가 사무원칙을 지켜야만 이용자들의 기대에 부응하게 하고 이를 토대로 더 다양한 것들을 성취할 수 있다는 무언가를 기대하도록 이끌기 때문이다. 동일한 직무를 반복적으로 수행한다 하더라도 필요를 제시하기 때문이다.

이와 같이 사회복지리더는 행정체계를 토대로 관리해야 할 직무를 명확히 정의하고 비전으로 승화시키며 사회복지기관이 나아갈 목표를 제안한다. 반면 관리자는 직무를 강화하고 직무절차에 따라 처리되었는지를 유심히 살피면서 진행해야 할 직무가 마감시기에 따라 처리되었는지를 살핀다는 데 사회복지리더와 관리자의 차이가 있다.

기관운영에 문제가 없기를 바라면서 합리적인 운영을 강조하는 기관장이라고 하여도 리더 역할을 수행하는 부하직원을 채용한다면 직원들을 성장시키면서 기관의 발전을 도모할 수 있다. 왜냐하면 기관장이 운영에 필요한 관리시스템을 강화하고 원칙대로 처리한다고 하여도 수행의 필요를 동기로 제안하는 등 중재역할을 하기 때문이다. 따라서 사회복지사가 리더 역할을 잘 수행한다면 이용자는 물론 사회복지기관 또한 성장하게 될 것이다.

3) 왜 사회복지리더가 되어야 하는가

기관장의 성향은 기관운영 방식에 절대적으로 영향을 미친다. 따라서 보수적인 성향이라면 기관운영 방식은 보수적일 수밖에 없다. 이러한 기관운영 방식이 정착되었다면 직원들 또한 보수적으로 직무를 처리하게 되는데, 이는 조직의 문화로 정착되었다는 의미이다. 기관장이 사사로운 활동과 직무에 집중하면 단위 직무를 처리하기 위해 사무절차를 꼼꼼하게 확인하겠지만, 반복적인 직무라면 직원들의 만족도는 저하된다. 중요 성과가 무엇인지를 구분하지 못하고 거시적인 안목과 목적을 위한 내적 동기를 갖지 못해 리더십 발휘의 필요성을 인식하지 못하게 된다.

사회복지 직무는 직원들의 직무수행 정도와 조직의 문화를 하나로 본다. 그 이유는 간단하다. 목적은 향후 진행될 직무가 무엇인지를 알게 하는 기능이 있어 직무처리 방식, 즉 직무수행 기술을 습득하게 하기 때문이다. 결국 직무에 대한 기대가 높아지고, 이 기대를 충족해야만 자기식의 기술을 축적할 수 있다. 하지만 목표 없이 직무처리에만 급급해한다며 수행 자체에 의미를 두고, 많은 직무를 수행했다는 위안은 가질 수 있으나, 해결해 낸 성취결과가 없어 일이 많다는 착각에 빠진다.

반면 기관장의 성향이 직원들의 의사를 존중하는 등 개방적인 직무처리 방식이라면 자율적인 사고를 직무에 반영하여 능동적으로 직무를 처리한다. 이는 지향점과도 관련된다. 기관이 나아갈 방향이 분명하면 직원들은 할 일에 대한 자신감을 갖게 되어 역할에 필요한 활동을 능동적으로 수행한다.

이를 목적 있는 활동에 대비하여 설명하면, 프로그램을 수립하기 위해 목적을 설정할 것이다. 이 목적은 프로그램의 수행 이유이고 무엇을 위해 실행할 것인지, 목적달성을 위해 무엇을 진행해야 할 것인지, 또한 이것을 실행한 후에 얻게 되는 성과가 무엇인지를 계획단계부터 알게 된다. 따라서 목적이 분명해야 실행 이유가 드러나고, 달성에 필요한 여러 요소, 즉 자원과 기자재, 예산 지원 등을 확보하기 위한 활동에 적극적으로 임하게 된다.

활동에 필요한 여러 자원은 목적을 성취하기 위한 도구적 기능을 한다. 목적이 분명하면 개발을 위한 방법과 섭외에 필요한 참여 방식을 준비할 수 있다. 타 부서 및 동료의 협조 또한 마찬가지다. 이는 목적, 즉 수행할 방향을 알기 때문이다. 따라서 목적이 분명하지 않으면 실행할 이유가 없으므로 참여의 필요성도 없어진다. 결국 목적은 해당 사업을 실행할 이유이므로 목적이 없으면 준비과정과 진행과정을 소홀히 하거나 사업의 필요성이 설득되지 않았기 때문에 의미를 두지 않는다. 그러므로 사회복지리더는 기관의 상황을 파악하고 직원들을 규합하기 위한 이슈를 제기해야 한다. 또한 개인들의 직무를 토대로 목적을 수립하도록 이끌고 성공적인 수행을 위한 자원의 참여와 기자재 등을 직원들 스스로 준비하게 한다.

사회복지사가 왜 리더가 되어야 하는가? 사회복지리더가 되어야 할 이유가 분명할 때 사회복지사 자신뿐 아니라 기관이 지향하는 것들을 이용자들과 함께 이루어 낼 수 있기 때문이다.

첫째, 사회복지리더가 되어야만 이용자의 내면에 잠재된 역량을 발휘하기 위한 자신감을 회복시키기 때문이다.

둘째, 사회복지리더 주변에는 사람들이 모인다는 점에서 관리적 기능의 한계와 제약을 극복하고 응집된 조직력을 갖출 수 있기 때문이다.

셋째, 사회복지리더는 직원들에게 비전과 꿈을 갖게 하여 해낼 수 없는 상황이나 어려움을 극복하기 위한 힘을 제공한다. 이러한 역량은 내공이 필요할 뿐 아니라 사회복지리더의 경험, 기술, 지식을 통해 이용자에게 영향을 미친다. 즉, 해결에 필요한 다양한 방법을 알려주는 등대와 같은 안내자 역할을 통해 힘든 상황에서, 또는 무엇을 해야 할지 모르는 어수선한 상황에서조차 돌파구를 찾게 하기 때문이다.

사회복지사가 리더의 역량을 갖추어야 할 이유는 이용자들이 문제에 직면하게 될 때, 또는 극복하기 어려운 상황, 도저히 헤쳐나갈 방법이 없을 때, 생각지도 않은 위기에 직면했을 때 극복할 에너지를 제공하기 위해서다. 또한 위기상황에 처했을 때 헤쳐나가지 못하고 포기한다든가, 참여하지 않겠다는 단순한 판단을 내리는 등의 좌절을 겪지 않도록 이용자를 이끌고, 문제를 극복하기 위한 역량을 강화하기 위해서이다.

평온하고 문제가 없는 날이 지속된다면 얼마나 좋겠는가. 하지만 사회복지기관은 이용자와 기관 내·외의 다양한 사람들의 요구에 부응해야 한다. 그들은 문제가 생기면 비판자로 돌변하기 때문에 오해가 발생할 수 있는 상황을 사전에 차단하고 위상을 높이려면 리더의 역량을 갖추어야 한다.

4) 사회복지리더가 되기 위해 무엇을 갖추어야 하는가

사회복지리더의 자격을 갖추었다는 것은 어떤 의미일까. 학자들은 설득, 온화한 미소, 설득할 수 있는 연설, 자상한 태도와 확고한 신념 등을 주장한다. 이는 리더의 자질에 관한 것으로 이 외에도 사회복지리더를 더 리더답게 만드는 데에는 이용자를 이끌 수 있는 역량이 필요하다.

관리자는 사무절차를 중시한다. 사회복지리더는 사무처리의 결과를 성과로 본다. 관리자는 단위 직무의 처리결과를 보고, 사회복지리더는 직무를 통해 얻게 되는 효과를 역량과 연계시킨다. 관리자는 태도와 언변 등 상대할 사람인지를 판단하지만, 사회복지리더는 그 사람을 통해 이루어 낼 기대를 생각한다. 따라서 좋은 관계 맺기와 향후 함께 이루어낼 가치 등 좋은 것들을 기대하도록 이끄는 것이 리더십을 발휘하는 사회복지리더이다.

독자는 사회복지리더가 되기 위해 무엇을 갖추어야 하는가? 서자는 일관되게 우리는 사회복지리더라는 것을 강조해왔다. 분명 사회복지리더는 누구나 될 수 있고, 내면에 잠재된 리더의 자질은 개발될 수 있다.

사회복지리더는 다음의 사항을 갖추어야 한다

첫째, 비전을 품어라

사회복지리더는 기관의 평온과 직원들의 안정을 위한 방법을 모색한다. 또한 더 높은 수준의 성과를 연계하기 위해 탐구한다. 3년, 5년 후에 더 심각한 빈곤에 빠지고, 어려워진다는 것을 알게 된다면 대비하지 않을 사회복지가 누가 있겠는가. 하지만 알 수 없기 때문에 준비하지 않는 것이다. 앞으로 3년 동안 열심히 일한다면 팀장으로 진급시켜 주겠다는 기관장의 말을 확신한다면 어느 사회복지사가 열심히 일하지 않겠는가.

사회복지리더는 앞으로 당신이 어떻게 하면 무엇이 될 것이다. 당신의 인생은 이렇게 바뀔 것이라고 제시한다. 이러한 얘기를 할 수 있는 사회복지리더는 자기 확신이 분명하고 조직의 상황과 직원들의 직무를 파악하고 있다. 또한 성장하기 위한 방향을 제시한다. 그와 대화하고 얘기하다 보면 분명한 목표를 갖게 된다.

둘째, 업무응용이 가능한 관리능력을 갖추어야 한다

관리해야 할 영역을 알고 창의적인 아이디어가 풍부하다. 아이디어를 직무에 응용하도록 만드는 사람이 관리적인 사회복지리더이다. 관리적 사회복지리더는 해야 할 것들이 무엇인지를 알려준다. 그래서 직원들이 직무를 배우기 위해 그에게 다가간다. 배운 것들을 응용하도록 방향을 알려주기 때문에 신뢰를 갖는다. 관리적인 사회복지리더는 관리하기 위해 직무를 수행하는 것이 아니라 능동적인 직무수행 방법을 알려주는 정보제공자 역할을 수행하는 리더이다.

셋째, 해야 할 일을 찾는다

사회복지리더는 자기 확신을 통해 스스로 헤쳐나갈 분명한 의지가 있다. 주변의 여건 때문이라는 말보다 여건을 개척하고 극복하기 위해 도전한다. 직무에 대한 자기 확신을 갖고 해야 할 일을 고심한다. 하지만 다른 이의 요구나 기대 때문에 하고 싶은 것을 포기한 채 살아왔다면 현실에 얽매여 온 생활이다. 하고 싶었던 것을 포기하였다는 것은 그만큼 할 수 있는 것이 없었다는 것일 수도 있고 새롭게 시도하는 것이 두렵고 불안하여 주저하였다는 의미일 수도 있다.

수동적이고 지시에 의한 업무처리가 익숙해지면 자발성은 영영 사라지게 된다. 더 이상 도전해 볼 것도, 하고 싶은 것도 없게 된다. 사실 이러한 직원을 조직은 더 원할 수 있다. 그 이유는 간단하다. 지시하면 불평 없이 수행하기 때문에 특별한 문제가 없는 한 리더의 입장에서는 편하기 때문이다. 하지만 중요한 문제나 위기 상황에 직면했을 때에도 지시만 기다리며 소극적으로 대처하기 때문에 결코 좋은 방식이 아니다.

넷째, 긍정적 관계 형성을 위해 노력한다

사회복지 실천기술 중에 이용자 개입 시 강조하는 기법이 감정이입이다. 사회복지리더는 직무관계에 의해 관계를 맺게 되는데 대개 기관에 속하는 순간부터이다. 이용자를 비롯하여 관계된 사람들과 좋은 관계를 맺기 위해서는 상한 마음과 아픔을 공감하고 감정을 이입하면서 신뢰관계를 유지하는 데 최선을 다해야 한다. 긍정적인 신뢰감이 형성되려면 감정이입이 필요하기 때문이다. 더욱이 사회복지사는 사회복지기관에 소속되어 활동하고 사업을 실천하는 주체이기 때문에 주민들의 복지증진을 위해 기관의 자원을 활용한다. 따라서 사회복지리더의 활동이 기관의 사업이고 위상을 높인다는 점에서 신뢰를 바탕으로 한 긍정적 관계 형성을 맺기 위해 노력해야 한다.

Tip.............................. 건강한 직장문화의 중요성

생활하기 위해, 살아가기 위해서는 의·식·주를 비롯하여 경제력, 안정된 주거 외에 문화적 생활 또한 생존에 필요한 것들이다. 우리는 먹기 위해 살아가고, 살기 위해 직장을 다닌다. 누구나 먹고 살기 위해 직장을 다니고, 직장에서 얻은 수입으로 생활한다. 하지만 먹고 사는 것만 반복되는 생활이라면 단조로울 것이다. 그래서 문화를 추구하고 여가를 보내는 것이다.

문화는 삶의 질을 높이고 풍요롭게 하여 정신적으로 여유를 갖게 하는 것은 물론 내면의 가치를 풍요롭게 한다. 문화가 어우러진 조직이 부흥하는 이유는 구성원들의 정신적인 만족을 충족시키고 응집시키기 때문이다.

소속된 기관을 긍정적으로 생각하지 않는 것은 직무에 대한 무거움, 평온을 유지하지 못하는 것에 대한 중압감 때문이다. 과연 기관에서 스트레스를 받지 않는 직원이 있는가. 이를 잘 파악하고 있는 사회복지리더는 일상의 직무를 벗어나기 위한 문화적 활동을 권장하고 구성원들의 상황에 적합한 활동거리를 풍부하게 이끈다. 그래서 그와 함께하면 지친 기력이 회복된다. 지금 찾아보라. 분명 즐거운 협력거리가 있을 것이다.

사실 사회복지기관은 한정된 재원, 개발하기 쉽지 않은 자원, 정해진 내부인력 수, 쉽게 확장하기 어려운 시설물 등 조직이 보유하고 제한된 자원으로 많은 것을 해내야 한다. 따라서 지역사회 내·외의 자원들과 유기적인 관계를 형성하지 않는다면 직무수행의 차질은 물론 역량을 발휘하지 못한다. 자원의 제약을 극복하고 기회로 삼기 위해서는 창의적인 사고, 열정을 발산하는 자발성이 필요한데, 이때부터 자원들과 확신 있는 관계를 맺게 된다.

Tip...................... 사회복지리더의 행동과 이끄는 것의 의미

사회복지리더에 대한 오해는 일정 직위 이상의 관리직급에 있는 관리자를 리더라고 생각하는 것이다. 하지만 사회복지리더는 직무수행 과정에서 동료와 관계된 사람들, 소속된 집단에서 자연스럽게 발생하는 것이므로 기관장일 필요가 없다. 인품이 뛰어나다 하더라도 따르는 직원이 없다면 사회복지리더가 아니다. 더욱이 이용자들에게 영향을 미치지 못하는 사람 역시 사회복지리더가 아니다.

따라서 사회복지리더는 구성원들이 추종하고 따르도록 만들어야 할 책임이 있다. 따르도록 하는 것은 자발적인 실천에 대한 것으로 비전 제시를 통해 동기를 부여하는 것이다. 따르는 것은 사회복지리더와의 관계가 원만하고 적극적인 관계로 맺어질 때, 또한 사회복지리더에 대한 믿음을 가질 때, 이끄는 방향이 구성원들과 이용자들에게 충분히 인지되었을 때 보이는 신뢰행동이다.

사회복지기관에 속해 있는 사회복지사를 실무자, 또는 업무추진의 주체로 이해하는 시각이 지배적이다. 이러한 이해는 사회복지 직무와 관련되는데 이용자와의 관계는 물론 직무추진의 현장인 지역사회와 그들의 생활에 상시적으로 개입하는 등 역할의 특성 때문이다. 하지만 관리하고 관계해야 할 영역과 업무범위가 넓고 포괄적이어서 문제가 있건 없건 간에 다양한 영역에서, 이용자들을 위해 항시 활동해야 한다.

관계를 맺는 중에 창의적인 사고를 발휘하도록 역량을 쏟아야 하는 이유는 사회복지사가 수행하는 모든 활동이 기관을 대리하고 관계 맺기를 확장하기 때문이다. 사회복지리더는 직무수행에 필요한 정보의 제공과 해결사 역할을 하는 등 리더십은 사회복지기관에 근무하는 모든 종사자에게 반드시 필요한 역량이다.

다섯째, 직원들의 성향파악과 역량을 개발한다

관리자가 관리할 부서가 많거나 여러 역할을 수행해야 한다면 관리에 치중하게 된다. 그러면 관리를 위해 범위를 정하고 통제기능을 강화할 수밖에 없다. 판단하고 결정해야 할 과중함이 직무로 나타나기 때문에 직원들의 역할을 통제하는 것이다.

설사 직무를 잘 처리한다고 하여도 지시 거부 등 직무태도가 마음에 들지 않기나 이러한 행동이 성과에 영향을 미치고 있다고 판단되면 강압적인 방법을 활용하는데, 직위를 남용하여 조직의 규율과 규정을 적용한다. 이는 직원들을 단숨에 통제하고 관리하기 쉽기 때문이며, 위계를 강조하는 경직된 조직의 관리자가 취하는 방식이다.

변화를 위한 확실한 방법은 역할 중심의 부각, 직무수행의 필요성을 직원들 앞에서 공식화하여 수행 동기를 부여하고 협조하게 만드는 것이다. 그러면 해당 직원은 부여된 직무를 포기하지 않는다. 직무수행 동기를 가진 것이므로 자발적으로 실천하도록 정보를 제공하고 활용하기 위한 방법과 절차 등을 안내함으로써 이끌 수 있다.

정보는 직무에 관한 정보와 직무처리에 필요한 아이디어를 포함하며, 해당 직무의 개시부터 완결 후 결과물을 보고하기까지 수행할 사항에 관한 것으로 적시성이 핵심이다. 다만 창의적인 생각을 적용하고 새로운 기술을 습득하기 위한 것이어야 한다. 직원들은 스스로 가치를 인식할 때 신념을 갖는다는 점에서, 신념은 사회복지리더로부터 얻은 정보를 직무에 적용하고 개인의 경쟁력을 강화하는 성과 도출에 목적이 있다.

Tip............................ 대중연설을 생각해 보라

신입생 환영식에서 교장은 연설하면서 동시에 학생들의 반응과 태도를 살핀다. 그는 언변이 있든 없든 간에 자신의 얘기를 듣는 학생들의 태도를 평가한다. 연설을 마친 후 움직이지 않고 들은 학생들의 태도에 만족한다. 학생들이 지루해하는지, 아닌지보다는 태도와 반응, 가만히 들었는가를 평가하는 것이다.

사회복지리더가 누구인가에 따라 집단의 문화와 운영체계 등 시스템이 달라진다는 가정은 옳은 것이다. 사회복지리더의 성향이 직원들과 이용자들의 자발적인 참여를 이끌 수 있을 정도라면 규합된다. 각자의 영역에서 필요한 정보를 습득하고 서로 신뢰하면서 해결을 위해 적극적으로 활동한다.

사회복지리더는 타고난 것인가 아니면 배움과 학습을 통해 완성되는 것인가. 인간은 끊임없이 성장하는 중에 변화를 체험하면서 대처에 어려움을 겪는 등 다양한 자극을 받으며 다음 세대로 진입한다.

평온할 때보다 어려운 시기에 도움을 제공하는 것이 힘이 되는 것은, 정신적인 여유가 없을 만큼 절실한 상황에서는 그 절실한 것의 필요가 채워져야만 곤란한 문제들을 극복할 수 있기 때문이다. 이때의 도움은 다시 설 수 있는 힘이 되고 극복하게 하는 여력을 제공한다. 어렵고 절망적인 상황일수록 이러한 도움은 더욱 절실하여 절대적인 힘이 된다. 물론 시행착오는 극복하기 어려운 것이지만 누군가의 도움을 통해 극복한 것이라면 자기만의 직무능력, 역량이 되어 노하우로 남는다. 또한 도움을 준 사람을 신뢰하게 되어 능동적인 관계로 발전한다.

Tip............................ 어린 시절을 보자

부모의 돌봄, 애정과 사랑이 담긴 식사, 나들이, 가족 간의 대화, 초등학교를 입학하고 누구와 친구가 되었는지, 무엇을 하고 놀았는지 등 돌봄은 성장에 필수적인 것으로 반드시 충족되어야 할 조건이다.

변화에 대응하는 힘은 부모의 애정 어린 격려와 지지, 도움 정도에 의해 신체적 성장과 정신적 발달, 즉 마음의 평정을 갖게 하여 힘든 상황을 겪는다 하여도 대처하여 안정되게 해준다. 매일 반복적인 학교생활, 학업수행의 어려움, 친구들과의 갈등, 분노, 시기, 다툼, 헤어짐 등 이겨낼 힘을 부모의 애정 어린 돌봄을 통해 얻는 것이다.

5) 좋은 사회복지리더가 되기 위해서는

인간은 저절로 능력을 타고나는 경우도 있지만 개인의 기질이나 도움의 정도와 관계에 의해 지속적으로 위험한 상황에 노출되면서 좌절을 경험하고, 또는 여러 사람의 도움을 받으며 어려움을 이겨내게 된다. 원하는 기대에 부응하기 위해 끊임없이 노력하면서 기대한 것들을 성취하면서 정신적으로 성숙해져 삶을 개척해 간다. 누구나 성장하여 미래를 준비하는 과정이므로 이전의 경험에 집착한다면 정체된다.

스트레스를 보자. 스트레스는 거부의 초기 반응이고, 갈등으로 인한 스트레스는 능력을 발휘하지 못하게 가로막는 장애물이다. 다수의 사회복지사가 리더로 성장하지 못하는 요인은 극복해야 할 것들이 너무 많기 때문이기도 하지만 사회복지리더가 되어야 한다는 자기 확신을 갖지 못하기 때문이다.

다른 이들과 관계를 맺는 가운데 반응해야 하는 상황의 반복된 생활 속에서 태도를 평가받고, 이러한 평가에 의해 리더임을 검증받는다. 대응방식에 관한 것으로 개인의 심리적인 변화를 감지하고 적절하게 반응하였는가에 따라 관계가 원만해지기도 하고 갈등으로 치닫기도 한다.

낯선 사람과 만났을 때 평온을 유지하면서 대화를 나누고, 맡은 직무를 적절하게 수행하는 것, 직위가 높은 사람들 앞에서 신규 사업을 발표하는 상황 등은 충분한 준비도 필요하지만 경험을 많이 하였을 때 자연스러워진다. 능동적인 사무는 일상의 평범함을 추구하고, 직무는 다양한 일상 가운데 하나라는 시각을 통해 사소한 것이라도 즐기려는 여유를 갖기 위해 의도적으로 노력할 때 갖게 되는 열정의 표현이다.

결국 좋은 사회복지리더가 되려면 이용자들의 생활을 이해하고, 사소하다고 생각되는 여러 일에 대해 많은 관심을 가져야 한다. 이용자들은 큰일을 해낸 후 자신감을 갖지만, 사회복지리더가 평소에 보내는 관심, 바라는 기대 충족 정도가 성취될 때 동질감을 갖고 따른다. 즉, 사회복지리더가 되려면 큰일을 치르기 위해 모여 회의를 하자는 방식보다, 일상의 연장선에서 무엇이 현재를 성장하게 할 것인지를 이슈화하여 동참하게 만드는 것이 더 효과적이라는 것이다.

제 2 장

사회복지기관의 사회복지리더

1. 사회복지리더가 필요한 사회복지기관 

1) 사회복지리더가 부재한 사회복지기관

학자들은 리더에 대해 "사람과 집단에 초점을 두고, 이끌어 가는 자"라고 정의하였다. 집단에 초점을 두고, 개인들의 성장을 위해 리더를 잘 만나야 동력을 갖출 수 있다는 주장이다. 집단의 사명과 목적을 이해하고 비전을 제시하는 역할 수행 등 기대를 충족하기 위해 대안을 모색하고, 이끌어 가는 데 초점을 두었다.

하지만 사명과 목적을 직무에 결부시켜 추진하는 것은 많은 시행착오를 겪을 수 있고 조직의 문화가 성숙되어야 한다는 제약이 있다. 사명은 방향에 대한 것으로 조직의 사활이 걸린 목적이다. 따라서 조직의 목적을 달성하기 위해 채용하고, 직무를 수행해야 하지만 모든 직무를 사명과 결부시켜 추진하기는 불가능하다.

"한편, 사회복지 전문가와 기관장들이 기관의 사명을 이해하고 실천하기를 요구하지만 이를 촉진하고 수행하는 데 필요한 리더십을 가르치지 않고 있다."

내부연수 또는 외부기관이 주최하는 교육이나 연수에 적극적으로 참여할 것을 권장하면서 기관의 비전과 목표, 한 해 동안 이루어낼 성과도출을 위한 방법과 기술 등은 가르치지 않고 있다. 직무를 잘 수행하기 위한 방법과 지식, 기술 등을 알아서 습득하라는 식이다. 더욱이 사회복지사의 책임을 강조하며 자원을 연계하고 개발하는 등 직무를 잘 수행하기 위해 갖추어야 할 지식, 기술, 태도를 습득하는 방법과 지역복지 증진 및 기관의 중요 인물로 부각되기 위한 것들을 제안하지 않는다. 즉, 유능한 사회복지리더의 역할과 리더십을 발휘하기 위한 논의가 없을 뿐 아니라 조직의 사명달성을 위한 비전 등을 교육하지 않는 것이다.

이런 요인으로 인해 사회복지사의 직무가 가중되고 있어 판단을 보류하고, 기

관장에게 보고하는 것으로 대처하는 등 힘들다는 고민을 호소한다. 조직의 비전과 직무를 연계하는 방법, 절차에 따라 실행하는 것 등을 배우면서 체득해야 할 것이 너무 많기 때문이다. 대안으로 선택한 리더십을 배우기 위해 경영분야의 도서, 리더십 논문 등을 참고하면서 습득하는 상황이다.

학자들은 리더가 갖추어야 할 역량을 중점적으로 다루면서 상황에 따른 역할을 강조한다. 이용자를 이끌기 위해 리더십이 필요하고, 리더는 리더십을 발휘하기 위해 여러 준비를 해야 한다는 식이다. 일부 학자는 리더십에 대한 정의가 학자마다 다르고 사고와 관점, 실천 역량에 초점을 두고 있어 리더의 정의가 불분명하다는 문제점을 제기한다. 한 사람이 집단이나 조직에서의 활동과 관계를 인도하고, 구조화하고 촉진하기 위해 구성원들에게 행사하는 의도적인 영향력의 과정을 포함한다고 가정한다. 전문화된 역할인가, 또는 공유된 영향력의 과정인가에 대한 논의를 통해 다수의 사람들 가운데 전문적인 역량을 갖춘 개인이 리더로 임명되어 활동하기 때문에 리더십은 구성원들에게 공유되고 확산되는 영향력이라고 하였다(Gary Yukl, 2011. 강정애·이상욱·이상호·이호선·차동옥 역, 2013).

하지만 누구나 사회복지기관의 이용자가 될 수 있다는 현실을 감안하여 볼 때, 사회복지리더의 역할과 리더십을 갖추기 위한 대안과 방법적인 제안이 없을뿐더러 이러한 사회복지리더의 역할에 대한 정의가 명확하지 않다. 사회복지사의 역할은 수혜, 봉사, 자원연계와 개발, 프로그램 개발자라는 인식이 일반적인 반면, 이용자의 변화를 위한 자기결심을 행동으로 실천하게 이끄는 사회복지리더의 리더십 역할을 제시하지 않고 있어 이용자 측면과 사회복지 측면에서 중요한 이슈를 제기한다.

"분명한 것은, 많은 이용자가 리더십을 발휘하는 사회복지사를 기다리고 있다는 것이다. 확실한 비전을 품고 비전을 성취하기 위한 역할과 나아갈 방향을 제시하는 등 활동에 더해 자신을 이끌어 줄 사회복지리더를 필요로 한다는 것이다."

2) 사회복지리더가 필요한 사회복지기관

사실 친구 같은 사회복지사는 많다. 하지만 같이 있으면 편하고, 입장을 대변하면서 어려움을 해결해 주는 등 헌신하는 사회복지리더를 만나기는 어렵다. 사회복지직을 선택하였지만 실망하게 되었는가. 아니다. 사회복지리더는 사명에 의해 활동한다. 이 사명을 통해 주민들이 호감을 갖고 참여하게 된다는 점에서 헌신하는 사회복지리더가 되어야 한다.

사회복지리더는 복지와 관계된 다수의 사람들, 핵심주체인 이용자, 형편으로 인해 상황을 개선하지 못하는 어려운 이웃들을 위해 일을 하고 변화 정도에 따라 만족을 얻는다. 기쁨을 찾고 싶어 하는 생활에 지쳐 있는 직장인들과 주민들, 학업에 지쳐 학교가 가기 싫다는 자녀들과 씨름해야 하는 평범한 부모 등을 위해 서비스를 지원하고 활동한다.

변화를 촉구하고 동기를 갖게 하려면 이용자의 생활을 알아야 한다. 즉, 필요가 무엇인지를 이해해야 한다는 것이다. 지금 누군가의 손길이 간절히 필요한데 삶에 지쳐 생활을 포기하려 한다면, 어떠한 선택을 할 것인가를 생각해 보고 그들의 필요를 채워야 한다. 이용자가 간절한 눈빛으로 도와달라고 외치는 소리를 무심히 지나칠 것인가. 분명 아닐 것이다.

사회복지사가 리더가 되어야 할 이유는 이용자들이 리더의 역할을 기대하고 도움 주기를 고대하기 때문이다. 주민들은 사회복지사를 통해 생계문제를 해결하고 버거운 현실을 이겨내고자 한다는 것을 잊어서 안 된다. 사회복지분야에 리더가 필요한 이유이고 리더십을 발휘하는 사회복지사가 소중한 이유이다.

3) 사회복지기관의 관리자 유형과 리더십 오해

◆ 관리를 강조하는 관리자는 리더인가

관리자가 관리기능을 강조하는 이유는 기관의 다양한 사무, 즉 성과도출을 위해 부서와 직원들에게 역할을 분담하는 등 직무처리 절차를 중시하는 직무성향이 반영된 직무관리 방식 때문이다. 관리자는 관리를 위해 배치된 인물이기 때문에 그가 할 수 있는 역할은 성과도출을 위해 직원들의 직무, 부서 직무를 관리하는 것이다. 따라서 관리 직무에 충실한 관리적 리더가 리더십을 발휘하기는 어렵다. 왜냐하면 다양한 업무는 기관의 사무절차에 따라 적소에 처리되어야만 원활하게 운영되기 때문에 충분한 지식과 전문성을 갖추지 않는다면 업무 혼선은 물론 직무의 차질을 유발할 소지가 있기 때문이다. 업무손실을 예방하기 위해 관리를 강화하고 치밀하게 직무계획을 수립하여 적재적소에 처리될 수 있도록 조치하는 것, 이것이 관리자의 주요 역할이다.

관리자의 직무 관리영역은 직원들의 직무, 부서 및 기관의 주요업무가 각종의 행정법규와 지침에 의해 처리되고 다양한 상황의 대응을 포함하고 있어 영역 범위가 광범위하다. 따라서 전체 직무를 관장하는 입장에서 특별한 분야의 직무에만 도드라지게 리더로 역할을 하기는 어렵다. 효율적인 직무관리와 처리를 위해 직원들에게 직무지식을 습득하도록 요구하고, 절차에 의한 처리를 주문한다. 직원들이 직무처리 절차를 지키지 않거나 처리를 잘못하였을 때, 또는 업무처리 방법을 몰라 힘에 겨운 상황을 대처하기 위해 피드백을 주는 정도일 것이다.

물론 직원들의 직무분장에서부터 계획적인 일 처리 방식을 습득하게 하여 성과도출을 위한 조치 외에 직무성과에 영향을 미칠 수 있는 슈퍼비전을 제시하는 등 도움제공을 통해 영향을 미칠 수 있다. 직원들의 역량을 발휘하기 위해 개입한 것들을 리더십으로 볼 수도 있지만, 리더십은 구성원들의 자발적인 추종을 기반으로 한다는 점에서 영향력을 행사하는 데 한계가 있다.

따라서 관리 역할을 중시하는 관리자가 역량강화를 위한 동기를 지속적으로 부여하기는 어렵다. 직원들을 이끌기 위한 방향제시에 대한 것으로 관리적 역할에 초점을 둔 관리자의 성향은 한계가 있다. 관리를 강조하는 관리자와 일하게 되면 사무관리와 관련된 직무이헤는 높아지겠지만 변화를 주도하고 이끄는 기술 등은 배우지 못한다.

Tip……………… 관리를 강조하는 관리자의 리더십 발휘의 한계

관리를 중시하는 관리자의 실수는 직원들과 나눈 직무에 관한 얘기를 이해하였고 실행할 것이라 착각하며 계속 지시를 한다는 것이다. 그러나 절대 그렇지 않다. 문제가 생겨 책임을 져야 할 상황이나 문제를 해결해야 할 상황에서 관리자의 역할은 부각되겠지만 잘 수행할 것이라 생각했던 일조차 어떻게 하면 좋을지를 물어보는 직원에게 과연 직무를 맡길 수 있겠는가.

기관에 속해 있는 직원들은 쉬고 싶은 연가일 수를 고민한다. 연가를 쓴다면서 떠 보듯이 말을 하고 평소에 보이지 않던 행동을 한다. 직무처리가 안 됐다는 것을 알고 있는 관리자는 '그럴 줄 알았어.'라며 결재를 늦추면서 고민하였다는 듯 마감시간에 걸려온 전화를 허겁지겁 받는 척 한다. "그렇군요. 알겠어요. 바로 결재할게요."라는 치사한 방법을 쓰는 것이다. 불편함 마음을 이런 식으로 방어해 보지만 요구를 거절할 명분이 없어 직무관리를 강화할 수밖에 없다는 주장이다.

관리를 강조하는 관리자는 사람들과 일하기를 좋아하며 독단적인 행동을 회피하는데, 이는 단독 결정에 대한 불안감 때문이다. 가급적 책임소재가 명확하고 덜한 직무, 쉽게 판단을 할 수 있는 일들을 선호한다. 함께 일하고 협력할 직원을 찾는 욕구 또한 강하다(Henry Mintzberg et. al., 현대경제연구원 역, 1999). 그 이유는 책임감 때문이다. 사안을 협의하고 합의하기 위해 수시로 회의를 하는 사회복지기관의 직무수행 방식은 관리적인 사무를 강조하는 운영방식이다.

누군가와 모든 것을 협의하면서 추진하는 것은 결코 좋은 방법이라 할 수 없다. 이는 명백하게 책임을 분산시켜 회피하기 위한 수단에 불과하다. 만약 관리를 중시하는 관리자가 회의를 주관하면서 직원 한 명을 지명하여 책임져야 할 직무를 부과한다면 당황하며 부담스러워할 것이다. 하지만 많은 관리자들이 이러한 방식으로 직무를 분산시키고 책임을 강요한다.

이에 대해 Henry Mintzberg 등은 "직원들은 관리적인 리더를 이해할 수 없고, 자신들을 교묘하게 조정하는 사람으로 생각한다. 통제된 조직을 유지하려는 과정으로 연결되어 있을 뿐이라며 다수의 직원들은 이를 파악하고 있다(Henry Mintzberg et. al., 1999, 112에서 재인용)"고 하였다.

때로 관리자는 리더임을 드러내고 관리능력을 발휘하기 위해 능동적인 직무처리를 주문하며 직무 양을 조절해 주거나, 과중한 직무를 재배정하는 식으로 직원들을 지지할 수 있다. 또는 직무 마감 시간을 지키지 않는 직원을 불러 성과를 위해 할 일이 무엇인지를 알려주고, 직무성과를 높이기 위한 아이디어를 정보로 제공할 수 있다. 하지만 관리하기 위해 시행하는 것이기 때문에 사무에 한정된다. 따라서 수월한 수행을 위한 조치에 불과하다. 이를 리더라 할 수 있는지 여부를 판단해야 한다.

◆ 권위적인 관리자는 리더인가

권위는 직위에서 나오는가. 또는 인간적인 성품에 의해 또는 직무 태도에서 촉발되는가.

권위적인 성향은 성품과 관련된다. 직무를 관리하는 과정에서 표정과 말투, 행동으로 표출되는데 이러한 성향은 대개 직원들을 지배하기 위해 활용된다.

권위적인 성향의 관리자는 자신이 위치를 지키기 위해 직원들의 역할과 책임을 강조한다. 또한 자신의 역할이 감독자와 관리자임을 강조하고 직원들의 직무를 분명하게 구분한 후 책임을 요구한다. 직무의 철저한 시행이 직원의 도리이고 책임을 다하는 것이라 주장하며 직무시행과정, 결과도출을 위해 원칙을 지켰는지를 준거삼아 평가한다. 따라서 직무를 적절하게 처리하기 위해서는 사무관리 원칙을 지켰는지, 제시간에 보고하였는지, 작성원칙을 지켰는지 등 원칙을 지켜야 한다.

권위적인 관리자는 성과에 집착하고 결과를 중시한다. 위계에 의한 업무처리를 중요하게 여기기 때문에 직원들의 견해보다 부서 및 고유직무에 관한 내용이었는지를 우선하고, 성과가 있을 때 인정한다. 반면 변화를 수용하고 대응하는 데 취약성을 보이는데, 직위에 의한 권위를 중시하기 때문에 직무 책임자는 담당직원이며, 직원은 기획부터 진행, 성과 모두를 감당해야 한다. 따라서 아이디어는 이러한 역할을 수행하는 데 적합한가, 아닌가에 의한다.

인간다움에 대한 가치를 토대로 이용자의 생활을 지원하는 사회복지사가 직위에 권위를 둔다면 그의 서비스는 경직된 채 단순 서비스에 국한될 것이다. 이용자와의 관계는 도움과 수혜라는 확실한 위계로 인해 종속되어 수혜자에 대한 존중, 배려, 사랑, 편의 제공받기 등 수혜를 받아야 하는 이용자라는 낙인에 의해 일방적으로 제공될 소지가 높다.

사회복지기관의 서비스는 이용자의 생활을 개선하고 변화를 위한 매개로서 서비스를 제공받는 과정에서 변화를 체감하고 이전의 생활을 벗어나도록 개선하기 위해 지원된다. 따라서 변화의 주체인 이용자가 적극적으로 자신의 생활을 개선하겠다는 의지가 있어야 하고, 의지를 갖는 것은 동기를 적절하게 부여했는가에 의하기 때문에 사회복지사의 직무를 관여하고 조정하면서 적합한 서비스를 지원하도록 관리하는 관리자의 역할이 매우 중요하다. 하지만 권위적인 관리자는 사회복지사의 행정적 처리만을 집중하고 요구하기 때문에 서비스 지원을 약화시킬 소지가 있다. 오히려 서열을 강조하며 심적 부담을 가중시키고 위축하게 하는 등 억압적인 분위기를 조장하기 때문에 리더의 자격이 없다. 더욱이 직원들에게 강압적인 직무요구로 인해 개인의 자율성을 포기하게 하는 등 무기력을 경험하게 한다. 무기력을 경험하게 되면 의욕을 상실하고 수행직무를 포기하는 등 힘든 직무를 해결할 수 있는 원천인 의지가 꺾이고 동기 자체를 갖지 않도록 포기하게 만든다.

따라서 **권위적인 관리자**는 자신의 의지를 부서와 조직운영에 관철시키기 때문에 직원들의 의견을 중요하게 여기지 않는다. 그의 생각이 곧 직무이기 때문에 쫓아가는 것만으로도 벅차고, 이러한 상황이 반복적이면 능력의 한계를 경험하게 되어 포기하게 된다. 솔직히 힘들어하면서 왜 힘든지를 말하지 않으면, 또는 이해만을 바란다면 누가 받아들이겠는가. 이미 좋은 관리자가 아니라는 소문이 났기 때문에 신뢰를 받지 못한다. 그럼에도 같은 일을 반복적으로 요구한다면 따르는 직원이 없을 것이다. 그러므로 권위적인 성향의 관리자는 리더가 아니다.

◆ 성실한 부서장은 리더인가

성실한 부서장과 직무를 수행하게 되면 직무지식과 기술, 태도를 익히는 데 유용하다. 사실 이러한 성향의 관리자가 사회복지기관에는 다수 포진하고 있어 배울 것이 많다. 하지만 성실하고 최선을 다하는 부서장이 리더인지에 대해서는 논란의 소지가 있어 명확한 정의가 필요하다.

성실한 부서장은 직무를 수행하면서 최선을 다한다. 직원들을 대하는 태도와 모습에서, 또는 직무처리 과정에서 처리할 직무를 목록화하는 등 여러 방면에서 배울 것이 충분하다. 다양한 면에서 성실함을 드러내기 때문에 본받을 것이 많고 성과 또한 기대할 수 있다.

하지만 그의 성실함을 배우고 습득하기 위해서는 시간이 필요하다는 단점이 있다. 또한 직원 개인의 역할수행과 업무 등을 파악하고 있어야 하는데, 직무 이해가 선행되지 않으면 수행이 불가능하다는 약점이 있다. 부서장의 성실함은 직원들과 부서에 영향을 미쳐야만 긍정적인 동력을 얻게 된다는 점 또한 고려되어야 하는데, 직원들로부터 성실함을 인정받아야만 리더십을 발휘할 수 있다.

만약 다른 부서의 직원들은 정시에 퇴근을 하는데 또 남아서 잔업을 하는 것에 대해 불평을 한다면 자발적으로 직무를 수행하도록 설득하면서 이끌어야 한다.

리더는 직원들을 성장하게 만들고 이끄는 인물이라는 점에서 성실과 추진력을 갖춘다면 더할 나위 없다. 직원들이 리더 역할을 수행하도록 직무잠재력 개발과 성장하기 위한 기회제공을 통해 그들 스스로 노력하게 하는 것이다. 이러한 점에서 관리자의 성실함이 직원들에게 영향을 미치는 것은 시간 싸움이고, 버텨내는 극소수의 직원들이 맛보는 것이어서 일부의 직원들을 제외하고는 수용하지 않을 소지가 있다. "저 정도 경력이면 시켜도 될 텐데 굳이 하려는 이유를 모르겠다." "직원들까지 야근을 시키는가. 주말에 가족들과 쉬지." 등의 불만을 감수해야 한다.

또한 직무의 실행방식이다. 직원들은 부서에 소속되어 활동하기 때문에 고유 직무가 있음에도 다른 직무를 부여받는 경우가 있다. 공용직무는 자체 사업이 아닌, 기관의 행사 차원에서 시행되는 사업으로 신입, 또는 신규 담당자에게 사업추진 절차와 방법을 배우는 기회이다. 즉, 직원들과 협력하는 과정에서 직무를 배우고 조직화를 알게 된다. 직접 사업을 주도하는 과정에서 관계된 사람들과의 협조 등 대처방법을 습득하는 기회로 삼을 수 있는 시너지 효과가 있다.

하지만 반대의 경우라면 불만의 요인이 된다. 낯선 직무, 또는 사람을 만나게 될 때 포기한다는 선언, 또는 수행하지 못하겠다는 얘기를 할 때 부서장이 모두 처리해 준다는 성실함을 보인다면 결국 직원들의 역할은 없게 된다. 따라서 직원들은 이러한 부서장의 태도를 기대하고 의존하기 때문에 성실한 부서장이 리더로 역할 하기 위해서는 더 성실하게 무장해야 한다. 과연 직원들은 성실한 부서장을 성장모델이라 여기며 배우려 할 것인가. 이 점은 개인의 판단에 의한 것이므로 판단하기 어렵지만 많은 사회복지기관의 부서장들이 이러한 태도를 견지하면서 직무를 수행하는 실정이다.

성실함의 기준 또한 애매하여 다분히 주관적인 판단에 의한 자기 의지의 발현이기 때문에 누가 성실하다고 인정을 하면 입소문이 돌아 성실하다고 평가한다. 하지만 그 반대라면 성실하지 않은 것으로 평가된다.

그럼에도 우리의 조직에 성실한 부서장이 있다는 것은 행운이다. 배울 것이 많고 사회복지사의 성실함을 체득할 수 있기 때문이다.

◆ 자기 신념이 확고한 관리자는 리더인가

소신은 신념이다. 직무에 대한 명확한 관점이 있을 때 소신이 있다고 평가를 한다. 그럼 소신 있는 관리자는 어떠한 역량이 있는가. 부서운영에 대한 확실한 신념이 있고, 수행하는 직무를 명확하게 처리하는 등 안내하는 관리자이다. 이러한 관리자와 일한다면 업무처리가 명확해진다. 그래서 존중받고 많은 직원이 선호하는 유형이다.

하지만 다음의 제약이 있다.

첫째, 관점을 바꿔야 할 때이다. 직원들에게 신념을 갖도록 역할을 하였지만 기관장의 요구와 상충된다면 갈등할 소지가 크다. 정체감을 고민하게 된다거나 이러한 상황이 잦으면 실망하게 되어 선택하지 못하는 등 혼란을 겪게 된다. 기관장을 따르라고 할 때 직원들과의 신뢰는 깨진다.

둘째, 신념은 개인의 주장일 뿐 직원들과 공유하기 위해서는 이해를 촉구하고 설득해야 한다. 개인의 주관적인 이해일 뿐 직원들 또한 신념을 갖고 사회복지직을 선택하였기 때문에 그들의 신념을 무시한 채 일방적으로 주장할 수는 없다. 그렇다면 직무를 추진하기 위해 직위를 활용하게 되는데 역시 권위적인 성향의 관리자와 유사한 방식으로 관리에 치중할 소지가 높다.

셋째, 잘못된 신념을 제시한다면 직원들에게 피해를 준다. 이 피해는 막대하여 직원들뿐만 아니라 부서 및 조직에 위기를 초래할 수 있어 이러한 관리자를 만나는 것은 비극이다. 기관장의 방침과 권위를 훼손하고 기관의 직무를 방해할 뿐 아니라 직원들의 성장을 더디게 하는 등 사회복지 정신을 훼손하여 사회복지 직업 선택을 후회하게 만든다. 결국 비전을 상실하여 사회복지에 대한 문제점과 어려움만을 인식하는 직원이 생기면서 사회복지직을 떠나기도 한다.

그럼에도 신념을 갖는 것은 사회복지사에게 중요하다. 사회복지 정신과 가치, 목적에 충실한 옳은 신념을 가져야 한다. 그래야만 가치를 실현하기 위한 이념을 정립하게 되어 나아갈 방향을 알게 되기 때문이다. 따라서 가치가 부족한 것이 아니라 옳지 않은 신념을 바른 것으로 착각하는 것이 문제이다.

자기신념을 관철시키려는 관리자는 따르지 않는 직원을 배제할 소지가 크다. 그를 비하하고 평가 절하시키며, 때로 의도적으로 직무를 방해하기 위해 원칙과 절차를 강조하는 등 규정을 지킬 것을 요구한다. 이 경우 그와의 관계를 단절하는 등 방법을 찾아야 한다. 따라서 건강한 정신과 생각을 가지고 있는 관리자를 만나는 것은 행운이라 할 수 있다.

◆ 직무를 관리하지 않는 관리자는 리더인가

당연히 아니라고 할 것이다. 직무를 관리하지 않는 관리자가 어떻게 관리자로 임명되었을까. 그가 무엇을 할 수 있겠는가. 할 수 있는 것이라곤 책상에 앉아 직원들을 감시하고, 누가 자리를 비우고 시간을 낭비하는지를 확인하는 것과 왜 직무가 이 모양이냐는 질책만 할 뿐이다.

그래서 부실하고 허술한 사회복지기관은 관리자가 직무를 이해하지 못해 관계 중심으로 처리하고 기획서 작성방식을 몰라 헤매면서 직원들에게 책임을 전가시킨다. 사회복지의 이념과 거리가 있는 부실한 서류들로 가득하다. 재무회계 규칙에서 정한 서류만을 산더미처럼 쌓아놓고 동일한 내용으로 작성된 업무일지 외에는 없다. 가치 있는 사업을 수행했을 것이라는 기대를 갖고 찾아보지만 실망만 하게 된다.

아동들에게 인스턴트 식품을 제공하는데 사기 쉽고 편리하게 먹일 수 있기 때문이다. 매일 이러한 음식을 제공하면서 우리는 아동들을 사랑한다는 말을 공공연하게 한다. 하지만 보조금이 형편없이 적어 아이들을 못 먹인다는 얘기도 하는데 이는 핑계이다. 가만히 있으면 누가 후원을 해주는가. 아니면 재정보조기관에서 지원해 주는가. 다수의 직원들은 기관의 성장과 재원을 마련하기 위해 밤낮없이 고군분투하는데 정작 자리만 지키면서 재정부족을 탓하는 것이다.

기관의 분위기도 썰렁하여 냉랭한 기운만 감돌고, 직원들 다수가 일할 의욕이 없어 잡담하면서 커피를 마시는 등 한심할 정도로 직무가 태만하다. 관공서에서 요청한 서류를 작성하는 것조차 처리하지 못해 분주하게 물어보러 다니고, 결국 해내는가 싶더니 오타와 문장구조의 실패 등 너무 보완할 것이 많아 도대체 기관을 어떻게 운영하는 것인가 하는 의문을 갖게 한다.

그럼에도 지역의 복지 주체임을 말하는데, 이는 혼자만의 신념에 불과하다. 이용자를 이용하는 것일 뿐, 대화하다 보면 성향을 알게 되어 거리를 두게 된다. 이러한 관리자는 변해야 할 것이 무엇인지도 모른 채 직무를 잘 수행하고 있다고 착각하고 있어 대화해 봐야 손해만 볼 뿐이다. 따라서 멀리해야 한다.

◆ 사회복지리더로 성장하기 위한 시도

사회복지사는 기관장을 비롯하여, 차상위 관리자, 부서장, 선임사회복지사를 상대해야 하기 때문에, 어떠한 이미지인가에 따라, 또한 직무태도와 직무에 임하는 자세, 처리방식 등에 의해 평가를 받고, 많은 직무가 직위에 의한 위계질서에 따라 역할이 분장되어 있어 절차를 거스를 수 없는 상황이다. 해야 할 것들이 많음에도 할 일을 놓치고 중요 직무를 늦추어 보고할 때가 있을 정도로 바쁘지만 지시는 따라야 한다. 또한 동료들을 상대해야 한다. 직무를 처리하는 방식과 절차를 파악하고 있고 일을 잘하는지 못하는지를 알고 있으며 인간적인 성품과 가정사까지 알고 있는 경우가 있어 직무를 관철시켜 진행하는 데에는 사실 더 어려운 상대라 할 수 있다. 더욱이 기관장은 직무 조정과 직무배치 등 인사권한을 갖고 있어 지시를 따라야 한다.

하지만 직무 과중에 의한 압박, 체념, 갈등, 고민, 선택 등 타의에 의해 포기하게 된다고 하여도 스스로 결정한 것이므로 책임은 본인이 져야 한다. 가족이 함께 고민하고, 격려해 주고, 희망을 주지만 시간이 길어지면 얘기할 거리가 없게 되어 갈등하는 등 힘든 시간을 보낼 것이다. 어쩔 수 없이 포기에 가까운 선택을 해야 한다면 참고 버텨디는 식으로 감내할 것이다. 결국 일정 경력이 되면 어렵게 얘기를 꺼낸다. “어떻게 하면 좋을까. 이직하는 것이 좋을까.” 등등. 이 대답은 본인이 판단해야 한다. 그렇게 얘기할 수밖에 없어 미안하지만 생각해 보라. 누구를 만나고 누구를 통해 도움을 받았는지, 진정 누구를 위해 헌신해야 하는지….

복지를 위해 헌신하고 투신하려는 뜻을 품었지만 뜻대로 되지 않는 현실을 극복할 수 있다고 생각하는가. 할 일을 위해 준비하라. 이 일을 위해 특별한 기회, 경험을 갖고 있지 않은가.

불성실한 관리자는 사회복지사의 소중한 인생에서 발전을 방해하는 장애물이다. 하지만 진정한 사회복지리더가 필요한 사회복지기관은 이들과 같이 직위에 오른 관리자를 리더라고 인식하는 경향이 있다. 그래서 비공식적으로 논의하면서 그들의 문제를 말하지만 논의에 한계가 있어 받아들여야 할 상황이다. 그들을 위해 일하려고 어려운 학위과정을 이수하였는가. 정말 부탁하고 싶은 것은 직무가 분주하고 바쁘겠지만 남을 위해 모든 것을 포기하듯 살아가지 않기를 바란다.

저자가 본서를 집필하게 된 이유는 항시 사람을 상대하는 사회복지사의 직업적 특성이기도 하지만 그들을 이끌어야 하는 특별한 사명 때문이다. 사회복지리더는 복지에 종사하는 공무원, 후원자, 자원봉사자, 우연한 기회가 되어 방문한 주민들과 영·유아, 아동, 청소년, 성인과 중년 가장과 노인 등 결핍된 욕구가 있는 주민들을 설득하면서 이끌어야 한다. 더욱이 빈곤에 노출된 사람, 장애인, 혼자된 아동들과 보육원에서 생활하는 청소년 외에 공적 수급을 받아야만 하는 노인 등 도움이 필요한 주민들이 증가하고 있어 사회복지리더의 역할이 확장되고 있기 때문이다.

이제 사회복지사는 사회복지를 이끌어 가는 리더로서 어려움에 처한 주민들에게 단순한 봉사, 도움을 제공하는 직업인이 아니라 그들의 문제와 힘듦을 감싸 안고 전문적인 지식을 통해 해결해 가는 전문가의 위상이 정착되어야 한다.

사회복지리더는 이용자의 변화를 목표로 여러 역할을 수행해야 한다. 관리역량은 역할의 수행과정에서 변화를 확인하고 필요한 지원을 선행하기 위해 시행 전·후, 실행과정에서 발휘되어야 한다. 관리는 복잡한 상황을 풀어가는 능력을 말하고 예기치 않은 문제와 예측된 상황을 조직의 상황에 적합하게, 또한 시의적절하게 극복하고 해결하는 것을 의미한다.

이러한 능력은 직무수행 과정에서 드러나게 되어 있다. 관리해야 할 영역과 분야가 넓고 포괄적이라면 관리자의 역량은 더욱 필요하다. 따라서 관리가 버겁고 직무에 지쳐 있다면 변화가 필요한 때라고 인식하고 지금 무엇을 해야 하는지를 판단해야 한다.

2. 누가 사회복지리더이고, 리더가 아닌가

누가 사회복지리더이고 리더가 아닌지에 대해서는 의견이 분분하지만 사실 사회복지기관에 필요한 직원, 또는 조직을 관리하는 관리자를 리더라고 인정하기에는 모호한 점이 있다. 기관장이 총애한다고 하여 그의 신분이 결재하는 위치로 바뀌는 것도 아니고 진급 외에는 직위가 변동되지 않기 때문에 감독과 관리를 받아야 하는 입장에서 두각을 나타내기는 쉽지 않다. 자칫 처신을 잘못한다거나 말실수로 인해 오해를 받게 된다면 태도에 문제가 있다거나 함부로 말한다는 평을 듣는 힘든 상황을 유발할 수 있어 가급적 불편한 관계를 맺지 않기 위해 처신에 주의해야 한다.

본 절에서는 사회복지리더의 역할과 활동, 진정한 사회복지리더가 되기 위한 방법을 모색하고자 한다.

1) 사회복지리더

구성원들과 함께 직무를 수행한다

사회복지사는 직무를 수행하기 위해 동료들과 여러 논의를 하며 다양한 역할을 소화해야 한다. 이러한 역할은 일상적이다. 실례로, 사회복지사는 사무실에서 일어나는 모든 일들을 단번에 알게 된다. 만약 사무실에 공사가 있다면 중요한 직무를 처리해야 한다고 말하기 어렵고, 급한 직무가 있어도 여간해서 빠지기가 쉽지 않다. 선임자가 오늘 대청소를 해야 한다는 얘기를 한다면 일이 많다거나 외근을 나가야 한다고 얘기하지 못한다. 오히려 청소를 하기 위해 팔을 걷어붙여야 한다.

이러한 활동은 부서의 직원들과 생활하듯이 보내야 하는 일상적인 직무이지만 서비스를 지원하는 주민 또는 이용자에게 개입해야 하는 상황이라면 사회복지사의 역할은 지역을 중심으로 더 확장된다. 이렇듯 참여적 활동이 많은 직업이 사회복지사이고 해야 할 역할이 많다. 말에도 힘이 있어야 하는 것은 물론 실천가로 이용자에게 도움이 되기 위해 여러 역할을 수행해야 한다. 이러한 역할을 통해 신뢰를 얻고 활동이 이해될 때 참여를 결심하기 때문에 기획가로, 때로는 그의 생활을 공유하는 참여자로, 때로는 경제적 문제를 해결하기 위한 후원자로서 역할을 한다. 이러한 역할은 가치를 인식한 사회복지사의 자발성에 기반을 둔 활동이므로 강제적인 것이 아니다. 따라서 사회복지사가 열정을 가지고 이용자의 삶에 영향을 미치고자 하는 의지가 있다면 변화를 의도할 수 있다.

반면 서류에 지쳐 힘듦을 토로하고 마지못해 버틴다는 생각으로 근무한다면 그의 서비스는 개인적인 직무에 불과하다. 이 작은 차이에 의해 이용자는 생활이 개선되기도 하고, 반대로 불행한 현실을 보내게 되기도 한다.

사회복지 직무는 관리자의 지시와 자기 발안에 의해 시행되고, 법규와 상급기관의 지시에 의해 결정된다. 사안의 해결을 위해 관리자의 지시와 자기 발안에 의한 직무수행 중 어느 쪽에 최선을 다하겠는가. 자기 발안에 의한 직무는 직무수행 의지에 의한 것이므로, 의지가 확고한 경우 자발적으로 열심히 하게 하는 요인으로서 능동적인 직무수행의 원천이라 할 수 있다. 사회복지리더가 되는지와 아닌지는 이 작은 차이에 의한다는 것을 기억하기 바란다.

설득하는 사회복지리더의 특별함 또한 마찬가지이다. 하지만 대화하며 이끌어야 한다는 점에서 난생처음 듣는 전문용어를 사용하는 등 이해되지 않는 얘기를 할 때 어리둥절하며 도와준다는 것인지, 도와준다고 하면서 뭘 하라는 것인지 등 혼란을 겪는다. 얘기가 힘이 없다거나 이론과 실제가 다르다는 말을 듣는 것은 이용자를 설득하지 못하는 용어선택과 일방적으로 제공되는 서비스 때문이다. 사회복지리더는 문제의 심각성에 따라 개입해야 할 고달픈 여러 역할을 수행하고 관여할 일이 많은 것 또한 이 같은 무모한 개입이 요인이라 할 수 있다.

Tip............................ 사회복지리더의 책무

기획가인 동시에 실천가인 사회복지리더는 자격을 갖추기 위해 여러 과정을 극복해야 한다. 고등학교 시절 또는 대학을 졸업한 후 직장생활을 하면서 가치 있는 일을 해보고 싶었을 것이다. 이러한 고민은 지인을 통하거나 우연치 않은 기회에 사회복지를 알게 되면서, 또는 누군가의 권유를 통해, 또는 삶의 보람을 얻기 위해, 또는 직업적 탄탄함에 매료되어 안정된 생활을 위해 입학을 결심하였을 것이다. 이제 대학을 선택하고 학업에 매진하여 실습을 마친 후 자격증을 취득하였다. 생각한 것보다 사회복지 분야가 다양하다는 것을 알게 되고 취업, 진학, 창업이냐를 고민하면서 졸업에 즈음하여 심각한 갈등을 하게 된다. 취업을 결정한 후 사회복지기관에 이력서를 제출하는 등 도전해 보지만 취업의 관문이 생각보다 높아 몇 번의 실패를 경험하면서 뜻대로 되지 않는 현실에 절망도 하였을 것이다.

어떤 학생은 '언젠가는 쓸 날이 있겠지.'라는 생각에 취업을 포기한다. 어떤 학생은 최선을 다해 취업에 도전한다. 우연치 않은 기회에, 또는 지인에게 소개를 받는 등 기회가 올 것이라는 희망을 갖고 기다린다.

취업에 성공한다고 하여 어려움이 없는 것은 아니다. 사회복지 직무를 수행하기 위해서는 직무이해를 위한 학습이 필요하다는 것을 알게 된다. 이용자의 생활은 당혹스러울 정도로 복잡한 문제에 얽혀 있기 때문에 가치 있는 생각을 한순간에 무너뜨릴 정도의 삶일 수도 있다.

일생동안 타인의 삶에 관여하며 이해하기 위해 노력하는 전문가가 사회복지사이다. 그래서 사회복지사의 직무는 책임이 따른다. 책임은 삶에 대한 자기 확신을 통해 그들의 삶에 영향을 미치는 역할과 관련된다. 자격증을 취득하기까지 어려움을 극복한 것처럼 그대의 첫 도전을 잊지 않기 바란다.

따라서 사회복지리더는 실천가인 동시에 기획가로서의 역할을 해야 한다. 기획가는 사안의 중요성을 바르게 판단하고, 문제분석을 통해 해결에 필요한 적절한 활동을 찾아 적용하면서 해결 가능성을 증명한다. 실천가는 이러한 기획이 실제 적용되고 본래 기획단계에서 예측된 성과인지를 확인하기 위해 사안마다, 과정마다 개입한다. 종결 시까지 습득한 기술을 유지하게 하여 혼자의 힘으로 살아가도록 이끈다.

2) 진정한 사회복지리더

사회복지사는 많다. 하지만 이용자의 삶에 직접 개입하여 그들의 생각과 관점을 바꾸고 진정한 가치를 전하면서 행동을 변화시키는 사회복지리더는 많지 않다. 사회복지기관은 어느 지역에나 있다. 하지만 지역을 아우르고 변화시키면서 주민들의 삶에 기여하는 기관은 많지 않다. 기관에 사회복지사는 많다. 하지만 이용자의 생활을 직·간접적으로 체험하며 가정을 방문하고 그들과 대화하며 일상을 변화시켜 더 나은 삶을 살아가도록 이끄는 사회복지리더는 소수이다. 묵묵히 자리를 지키며 할 일을 다했다고 생각하는 사회복지사는 많다. 하지만 진정한 리더, 주민들이 기대하는 사회복지리더는 많지 않다.

사회복지리더가 되기 위해 무엇을 준비해야 하는가?

리더는 겸손해야 하는가

아니다. 현명해야 한다. 이용자의 삶을 혁신적으로 바꾸는 사회복지리더는 삶이 더 나아질 것이라는 확신을 준다.

리더는 온화해야 하는가

아니다. 온화한 표정과 미소만 지으면 할 수 있는 역할이 제약된다. 언제까지 이용자의 얘기를 들어주고 "힘들었겠습니다. 제가 힘이 될게요."라는 말만 할 것인가. 그러면 그는 집에 돌아가면서 이전의 방식으로 생활하게 된다. 이보다 더 확실한 이슈를 갖고 새로운 변혁을 기대할 만한 역할이 필요하다.

사무를 관리하는 리더가 필요하다

사회복지기관의 행정사무는 처리과정을 중요하게 다루는 직무, 즉 절차를 중요하게 다룬다. 법규에 따라 처리해야 할 직무는 부서 및 직원에게 부여된 직무에 따라 상이하고 처리지침과 절차를 준수하지 않을 때 기관에 영향을 미친다. 회계사무는 보건복지부의 사회복지재무회계지침을 준수해야 하고, 공문서는 행정기관에서 요구한 작성 서식과 절차에 따라 작성해야 하는 등 개별법령에 따라 처리해야 할 직무가 많아 사무관리절차가 마련되어 있지 않으면 직무처리가 불가능하다. 사무로 처리해야 할 직무는 상급자나 상급기관, 법규에서 정한 바에 의해, 그리고 개인의 직무의지에 의해, 즉 직무를 수행해야 할 필요성을 인식하는 경우에 발안된다. 이러한 직무는 기관장의 승인 후 문서대장에 등재해야만 공적 직무로 처리된다. 이후부터 계획의 시행, 즉 초기에 계획한 성과를 달성하기 위해 직무과정을 주도면밀하게 점검한 후 기대한 성과도출을 위해 전력하게 되는데, 성과는 직무절차 및 관련규정을 충분히 확인하여 적절하게 대처해야만 얻게 되는 결과물이다.

그러므로 사무는 직무요인에 의해 추진될 직무를 선정한 후 해당 직무의 원할한 수행을 위해 사무절차에 따라 처리해야만 기관의 직무로 추진된다. 따라서 직무처리는 사무절차를 이해하고 각각의 처리 단계를 준수하였을 때 직원 간의 협조는 물론 부서연계가 원활해져 기관의 지원으로 이어진다.

반면 모든 직무수행은 사무절차를 벗어나거나 절차를 생략하는 등 지키지 않을 때 수행하지 않은 것으로 간주한다. 양식 작성이 일반적인 예인데, 작성 서식을 파악하고, 각각의 양식에서 요구하는 항목에 대한 이해가 충분해야만 요청대로 작성할 수 있다. 하나의 항목 또는 요구하는 문항에 대한 이해가 부족하다면 잘못 기술하는 것은 물론 의도한 목적에서 벗어나게 된다. 그러면 작성된 양식, 또는 관련 서류 전부가 평가 절하된다. 또한 작성자의 능력을 의심하게 하여 시행조차 못하게 된다.

사회복지 기획서는 분명 대상이 있고 시행을 목적으로 작성된다. 하지만 시행조차 못하는 기획서를 매번 작성하기 위해 노력한다면 직무능력을 의심받게 되고, 다시 작성하면 된다는 생각으로 안이하게 받아들인다면 그는 직무수행 능력이 없는 것이다. 따라서 보다 나은 기획서를 작성하기 위해 사전자료분석, 성과 등을 예측하는 계획이 있어야 한다.

매일 이러한 준비가 사회복지리더의 직무이다. 그래서 시간가는 줄 모르고 직무에 매달리면서 더 나은 기획서를 작성하기 위해, 또한 이용자만을 위한 무언가를 만들기 위해 함께할 자원을 모으는 것 등에 전력하는 것이다. 직무가 오랫동안 반복된다면 무료함과 타성에 젖은 직무태도를 갖게 되어 직무능력이 개선되지 않는다. 왜냐하면 할 일을 알고, 대처방식을 경험 속에서 체득하였기 때문에 어떻게 대응해야 하는지 등에 익숙해 있기 때문이다.

따라서 변화 없이는 충족되지 않은 내면의 답답함을 해소하지 못할뿐더러 극복하지도 못한다. 매일 반복적인 사무를 처리하기 위해 절차와 규정, 지침 등을 찾아야 하는 것은 무기력하게 만든다. 성과, 이 목표를 위해 평생을 달려온 많은 사회복지사가 직무성장이 없다는 고민을 하면서 사회복지리더가 되어야 할 필요를 직무상황이나 이용자와 교제하고 지원하는 중에 생각하지 않는 이유는 평이하고 단순한 직무의 반복에 의한 무기력 때문이다. 관리자의 직무지시가 '이거 다 했나요' 식의 요구가 많은 상황에서 굳이 사회복지리더가 되어야 할 이유가 없기 때문이다. 이러한 관리자의 태도는 무기력의 경험을 가중시키면서 강요하고 현실에 안주하게 만드는 데 결정적인 역할을 한다. 무기력한 경험을 많이 할수록 이용자를 위해서 이끌어야 한다는 마음을 갖지 않게 된다.

지금 우리의 조직에 필요한 사회복지리더는 무기력을 극복하게 하면서 리더 역할을 수행하는 인물이다. 이러한 사회복지리더를 다수의 이용자들이 기대한다는 점, 이것을 상기한다면 분명 역할이 달라야 한다.

기관의 변화를 주도하는 사회복지리더는 누구인가

사회복지기관은 지향하는 목적에 의해 설립되고, 목적을 달성하기 위해 직원들과 이용자들을 규합하여 여러 사업을 추진한다. 직원들은 기관의 운영방향에 따라 직무를 배정받고 부서에 배치된다. 사회복지사는 여러 역할을 수행하면서 기여하게 되지만 사회복지기관의 지향목적과 개인의 직무가 기여되었다는 확신은 소속감에 의한다.

따라서 사회복지기관의 변화를 혁신적으로 이끌고 주도할 수 있는 사회복지사는 누구인가라는 질문은 누가 리더로 성장하는가에 관한 것이다. 변화는 반복적인 일상을 새롭게 부흥시키는 문화의 주도를 의미하고, 타성에 젖은 직무태도를 능동적인 에너지로 바꾸는 것을 말한다. 현재를 힘차게 준비하자는 강력한 의식전환에 관한 것으로 이러한 동력이 아니라면 이용자를 이끌 수 없다.

사회복지기관의 직원들은 조직의 상황을 공개하지 않더라도 아는 경우가 많다. 그래서 동료들과의 친밀한 관계 유지는 중요하다. 관계가 나빠진다면 직무를 처리하는 과정에서 협조를 얻어야 할 때에 얘기조차 건네지 못한다. 동료들과 어떠한 관계를 맺느냐에 따라 직무협조가 원활해지기 때문에 모든 것이 조심스럽다. 때로는 동료의 입장에서 동조해야 하고 상황을 말해야 할 때도 있다.

사무실에서 하루 대부분의 시간을 보내야 하는 조직생활이 불편해진다면 어색해지는 것은 물론, 협의하며 추진해야 할 직무조차 혼자서 감당해야 한다. 정말 중요한 직무를 처리할 때에 협조받지 못한다면 판단을 보류할 수밖에 없게 된다.

이런 점에서 영리를 추구하는 기업의 관리자와 주민들의 삶의 질을 증진하면서 그들의 바라는 생활을 위해 헌신하는 사회복지리더가 차별되는 것이다. 만족스럽고 행복한 삶을 살아가도록 지원하는 사회복지직무의 가치를 알고 느꼈기 때문에 주민들이 어떻게 생활하는지를 더 관심 있게 관찰하고, 현재의 어려움으로 인해 문제가 생겼는지를 자신의 일처럼 관여하고 개입하는 것이다. 생활하면서 아픔이 있다면 자신의 아픔으로 생각하면서 얘기해 주는 사회복지사가 있다면 이용자는 외롭지 않을 것이다. 이러한 역할을 수행하고 감당하는 전문직업인이 사회복지사이다.

사회복지리더는 아픈 현실에 처해 있는 사람을 이끈다는 점에서 주민들이 고민하는 어려움을 살핀다. 또한 진실된 마음으로 감싸 안고 해결을 위해 성심을 다한다. 이러한 리더가 진정한 사회복지리더이다.

사회복지리더는 사람들을 이끈다. 또한 그들이 원하는 것들을 해결하기 위해 시도하고, 변화를 위해 준비한다. 실천하는 사회복지리더는 현재보다 나은 삶으로 이끄는 실천가이고 행동가이다.

사회복지기관에는 리더가 필요하다

사회복지리더가 되지 못하는 요인은 다양하다. 그들은 자신을 신뢰하지 않는다. 해마다 반복되는 일임에도 정책과 제도의 변화를 읽어내지 못해 처리에 힘겨워한다. 주어진 직무를 처리하는 것 만으로도 벅차다고 생각하기 때문에 평직원으로 만족해하며 단순 직무에 집중한다. 그리고는 자신의 소임을 다했다고 판단한다. 또한 자기 몫을 해낸다고 자부하는데 그 이유는 주어진 직무가 있고, 해당 직무를 수행하는 과정에서 여러 자원과 관계하는 등 어느 정도의 성과를 관리자에게 인정받았기 때문이다.

하지만 문제가 없으면 된다는 식으로 대처하기 때문에 이러한 태도를 성실한 것으로 착각하고 만족하면서 자리보존에만 급급해한다. 사실 이를 성실하다고 인정할 수 있지만 비전과 꿈이 없는 직원에 불과하다. 자리를 지키는 것만으로도 할 일을 다 했다고 생각하는 평범한 사회복지사일 뿐이다.

그럼 이러한 직원들의 태도가 새로운 것일까. 아니다. 이미 수행한 경험이 있기 때문에 방식을 알고 있어 자신을 지키기 위한 수단으로 관리자와 동료 등에게 받아들여졌기 때문에 직무태도로 정착된 것이다.

독자는 이러한 사회복지사의 태도에 동의하는가. 아니면 사회복지리더의 자격을 갖추기 위해 준비하는 것이 옳다고 보는가. 분명한 것은 사회복지와 관계된 인물들과 주민들, 직장의 동료와 관리자들이 사회복지리더를 기대하고, 기다리고 있으며 대신하여 알려주고 이끌어주기를 기다리고 있다는 것이다. 그렇다면 이용자가 생각하는 사회복지리더에 대한 정의가 필요하다. 또한 사회복지리더가 아닌 자가 누구인지도 가늠할 수 있어야 한다.

Tip..............................무능한 관리자의 직무대처

사회복지기관은 고정된 직책으로 인해 진급이 정체되는 경향을 보이고 있다. 열심히 직무를 수행하여도 급여 인상은 보건복지부 급여 가이드라인에 의해 책정되기 때문에 진급은 선임자가 사직하지 않는 이상 불가능하다. 이마저도 진급을 기다리는 동료들이 많아 쉽지 않은 실정이다. 아마 우리도 이러한 상황에 직면해 있다면 고민할 것이다.

이러한 현실에 불만을 품은 ㅇㅇ과장은 평소 힘들다는 말을 자주하였다. 직무수행을 논의하지만 기대에 미치지 못해 무능하다는 얘기를 자주 들었다. 하지만 자신의 존재감이 떨어진다는 생각에 동료들을 고민하게 하고 동료의 실수를 유발하는 등 사사건건 문제를 제기하였다. 소문을 만들어 책임을 전가하였고 이러한 행동을 통해 동료를 힘들게 하였다. 그의 직무회피는 뻔하다. 힘들다, 못하겠다, 바쁘다 등 핑계거리를 만들어 피하는 것이다.

핑계를 대며 회피하는 관리자와 일하는 것만큼 곤욕스러운 것이 없다. 기관장이 결정할 일이라 방법이 없지만 동료에 대한 신뢰, 인사능력 부족 등을 거론하며 최선을 다해야 한다는 동기를 상실하게 만들기 때문이다. 또한 상황을 판단하고 피할 방법을 끊임없이 모색하기 때문에 직속상관조차 판단하지 못할 수 있기 때문이다.

따라서 문제를 제기하려면 이유가 분명해야 한다. 사회복지리더가 사회복지기관에 필요한 이유는 사회복지서비스를 기대하고 있는 이용자들의 처지가 너무 힘들고 버거운데 유일하게 도움을 줄 수 있는 기대처가 사회복지기관의 사회복지사이기 때문이다.

제 3 장

사회복지리더의 직무관리역량

1. 사회복지리더의 직무역량

사회복지리더는 어떠한 역량을 갖출 때 직무역량을 인정받는가. 조직의 상황과 복지 수준, 이용자들의 인식, 이해 정도 등에 따라 리더에게 요구하는 역량이 다르기 때문에 명확한 기준을 제시하기 어렵다. 하지만 사회복지리더는 이용자 지원 업무에 대한 직무지식과 기술, 태도를 갖추어야 하는 것은 물론 도움이 필요한 이용자의 상황에 따라 문제와 고민을 얘기할 수 있도록 적절한 대화기술 능력을 갖추어야 한다. 이러한 대화기술을 갖추었을 때 인정받는다는 점에서 조직의 상황에 적합한 사회복지리더 역량은 전문성에 기반한다. 따라서 사회복지리더의 직무역량과 리더십은 동일한 것이라 할 수 있다.

사회복지리더의 직무역량을 강화하기 위해 준비해야 할 것과 해야 할 일은 시대마다 다르게 정의되어 왔다. 리더의 리더다운 모습이 사회복지사의 직무수행에 영향을 미칠 것인가. 아니면 평소의 원만한 관계가 더 영향을 미칠 것인가는 의견이 분분하지만 사회복지기관의 상황에 적합한 방법을 찾기는 사실 쉽지 않다. 그래서 사회복지기관의 장은 직원들의 직무수행 동력을 제시하고, 기관의 상황에 적합한 성장 기회를 마련하는 등 토대를 만들기 위해 고민을 하고, 이끌어 갈 방향을 모색하기 위해 다양한 시도를 한다.

이런 의미에서 사회복지리더의 직무역량은 이용자들과의 관계에서 시작된다. 성품과 말투, 또는 회의 자리에서, 우연치 않게 본 표정에서도 리더십은 발휘된다. 따라서 사회복지리더는 열정적으로 일관성 있는 태도를 견지해야 한다.

일단 직무를 수행하게 되면 적극적이고 헌신적인 태도로 최선을 다한다. 이용자들이 사회복지사를 리더라고 의식하면서 따라야 할지를 판단하는 것은 직무를 수행하면서 겪은 평소의 직무태도와 말투 등 자신을 위해 최선을 다하고 있는지에 대한 학습된 이해가 순간마다 생각되고 기억되기 때문이다. 따라서 사회복지사를 평가하는 요소는 해내지 못하였던 일을 수행했는가가 결정적일 것이라 생각할 수 있지만, 성실한 모습과 유연한 태도를 더 선호한다.

성실한 성향을 갖춘 대부분의 사회복지사는 리더 역할을 수행하기 위해 다른 사람들이 잠을 자거나 휴식을 취할 때 공부를 하거나 지식을 쌓는 등 자신의 역량을 키우는 데 시간을 투자한다. 또한 이러한 성향을 다수의 이용자들은 존중한다.

따라서 사회복지리더의 직무역량은 이용자들과의 신뢰 관계에서 출발하기 때문에 정다운 인간관계를 통해 계속 유지되는 경우가 대부분이다. 친절을 경험한 이용자는 우호적인 생각을 하고 사회복지리더의 요구를 긍정적으로 수용한다. 서비스를 제공받는 중에도 좋은 생각을 하고 지난 시간의 짧은 교제조차 힘이 된다고 여긴다. 사소한 만남이라도 성실하게 응하고 요구와 기대를 충족할 정도로 진지하게 반응한다.

친절하지 않은 사회복지사에게 누가 다가가겠는가. 아니라고 할 수 있지만 사회복지사의 불성실한 태도는 손해 보지 않는 선에서 직무에 충실하면서 피해도 주지 않고 받지 않으려는 개인적인 성향 때문이다. 이용자들의 사회복지사에 대한 기대는 자신보다 너 나아야 한다는 대리 기대를 사회복지사를 통해 해소하려는 마음을 갖고 있다. 하지만 사회복지리더로 역할 하기 위해서는 이보다 더 특별해야 한다.

누구나 생계를 위해 수고하고, 가족들을 위해, 또는 소득을 위해, 더 나은 생활을 위해 헌신하고 자신을 희생한다. 그들을 이끌려고 하는데 그들의 생활방식을 이해하지 못한 채 이용자를 대하면서 직무의 연장선에서 사무적으로 대한다면 사회복지사를 리더라고 말할 수 있겠는가, 더욱이 사회복지사는 영리기업에서 직장생활을 해 본 경험이 거의 없다.

이러한 현대 생활의 아픔을 아우를 분명한 이슈가 사회복지리더에게는 필요하다. 이미 제기한 바와 같이 지역의 주민들과 이용자들은 아픔을 갖고 있기 때문에 상처를 위로 하고 힘을 내도록 독려하는 에너지를 제공해야만 사회복지리더로 서고, 이러헌 기대에 찬 위로를 받게 될 때 따른다는 것이다.

직무역량을 갖추기 위한 첫 번째는,

이용자 집단을 조직화한다. 사회복지기관은 상시적으로 지역에 거주하는 주민들이 프로그램을 이용하기 위해, 또는 서비스를 제공받기 위해 이용한다. 이용자는 곧 지역의 주민이다. 사회복지기관에 대한 이해가 있는 주민들이 이용하는 것이다. 따라서 사회복지기관의 직원들이 불친절하고 직무이해가 부족하거나 역량이 낮다면 기관의 인식은 부정적일 것이다. 기관장의 주요 역할은 직원들의 역량을 강화하여 체계화하고 기관의 모든 사업을 주민들의 욕구와 기대를 부응하기 위해 집중하도록 구조화해야 한다. 이때부터 주민들로부터 긍정적인 평가를 받게 되기 때문이다.

주변을 보라. 지역에서 명성을 쌓으며 좋은 조직이라고 인정받는 기관은 분명 특별한 것이 있다. 직원들 또한 남다른 개성을 발휘한다. 반면 부실한 조직은 부정적인 평가를 받게 되는데 주민들이 방문하지 않는 등 서비스를 신뢰하지 않는다. 분명한 것은 명성이 나쁜 사회복지기관은 선망이 아니라 비난의 대상으로 전락한다는 것이다. 따라서 주민들의 인식, 명성, 높은 이해 등을 고려한다면 분명 역할이 달라야 한다.

직무역량을 갖추기 위한 두 번째는,

직무추진에 필요한 관계 맺기에 충실해야 한다. 직무추진을 위한 관계 맺기가 원활하게 이루어지는 사회복지기관은 명확한 역할분장을 통해 사회복지사의 성과가 제시되어 있고, 수행해야 할 직무 또한 개인, 부서, 기관의 사업에 따라 맞춤식으로 분장되어 있다.

사회복지기관은 기관의 사업을 토대로 부서별로 업무를 분장한 후 적합한 사회복지사를 선정하여 배치한다. 또한 신규 사업을 추진할 때도 적당한 부서에 사회복지사를 선정하여 일임하는 방식으로 업무분장이 이루어진다. 하지만 소수의 상급자에 의해 직무를 분장하는 경우 사회복지사의 직무의 양과 질을 고려하지 않을 수 있어 직무 과중을 유발할 소지가 있다. 지시를 따를 것을 강요한다는 생각을 한다면 일할 사회복지사가 누가 있겠는가. 또한 업무가 과도하게 부과되었다는 고민에 빠질 뿐 성장의 기회로 생각하지 않는다. 이러한 부정적인 생각을 갖지 않도록 더 나은 직무를 부여한 것이라는 확신을 제안해야 한다.

권위적인 관리자의 실수는 직무를 강압적으로 지시한다는 것이다. 강제는 지시를 따르지 않으면 거부한 것으로 보고 무언의 압력으로 억압하는 것이다. 다수의 사회복지사들은 수용할 수밖에 없는 상황에서 고민하고 갈등하면서 동료에게 불만을 토로하며 방법을 찾지만 뚜렷한 대안이 없다면 이직이나 사직을 선택한다.

사회복지사업은 관리자의 지시에 의해 시행되는 경우가 많기 때문에 흔히 있을 수 있는 일로 여겨진다면 이용자와의 관계에도 부정적으로 영향을 미치게 된다. 강압적인 분위기는 사회복지사를 위축시켜 프로그램에 참여한 이용자들까지 경직되게 하고, 서로 의식하는 구도를 형성하게 되므로 불편하지 않으려면 참고 버틴다는 식으로 침묵하게 만든다. 이는 관리자가 조장한 것이지 사회복지사가 의도한 것이 아니다.

직무역량을 갖추기 위한 세 번째는,

사업수행에 필요한 정보획득 방법이 다양해야 한다. 정보는 모든 직무수행의 필수요소이고 처리의 기본이다. 정보가 없는 사회복지사는 직무가 부여되어도 방법을 몰라 처리하지 못한다. 정보획득은 직무수행의 성과가 무엇인지를 스스로 파악하게 한다. 하지만 직무를 인지한 것이지 처리방법을 알았다는 것은 아니다. 정보를 파악하기 위해 분석하고 활용할 조직이 없거나 어디에 활용할지를 모른다면 직무처리가 지연되거나 처리되지 않는다.

따라서 직무역량을 갖추는 데 필요한 정보를 관리자로부터 지속적으로 제공받아야 한다. 직무를 처리하면서 기관의 업무처리 방식과 처리 절차를 알게 되고, 책임 있게 수행한다면 즐기면서 처리하는 자신만의 방식을 찾았다는 의미이다. 그리고 절차를 모르는 사회복지사보다 직무처리가 빨라진다. 원칙과 수행절차도 익숙해진다. 이러한 것들이 익숙해져야 역량이 강화된다.

한편 직무역량이 강화될수록, 또는 직무이해가 많아질수록 판단하기 어려운 비중 있는 직무를 처리하게 된다. 직무는 숙달되므로 해당 직무에 대한 익숙함과 고난도의 직무를 많이 처리할수록 처리 역량이 강화된다는 점에서 직무 맡음을 후회하지 않는다면 분명 성장의 기회를 얻게 될 것이다.

직무역량을 갖추기 위한 네 번째는,

직무를 배우고 익히기 위해 투자한다. 여러 경험을 하면서 도움이 안 되는 일이나 쓸데없는 일에 시간을 허비한 적이 있을 것이다. 시간을 효율적으로 활용하기 위한 자신만의 방식을 찾기 위해 자신에게 투자해야 한다.

Tip............................ 변화하는 현대 사회의 직업

많은 이용자들이 노년의 생활을 걱정한다. 하지만 먹고 살 만한 일들이 줄어들고 있어 직업이라고 생각하지 않았던 일들이 생계를 위한 직업으로 자리매김하였다. 거리에서 휴지를 줍는 일, 청소를 대행해 주는 일, 방문하여 차량을 세차하는 일, 택배는 생각지도 못한 대표적인 직업군이다. 이미 서울에는 65세 이상의 건강한 노인들이 전철을 무료로 이용할 수 있다는 장점을 살려 택배업에 종사하고 있다. 생계유지와 사회활동을 위한 일자리로 자리매김한 것이다.

직무역량 강화는 시간 싸움이다. 리더십을 개발하고 찾는 것은 시간을 얼마나 효율적으로 보냈는가에 달려 있기 때문에 자기식의 시간활용 방법을 찾기 위해서는 마음을 굳게 먹고 이것이 할 일이라는 확신을 갖고 시간을 아껴야 한다. 자기 성장을 위한 목표를 분명히 하고 계획을 수립해 보라. 어제와 같은 오늘이라면 달라지지 않을 것이다.

매일 직무를 확인하고, 할 일을 점검하라. 연간사업계획서를 확인하고 반기, 분기, 한 달, 주간, 일일 추진 직무를 검토하라. 계획은 한 주와 한 달, 분기와 반기, 연간 사업계획에 의해 본인의 직무추진 시기를 정리하라. 연간사업계획에 의해 직무가 추진된다는 점에서 반드시 확인해야 한다.

직무성장을 위한 아이디어를 반영하고 상황을 대처하기 위해 현재의 직무에 충실하라. 직무처리 과정을 살펴야만 살아남을 방법을 찾게 된다. 상급기관의 급작스러운 현황분석 요청, 보건복지부 요구에 따른 조사, 상급기관의 요구, 관리자의 지시 등 이러한 요구는 수시로 발생하는 일이므로 이를 처리할 수 있는 역량이 준비되어 있어야 한다. 그래야 위기 상황을 대처할 능력뿐 아니라 역량을 인정받기 때문이다. 따라서 계획된 업무관리가 철저해야 한다.

직무역량을 갖추기 위한 다섯 번째는,

마음을 평온하게 유지해야 한다. 사회복지리더가 되려면 자신감을 갖고 어떤 상황에서도 불안하지 않은 평정심을 유지할 수 있어야 한다. 불평은 평정심을 잃어버리게 하는 심리적 불안상태이다. 불평은 압박이 심할수록 증가하고, 스트레스를 받으면 유발되고 심한 경우 자책하고 해소하기 위해 가족들에게 폭력을 행사하기도 하는데, 언어적 모욕은 물론 기물을 파손하는 등 과격해짐에도 제어하지 못하는 상태에 놓인다. 이러한 폭력은 정신적인 압박이 심할수록 증가한다. 물론 일부의 사람들에 불과하겠지만 오늘날 사회범죄는 이러한 스트레스가 원인임을 밝히고 있다.

평온은 내면의 완성이라는 점에서 마음을 다스리지 않는다면 평온을 유지하기 어렵다. 이용자들과의 원만하지 않은 관계의 부담은 상호 간에 먼저 아는 경우가 허다하다. 관계 맺기의 잦은 실패는 대인관계를 회피하게 하는 요인으로 심한 자책과 아울러 소극적으로 대처하는 등 악순환이 된다.

사회복지사가 리더로서 리더십을 발휘하기 위해서는 평온을 유지하기 위해 자신의 강점을 찾고 실패하더라도 자책하지 않으며 불편한 상황에서도 감정을 다스리는 데 최선을 다해야 한다. 사회복지리더가 평온할 때 이용자들 또한 평정을 찾고 안정된다. 관계 맺기의 적극성 여부 또한 안정을 얻는 데 영향을 미치기 때문에 평정심은 리더십의 중요한 원천이다.

사회복지리더 역할 수행에 필요한 평온을 유지하는 방법

◆ 지난 일에 집착하지 않는 것

지난 시간의 일들이 현재를 지배하게 해서는 안 된다. 과거집착은 현실 부정과 실수에 대한 자책감을 일으키며, 타인에게 과도하게 의존하거나 집착하게 하여 정체감을 상실하게 만든다.

◆ 자기만의 원칙을 정하라

인간은 누군가와 관계를 맺고 관계하며 살아가는 존재이다. 누구도 혼자만의 세계에 갇혀 주저앉아 버리는 삶을 원하지 않는다. 끊임없이 조직에 속하려 하고, 사회생활을 하면서 존재감을 가지려 노력한다. 이용자들이 조직에 속하는 실패로 인해 좌절하게 된다면 그는 더 이상 능동적으로 생활하지 못하고 긍정적인 생각 또한 갖지 않는다. 마음의 평정을 잃는 것은 물론 존재감 없는 생활 속에 묻혀버린다. 이를 극복하기 위한 유일한 대안이 서비스 원칙을 만들어 실행하도록 이끄는 것이다.

사회복지리더의 평온함, 마음의 평정은 실패의 경험을 잠재우는 힘이 있다. 이 힘을 영향력 있게 강화하는 방법이 과거의 실패에 연연하지 않는 것이다. 이용자들에게 본인의 경험과 극복의 과정을 소개하고 적용해 보도록 권하라. 사실 다수의 이용자들은 이러한 것들을 알기 원한다.

평정심은 과거의 경험을 교훈으로 삼아야만 유지된다. 신뢰를 받지 못한다면 왜 신뢰받지 못했는지를 살펴보며 그 이유를 파악한다. 지금도 이러한 상황이 반복되고 있다면 변화되어야 할 것이 있다는 것을 의미한다. 신뢰하지 않는 데에는 분명 이유가 있으며 이것을 극복해야 두터운 믿음을 쌓을 수 있게 된다.

Tip............................ 실패하는 사람이 많은 사회

다수의 사람들은 경쟁사회에서 성공보다 실패를 더 많이 겪는다. 이러한 실패는 어린 시절, 학교 교육 안에서 친하게 지내는 친구들과 교사 등 타인에 의해 조장되고, 입시 경쟁, 취업 경쟁에서 실패한 경험을 떠올리며 긴장하고 또다시 실패를 경험하게 한다는 점에서 심각한 것이다.

실패가 많은 사회는 성공보다 좌절을 겪는 사람이 많다. 사람들은 무기력하고 희망이 없다. 이를 극복할 유일한 대안이 삶의 원칙을 정하는 것이다. 성공한 이들의 원칙을 찾아 적용하고, 이러한 원칙이 사람들에게 영향을 미치는지 등을 확인하면서 자신만의 원칙을 정립해야 한다.

사회복지리더가 극복해야 할 것은 이용자들의 기대와 바람을 충족하기 위해 무엇을 해야 하는가에 대한 것이다. 그들의 입장에서 풀어가기 위한 방법을 찾는다면 분명 새로운 교훈을 얻을 것이다.

요구가 많은가. 그렇다면 사회복지리더는 요구를 충족하고 들어주기 위한 능력이 출중해야 한다. 이용자들의 요구가 많다는 것은 해 줄 수 있는 것 또한 많아야 한다는 것을 의미한다. 무능한 사회복지리더에게 누가 요구하겠는가. 다시 말해, 역량이 부족한 사회복지사에게 비중 있는 직무를 맡기면서 처리해 달라고 요구할 관리자가 없는 것과 마찬가지이다.

이용자들의 요구는 끊이지 않고 상황마다 제기된다. 들어주지 않는 사회복지리더에게 신뢰를 보내지 않으며 리더의 능력을 의심하고 이러한 의심은 이용자들의 마음에 간직된다. 다른 이용자에게도 부정적인 영향을 미친다. 사회복지리더의 자질을 의심하는 것을 서슴지 않고, 자신들의 요구를 관철시키기 위해 여러 경로를 확인하면서 들어줄 방법을 모색한다. 이러한 상황이 장기화되면 사회복지리더 또한 자리보존을 하는 것에 의미를 두지 않을 수도 있다. 따라서 이용자들이 원하는 기대를 파악하고 평정심을 잃지 않도록 마음을 다스려야 한다.

직무역량을 유지하기 위한 여섯 번째는,

성공적인 관계 맺기를 위한 방법을 찾아야 한다. 과도한 친절을 보이며 두둔하는 것, 좋다고 쉽게 말하는 것, 은밀하게 다가와 자신의 상황을 얘기하며 계속 의지한다고 하는 것 등은 도움이 안 된다. 이러한 성향을 가진 이용자는 쉽게 판단하고 좋으면 그때뿐이다. 사적인 장소는 이용자들이 사회복지리더의 직무수행을 평가하는 자리임이 분명하다. 그들은 사회복지리더와 관련된 것들을 얘기하고 자신의 견해를 밝힌다. 이용자들의 논의가 공식화되면 직무수행을 방해하는 장애물로 작용하여 직무관리는 물론 리더십 발휘가 불가능해진다.

공식 자리에서 사회복지리더의 원칙과 운영철학, 방법이 잘못되었다는 것을 말하는 것은 오늘 이 자리에서 그동안 당신이 해온 일을 평가하고 끌어내리겠다는 각오로 임하기 때문에, 웬만한 용기가 아니면 할 수 없는 결단의 행동이다. 따라서 대부분의 이용자들은 묵묵히 자리를 지킨다. 그리고 상황에 따라 자신의 입장을 밝히면서 침묵한다.

다수의 이용자들은 나름의 원칙을 가지고 생활한다. 이 원칙이 성공을 가져오기도 하고, 또는 다른 이들과의 관계를 훼손하기도 한다. 어떠한 원칙을 가졌는가가 성공과 실패를 좌우하기 때문에 성공에 대한 원칙을 분명히 하고, 성공의 길을 개척하기 위해 할 수 있는 것과 수행이 불가능한 것들을 구분하여 그들의 이득과 성과를 검토해야 한다. 그러면 원칙이 얼마나 중요하고 막대한 영향력을 가졌는지를 알게 될 것이다.

2. 사회복지리더의 직무관리영역

1) 사무관리

사무관리의 준수는 사회복지기관의 모든 종사자에게 적용되는 직무수행의 기본에 해당하는 것으로 기관장이 관리할 영역, 차상위 상급자가 관리할 영역으로 나뉘며 부서장, 팀장, 선임 사회복지사와 사회복지사가 관리할 영역은 직위에 의해 부여된다. 처리할 직무 또한 직위에 따라 배정되기 때문에 사무관리는 모든 종사자가 숙지하고 있어야 할 직무수행의 토대이다.

기관장은 사회복지사의 역량에 따라 직무를 분장한다. 하지만 각각의 역할이 직무체계성이 떨어지고 사무절차가 마련되지 않으면 직무처리가 매끄럽지 않아 혼선을 빚게 되는데, 직무의 우선순위를 정하지 못해 비중 있는 직무와 단순직무의 처리가 지연되거나 주어진 대로, 또는 지시대로 수행하는 수동적인 직무수행 방식이 사회복지사에게 습관으로 학습된다. 이러한 태도가 직무방식으로 체득된다면 직무에서 배제되는 등 중요 직무를 맡을 수 없다.

따라서 직무능력을 드러내기 위해 사무절차를 이해해야 한다. 실례로, 이용사를 지원하기 위해 기관장의 승인까지는 직무수행에 따른 서류를 생성하여 보고하는 결재과정을 거치기 때문에 행정절차를 반드시 준수해야 한다. 단순 상담이라 하여도 면담 시기를 정한 후 상담내용을 기록물로 남기는 등 절차에 따라 보고되어야만 승인을 받을 수 있으며 절차를 지키지 않는 보고는 승인되지 않는다. 이 과정에서 보고 시기 및 시간, 장소 등은 고려사항이다. 최종 승인만 남게 되었을 때 승인은 기관장의 결정에 의하므로 설득은 직무수행의 가장 중요한 과정이다. 다행히 승인을 받았다면 서비스 계획을 수립하고 지원내용을 통보한 후 참여 여부를 확인한다. 이용자가 동의했다면 실행하게 된다. 이후부터는 성과를 얻기까지 계속적인 피드백과 상담을 진행하면서 이용자의 참여의지를 이끌어야 하는데 원만하게 진행된다면 성과로 이어진다. 서비스 지원은 계약기간에 의해, 또는 목적한 성과를 얻게 되면 종결된다. 종결 이후는 이용자 스스로 생활할 수 있는지를 검토하여 당사자의 결정에 맡겨 필요한 지원을 시행하고, 요청하는 정보제공과 자조적으로 생활하는지를 확인하면 된다.

사무관리는 사회복지리더가 갖추어야 할 역량으로 직무능력을 증명하는 유일한 것이다. 직무는 사무로 관리될 때 성과로 이어진다는 점에서 각각의 직무비중을 고려하여 처리 시기와 일정, 장소, 협조 등 필요한 시기에 적절하게 처리될 수 있도록 행정체계를 이해하는 것이 우선이다. 결국 사무관리 능력이 없는 사회복지사가 리더가 되면 이용자들은 혹사당할 수밖에 없다. 따라서 사무관리 또한 사회복지리더의 역할이라 할 수 있다.

사무적인 관리자가 사회복지리더의 직무에 미치는 영향

사회복지사의 직무는 관리자의 성향에 따라 영향을 받는다는 점에서 기관의 운영과 유지에만 관심을 두는 기관장은 부서장을 이용하고 사회복지사의 직무를 관리하기 위해 감독기능을 강화한다. 기관의 안정과 운영을 위한 것이기 때문에 이러한 관리와 감독이 성공적으로 운영되었다는 확신이 든다면 성과도출을 위한 방식으로 정착된다. 그래서 기관운영에 정착시키기 위해 규정을 더 강화하는 방식으로 부서 및 사회복지사의 직무에 적용하는 것이다.

사회복지사는 직무를 처리할 때마다 규정을 지킬 것을 강요받으며 절차와 원칙에 따라 직무를 처리해야 한다. 여기에는 수행해야 한다는 원칙만이 있다. 따라서 따르지 않는 사회복지사는 기관의 운영에 반하는 행동을 한 것이므로 기관의 발전을 저해했다는 오명을 받게 된다. 즉, 성과를 위한 직무 중심의 사무적 역할에 충실하면서 부여된 역할을 완수해야 한다. 또한 규정에서 정한 것 외의 활동을 기관장의 승인 없이 자율적으로 추진할 수 없다.

하지만 이러한 운영 마인드를 나쁘다고 할 수 없다. 왜냐하면 기관의 장으로 기관을 성장시킨 요인이었고 발전하게 하였던 그만의 노하우이기 때문이다. 따라서 기관장은 마인드를 바꾸지 않는다. 설마 하는 안일함에 빠져 잘 운영될 것이라 착각하고, 일을 배운 사회복지사가 이직한 직장에서 역량을 발휘하고 인정받는다는 것을 받아들이지 않는다. 다른 직원들에게 많은 역할을 맡기면서 책무감이 강한 직무를 처리하도록 주문하기 때문에 보고 또한 제한되고, 정보 등이 한정적이어서 직무 과중을 생각하지 않는다.

그러므로 변화에 대응하면서 자발적으로 참여할 사회복지사가 있을까. 아니다. 나서려는 사회복지사가 없고, 해 보려는 시도가 없다면 이미 조짐이 나타난 것이다. 직원들은 주어진 직무조차 허덕이는데, 기관장은 무언가를 끊임없이 생각하고 제시하기 때문에 열심히 일하고 있다고 착각한다. 성과가 미비한데 좋아질 것이라 기대하며 조이기만 한다. 이러한 기관은 부실을 벗어날 가망이 없다. 직원들 또한 비위를 맞추는 등 자기 직무 외에는 관심을 두지 않는다. 관계가 좋으면 모든 것이 잘 운영된다고 판단하기 때문이다. 따라서 사회복지사가 사회복지리더로 역할 하기는 불가능하다.

2) 사람 상대

사회복지 직무는 사람을 상대하고, 상대하면서 관계를 맺고 협조하는 과정에서 돈독한 사이가 되어 여러 사업을 추진하게 된다. 특히 관계 맺기와 유지를 통해 사업수행과 직무수행이 원활해지고 협력 정도에 의해 원만하게 진행된다는 점에서 사람을 모으고 연계하는 역할이 주된 직무라 여길 정도이다.

하지만 다양한 사람들을 상대한다는 것은 그만큼 처신해야 할 것이 많기 때문에, 자원 개개인의 개성과 요구 등을 수용하고 응대할 수 있어야 한다. 이러한 역할이 중요한 이유는 소수의 자원이 참여하더라도 그를 통해 다른 자원이 연계되는 부가효과 때문인데, 소문이 긍정적인 경우 다양한 배경과 전문성을 가진 전문가들, 또는 일반 자원들의 참여가 활발해진다는 점에서 연계자 및 중재자 등의 역할은 사회복지리더의 활동을 돋보이게 하는 중요 기술이다. 즉, 한 명의 자원을 개발하게 되면 다른 자원으로 연계되어 발굴되기 때문에, 주민들은 서로의 망에 의해 점조직처럼 연계되어 있어 개인의 관리는 다른 자원의 개발이라 할 수 있다.

좀 더 확장된 시각에서 본다면 사회복지리더가 대면하는 주 대상은 특별한 어려움에 처해 있고, 이를 개선할 자조적 능력이 없거나 부족하여 역량을 갖춘 전문가의 도움이 필요하다. 사회복지리더는 힘든 삶을 살아가고 어려움, 또는 곤란함에 처해 있는 이용자의 생활에 직접 개입하여 문제를 개선하고, 완화시키기 위해 역할을 한다. 여기에서 개입은 생활의 필요를 충족하면서 동기를 갖도록 설득하는 것을 포함하고 궁극적으로는 변화를 목적으로 한다.

사회복지리더는 한 명의 이용자를 지원하였지만 가족 또는 비슷한 처지의 이용자에게 직·간접적으로 영향을 미친다는 의미이다. 이를 돕는 자원이 긍정적인 관점을 갖고 참여하게 되면 그들 스스로 또 다른 자원에게 동기를 갖게 하는 가치를 전달하기 때문에 참여는 확장된다.

따라서 '사회복지사는 리더인가?'라는 물음은 더 확장된 시각에서 이해되어야 한다. 이용자들은 변화가 필요하다는 점에서 이끌어야 하고 참여의지를 강화하는 리더십을 필요로 하는데, 장애당사자 개인의 상황에 적합한 변화모델 제시, 소년소녀가장, 또는 빈곤가정과 가족들, 실직자, 부양을 받지 못하는 노인들 등 개입할 대상이 다양하여 리더 역할을 수행하지 못한다면 역할이 축소될 뿐 아니라 도움이 되지 않는 불필요한 지원에 소진하게 된다.

사회복지리더의 핵심 역할은 이끄는 것을 포함하여 원하는 지점에 도달하도록 방향을 제시하고, 바람이 성취될 수 있도록 개입하는 데 있다. 하지만 개입해야 할 대상층이 다양하여 거시적 차원과 미시적 차원에서 설명한 후 설득하고, 사회복지리더의 말과 행동, 태도를 신뢰할 수 있을 정도로 적정해야만 리더십을 발휘하게 된다.

사회복지리더는 여러 역할을 수행하는 전문직업인이다. 여러 역할의 수행은 전문적 개입뿐만이 아니라 가정방문, 후원물품 전달 등 단순 활동조차 수행해야 한다. 사무실 이전이나 공사를 한다면 대개 공사업자에게만 맡기지 않는다. 사무실을 정리하기 위해 가구를 옮기고 짐을 정리하기 위해 팔을 걷어붙인다. 책상과 가구에 니스칠을 하면서, 또는 벽에 페인트를 칠하는 등 역할을 한다. 이용자의 이사를 돕거나 짐을 옮겨 주기 위해 차량을 운전하는 일도 비일비재하다. 생활과 관련된 여러 역할을 수행하기 때문에 도움이 필요한 개인들과 그들의 주거지 등 환경에 대한 이해가 필수이다.

이러한 모든 것들이 이용자를 설득하는 영향력이며, 이 과정에서 조언은 사회복지리더의 실천의 힘이다. 따라서 사회복지리더의 리더십은 영리기업 등에서 직무성과를 높이기 위해 이용자들을 이끌고 직무를 관리하는 것과는 차이가 있다.

3) 이용자의 변화

개인의 변화는 생활해 온 방식과 삶의 가치를 바꾸는 것이므로 온 힘을 쏟고 역량을 총동원해야 하는 등 인적·물적 자원을 동원하는 연계가 있을 때 더 효과적이다. 이러한 적극적인 대처만이 이용자가 고심하는 문제해결과 결핍된 욕구를 충족할 수 있다는 기대를 갖게 한다. 이용자가 변화를 체감하고, 가족, 또는 주변 사람들이 인식하는 순간 사회복지리더에게 기대를 품고 변화를 위한 받아들임, 즉 동참해서 해 보겠다는 의지를 갖는다는 점에서 사회복지리너의 지원은 결핍된 욕구와 문제해결에 기여해야 한다.

하지만 다양한 직무를 처리해야 하는 사회복지리더가 행정사무에 집중하면서 리더 역할 수행과 리더십을 발휘하기에는 시간의 부족과 기관의 지원이 미흡한 실정이다. 사업의 실행에 초점을 두고 관리에 역량을 쏟아야 하고, 서비스 등을 관리해야 하는데 사소한 직무부터 기관의 중요 직무를 처리해야 한다. 그러다 보니 이용자를 대면하거나 관련된 직무를 처리하는 것도 행정적 수준에서 그치는 경우가 많다.

이러한 상황에서 마냥 동료에게 기대하기에는 시간이 부족하다. 관리자 또한 마찬가지다. 사실 이를 고민해 보지만 마땅한 대안이 없어 난감한 상황이다. 그래서 많은 사회복지리더는 성장해야 한다는 기대를 갖지만 성장을 위한 노력을 주저한다.

그럼에도 선택을 해야 한다. 성장해야 한다는 확신. 확신을 갖고 성장에 필요한 요소를 찾아 자신의 것으로 만들어야 한다. 운동을 하는 것은 어떤가. 기타를 배우거나 독서모임에 참여하는 것은 어떤가. 친구들과 한 달에 한 번 만나겠다는 결심을 하고, 또는 일천 원의 후원자가 되는 것이다. 이러한 모든 것들은 개인의 선택에 달려 있다.

4) 이용자의 삶

경제적인 문제 등으로 인해 생활하는 것조차 불안을 느끼는 주민들이 증가하고 있다. 자녀의 학교생활, 남편의 실직, 직장생활의 갈등 등 대화하는 것조차 버거워하며 시간이 해결해 줄 것이라는 막연한 생각에 그대로 지내면서 도움을 기다리는 이용자가 많아졌다.

하지만 사회복지리더의 상황은 이용자로부터 연락이 오지 않으면 그들의 문제는 지금 하는 일보다 우선시되지 않는다. 행정관청의 요구, 감사자료 보고가 더 시급하다. 회의시간에 기관장만이 알고 있는 내용을 얘기하면서 오늘 누가 방문하니 준비하라는 통보가 중요한 직무이다. 얘기하지도 못하면서 급하게 준비할 수밖에 없는 처지여서, 이용자들은 이러한 일들을 직무로 처리하는 사회복지리더의 어려움을 알 수 없다. 그래서 그들보다 지금 해야 할 일들이 우선 처리될 수밖에 없는 것이다. 어느 날 어려움을 겪는 이용자의 요구가 있을 때, 그들을 돌아보고 심각한 문제임을 직감하여 해결방법을 모색하기 위해 회의를 하지만 마땅한 대안이 없다면 기관장에게 보고하고 지나칠 수밖에 없게 된다.

사회복지에 대한 기대가 폭발적으로 증가하고 지역복지의 필요성이 부각되면서 공동체 역할을 강조하는 거시적 차원의 복지체계 마련을 끊임없이 요구받고 있지만 단순히 행정적 수준에서 처리되는 이유는 사회복지리더의 역량을 검증하고 강화하기 위한 시스템의 부재 때문이다. 최근의 사회적 요구는 수혜자 중심의 서비스로 전환되었고, 주민들을 대상으로 지역중심의 복지시스템이 강화되어야 한다는 것이다. 이는 빈곤과 어려움에 노출된 이용자가 폭발적으로 증가하는 사회적 요구를 반영한 것이다. 하지만 복지시스템은 한정된 예산으로 성과를 도출해야 하는 제약으로 인해 서비스가 경쟁적이고 행정중심으로 정착되는 등 실효성이 검증되지 않는 구조적 모순에 의해 복지 체감 정도가 낮다는 비판에 직면해 있다. 결국 사회복지기관의 역할만으로는 한계가 있다는 의미일 것이다.

아직까지도 어려움에 처해 있는 이용자가 많고, 또한 증가하고 있는 상황이어서 여전히 복지 사각지대에 놓여 있는 이용자의 발굴은 사회복지기관의 주요 과업으로 이해되는 것이 일반적이다. 실례로, 자녀에게 차비를 보태주지 못할 정도로 극심한 빈곤에 처해 있는 부모가 많아지고 있는 실정에서 적극적인 도움 주기를 자원하는 후원자의 발굴이 시급하다. 그들의 경제적인 아픔을 조금이라도 벗어날 수 있는 도움제공자와 정보를 제공해줄 누군가를 기다리는 안타까운 사연이 공공연하게 보고되고 있지만 얘기해줄 누군가를 만나지 못해 기다려야 하고, 그들이 누구인지 몰라 찾아가지 못하는 처지이다. 그럼에도 사회복지사업은 사업을 위해 사업을 하고, 이용자의 처지와 가정에서의 빈곤한 생활을 그대로 방치한 채 기관에서 수행하는 사업만을 수행하며 이용자의 모집에 적극적이다. 다수의 이용자들은 도움받을 곳이 없어 그대로 지내기 때문에 이들에게 도움은 생활을 이어가게 하는 생명 줄인 셈이다.

따라서 상황을 이해하고 약간의 조언을 했음에도 전문가라고 인식하는 이유는 알지 못하는 것들을 알게 하였기 때문이다. 이용자에게 전문가는 지식이 출중하고 기술이 뛰어난 사람들을 포함하여 생활에 필요한 여러 정보를 알려주는 자원봉사자, 또는 이웃들이 더 현실적인 정보를 제공하는 전문가이다. 전기요금 할인과 같은 정보가 더 절실하기 때문이다. 이용자에게 정보는 생활하게 하는 힘이라 할 수 있다.

그들의 삶을 이해하라. 직업이 없는 가장, 빈곤한 가정의 소녀, 가정폭력에 시달리는 엄마, 자녀가 부양하지 않는 노부부, 먹을 것이 없는 장애인, 소득 없이 평생을 살아온 시각장애인 등은 아픔을 알아주고 말해 주며 도움을 줄 수 있는 사회복지리더를 기다리고 있다. 이들은 우리가 만난 이웃이고 주민들이다. 지금 도움이 필요하고 돌봄을 받아야 한다.

그럼에도 이용자가 위대한 것은 우리에게 삶의 가치를 일깨워주기 때문이다. 복잡하고 거친 삶. 그래서 억울한 일을 당하였음에도 참고 버틴다. 요즘처럼 있는 자의 삶과 없는 자의 생활이 차이가 나는 세상에서, 어떻게 사는지는 모르겠지만 분명 위기가 오면 도움을 받을 그들과 도움을 받지 못하는 것에 따라 진짜 힘든 시간을 보낼 때가 온다. 시련이 장기화되면 불행한 사건에 직면하게 된다. 이 모든 것을 가난한 부모들과 자녀들이 버텨 내고 있다.

끊임없는 압박과 고통을 육체적·정신적으로 감수해야만 하는 이유는 정보 부재로 인한 무기력 때문이다. 그래서 억울한 일이나 힘든 것을 해결하기 위해 도움받는 것을 감사하며 인생의 은인으로 여긴다.

지금보다 더 살펴야 할 이유는 그들이 이러한 어려움에 노출된 채 생활하기 때문이다. 진실은 삶에 있지 전문가의 머리에 있지 않다는 진리에 고개를 끄덕일 수 있는 것은 이용자의 삶이 우리에게 교훈이 되기 때문이다.

하지만 참고 이길 힘이 이용자에게는 없다. 따라서 잘못된 서비스임을 알면서도 제공한다면 이는 명백한 위선이다. 성과 없는 서비스, 도움이 안 되는 서비스를 무리하게 제공한다면 결과를 알게 된 이용자들이 외면할 것이다. 하지만 이전까지는 자신들의 서비스가 정당하다고 주장한다. 사회복지리더는 이러한 부조리를 밝혀내기 위해 존재하고, '그만'이라는 선언을 해야 한다.

제 2 부
사회복지리더의
리더십 발휘

제 4 장

사회복지리더의 리더십 역량강화 전략

1) 리더십 실행원칙

사람을 사귀는 원칙을 세워라

이 말은 이용자 및 관계된 사람들과의 관계 맺기에 대한 것이다. 인간관계와 사람 상대는 사회적으로 용인된 방식에 의해 관계를 맺게 되는데, 관계 맺기의 핵심은 타인의 이미지를 손상시키는 등 명예를 훼손해서는 안 된다는 원칙이다. '이용자를 인격적으로 존중하라', '설사 잘못된 문제를 들었다거나 문제를 발견하여도 이용자 앞에서는 비난하지 마라', '있는 그대로 존중하라', '경청하고 이용자의 얘기에 집중하라'. '원하는 것을 수용하고 거부는 마음속으로 판단하라' 등의 원칙을 세워라.

이용자 간의 관계 맺기는 이러한 사회적 규범(또는 예의)에 의해 유지된다. 개인마다 다르겠지만 신념이 가치로 표현되기 때문에 의식하든 아니든 간에 관계 맺기의 원칙은 생각이 공유되면서 이해되고 공감된다. 여기에서 중요한 것은 개인의 견해가 주장으로 제기되었을 때 이용자의 반응이다. 개인의 관점은 가치에 의하기 때문에 옳다 그르다를 평가하기에는 모호한 점이 있고, 가치는 생활환경에 영향을 받기 때문에 옳다고 생각되면 받아들이게 된다. 인간관계는 이러한 이해들이 축적될 때 더 깊은 관계로 발전되기도 하고 의견 차이로 인해 멀어지기도 한다.

이용자와의 관계 맺기에는 살아온 습관, 생각, 관점, 생활방식, 학습 정도, 생활태도, 추구하는 이상, 자라온 환경 등이 영향을 미친다. 이러한 요인들이 사회진출은 물론, 성공적인 사회생활의 토대가 된다. 따라서 관계 맺기를 소홀히 해서는 안 된다.

리더십을 발휘하기 위한 원칙을 세워라

독자가 생각하는 성공의 원칙은 무엇인가?, 성공을 위해 준비하고 있는 것들이 있다면 성공을 확신할 수 있는가 하는 것은 신념에 의한다. 신념은 타인이 관여하기 어려운 개인의 권리이다. 이 권리에 해당하는 신념에 의한 원칙은 사회의 규범에 의해 학습된 결과이다. 그래서 사회질서를 파괴하는 것들을 잘못된 것으로 규정하고 사회복지서비스를 이용하는 이용자들에게도 이러한 원칙은 적용된다. 이용자 간에도 존중하면서 의견을 주고받는 것 등 예의를 지킬 것을 요구한다. 이웃들과의 관계 또한 마찬가지이다.

원칙이 잘 지켜지는 질서 있는 사회는 개인이 풍요로운 삶을 영위하는 데 영향을 미친다. 또한 옳은 원칙은 지키려는 의지에 의해 유지된다. 원칙은 있으나 지켜지지 않는 사회라면 범죄가 만연하여 무질서하고 무질서는 사회를 혼란에 빠뜨린다. 가진 자의 권력은 가난한 사람들을 지배하여 점점 빈부격차가 심해지고 이러한 행위들이 정당화된다. 나라 간에도 자국의 이익을 우선하여 빈곤국의 폐해를 방치한다.

분명 잘못된 것임을 알고 있으나, 어쩔 수 없는 사회현상일 뿐이라고 치부하여 받아들인다면 그 사회는 더 이상 비전이 없다. 사회는 원칙을 규범, 법규, 제도로 일반화하였다. 심지어는 살아가는 방식인 문화에까지 규정하여 사람들 간에 지켜야 할 도덕적인 것으로 일반화하였다. 원칙은 모든 인간에게 적용되고 어느 시대에나 있었다.

따라서 원칙을 지키지 않는 사회는 지켜야 할 도덕적 규범이 없는 것은 물론 개인들의 사회진출 기회와 성공을 가로막는다. 또한 아무 준비 없이 시간을 보낸다거나 할 일이 무엇인지를 몰라 무의미한 시간을 보내며 미래를 위해 투자하지 않게 된다. 교제하는 사람들조차 후회하게 만들고 시간을 낭비했다고 생각하게 된다.

Tip............................ 의견 차이

ㅇㅇ학과에서 신입생 환영회를 겸하여 MT를 준비했다. 선·후배 간의 친분과 소속감, 학과 교수들과의 인사 등 여러 목적을 담고 있었다. 하지만 장소 선정과 참석인원 등이 문제가 되었다. 신입생 환영회를 겸하여 학생들의 친목을 도모하자는 취지는 학생들이 원하는 장소를 선정하는 데에도 의견이 분분하여 일자가 다가옴에도 우와좌왕하였다. 환영회임에도 절차가 복잡하다는 이유로 참석하지 않겠다는 학생들이 생겼지만 아무런 조치를 취하지 않았다. 결국 학회장이 중재에 나섰고, 학과의 전통을 살리기 위해 선배들이 준비하여 진행하자는 의견으로 마무리되었다.

위의 예시에서 보듯이 MT를 추진하기 위해 사전 원칙을 정했다면 원만하게 진행되었을 것이다. 취지를 설명하고, 선배들과의 교류, 학과 전통 소개, 과의 특성과 향후 진로 등을 설명하면서 신입생을 따뜻하게 맞이하기 위해 준비했다면 혼란이 없었을 것이다. 오히려 후배들이 준비할 것이 무엇인지 알게 되어 학과 전통을 위해 적극적으로 참여하였을 것이다. 이와 같이 얘기를 어떻게 하느냐와 전달하는 방식, 그리고 누가 전달하는지에 따라 다르게 이해하게 된다.

2) 리더십 덕목과 가치

사회복지리더가 이용자들을 이끌어가는 과정에서 원칙을 적용하지 못한다면 리더십을 발휘하지 못하게 된다. 즉, 자신의 신념과 원칙이 옳은 것임을 확신하고 서비스 이용자에게 적용할 수 있을 때 리더십이 발휘된다는 것이다.

◆ 사회복지리더를 지탱하는 원칙은 무엇인가

대화를 하면서 몰랐던 내용을 알게 되었다거나 그의 얘기가 맞는다는 반응으로 고개를 끄덕이며 동의를 표한 적이 있을 것이다. 공감한다는 반응을 보임으로써 그의 말을 신뢰하게 된다. 어떠한 신념으로 관계를 맺느냐에 따라 도움을 받을 수도 있고 아닐 수도 있으며, 더 좋은 관계로 발전할 수도 있다.

사회복지리더는 관계된 사람들과 교류하면서 누군가의 삶에 개입하기 위해 준비를 한다. 문제해결을 위해 자문을 요청하는 경우도 있다. 사소한 일조차 무거운 짐이 되는 사람에게 작은 도움이지만 고맙게 받아들이는 처지라면, 이용자를 어떻게 도울 수 있을지, 무엇이 필요할지 등을 동료나 상급자 또는 타 기관의 종사자들과 협의하여 지원하는 등 가치 있는 일에 힘써야 한다. 사회복지리더가 가치 있지 않으면 더 이상 이용자에게 영향을 미치지 못한다. 영향을 미치지 못하는 사회복지리더는 이용자를 소홀하게 대하고, 필요를 채우는 것마저 어려워진다. 그래서 리더의 논의는 설득되지 않고 아무런 영향을 미치지 못한다.

중요한 것은 사회복지리더가 리더십을 발휘하여 이끌어야 할 이용자들이 복잡한 상황에 놓여 있고 감당하지 못할 정도로 힘겨운 어려움에 노출되어 있다는 것이다. 경제적 궁핍, 취업을 하지 못해 일자리를 찾아야 하는 상황, 급여가 적고, 생활비가 부족하여 약을 사지 못하거나, 계약직으로 근무하고 있어 언제 회사를 그만두어야 할지를 걱정하거나 자녀의 학비를 벌기 위해 다른 직업을 찾아야 하는 것 등이다. 먹기 위해 반찬을 사고, 대출을 받기 위해 은행 문을 두드려야 하는 힘겨운 생활은 누구나 하는 고민이다. 하지만 정말 어려운 생활에 노출되어 도움을 받아야 하는 상황에서 사람들을 만나 도움을 청해 보지만 도움이 안 되는 만남이었다면 괜히 만났다고 후회할 것이다.

삶은 누구도 대신할 수 없는 그의 신념을 기반으로 하지만 누군가와의 의견 나누기를 통해 이해되고 더 나은 삶을 위해 시도하게 되는데, 이용자들의 더 나은 생활을 위해 지원한다는 확신을 갖고 지지하는 개입이어야만 영향을 미칠 수 있다는 점에서 신념에 기반한 원칙을 정립하는 것은 중요하다.

Tip................................ **흔들리는 중재의 결과**

몇 해 전 대통령 선거 토론회에서 사회자가 한 후보에게 질문을 하였다. "서민들의 생활을 이해하기 위해 버스를 타보았습니까?" 하는 질문이었다. "그렇습니다."라고 답변하였다. 그러자 다시 사회자가 버스비가 얼마인지를 물어보니, 매우 당황하여 답변을 흐리고 대충 얼마라고 얘기하였는데 틀리게 답했던 것이다. 사회자가 잠시 숨을 고른 후 여러 정치적인 소신과 질문을 이어갔지만 결국 그 후보는 큰 격차로 당선되지 못하였다.

살아가는 데는 여러 기본적인 조건들을 누릴 수 있어야 하는데, 잠을 자고, 먹고, 입고, 물을 마시고, 사람들과 관계하는 것 등이다. 많은 이들은 생활의 조건을 충족하기 위해 좋은 직장에 다니기를 원하고 돈을 더 벌려고 한다. 개인의 이기심을 조장하기도 하지만, 살아가는 데 반드시 필요한 것이어서 경쟁은 당연한 것일 수 있다.

사람들 사이에 갈등이 생기는 이유는 '나'와 '너'에 대한 원칙이 없기 때문이다. 원칙 없이 말을 하고 여러 사람의 의견을 들을 때마다 말을 바꾸는 리더는 인정받지 못한다. 따라서 흔들리는 원칙을 강조하는 사회복지리더의 얘기는 이용자를 혼란에 빠뜨린다. 이러한 사회복지리더가 진행하는 프로그램에 참여하는 이용자 또한 신념이 없다. 이용자는 생각해 보고 말한 것들이 이해되지 않아 또 말을 바꾼다고 혼란스러워한다. 사실 이러한 것들이 사회복지리더를 폄하시키는 빌미를 제공하는 것들이다.

우리는 항상 남을 돕겠다고 생각하지는 않는다. 그래서 힘든 삶을 연명하듯 살아가는 이웃이나 어려운 사람들을 지나치기도 한다. 하지만 남을 도와야 한다는 무의식이 의식으로 작용할 때가 있는데 평소의 생각이, 그 시간, 그 현장에서 작용하였기 때문에 남을 돕겠다는 기회를 놓치지 않는 것이다. 주민들은 이러한 행동을 긍정적으로 평가한다. 더 많이 도와야 한다는 것을 당연하게 여긴다. 따라서 사소한 문제라도 심각한 문제일 수 있어 도움은 시기에 적절하게 제공되었을 때 더 긍정적으로 인식된다.

누구나 풍요로운 삶을 살아갈 권리가 있다. 사회복지리더는 이용자의 생활을 풍요롭게 만드는 사회복지전문가이다. 타인을 돕겠다는 관점을 갖고 있는 사회복지리더는 많은 시간을 이용자들이 살고 있는 거주 환경과 생활을 살피고 해결하지 못하는 불안을 해소하기 위해 전력한다.

개인적인 생활에도 원칙은 있다. 몇 시에 어디에서 만나자는 것, 9시까지 등교한다거나 출근을 하기 위해 7시에 일어나 준비하는 것, 모처럼 가족들과 회식하자는 약속 등 무수히 많다. 오히려 원칙을 지키지 않을 때 생활 리듬이 깨지는 경우가 허다하다. 일을 가정에 들고 오는 많은 가장이 겪는 고충 가운데 하나는 늦은 시간까지 회식을 하거나 주말에 출장을 가는 등 관리자가 요구하는 직무수행을 위해 가족들과 지내는 시간이 쇎아시고 있다는 것이다. 만약 이러한 이유로 가족들과 보내야 할 시간이나 약속 등을 등한시한다면 화목해지지 않을 것이다.

사회복지기관 또한 마찬가지다. 가정사를 중요하게 생각하고 제시간에 퇴근을 하면서 당일 처리해야 할 직무를 처리하지 못하고 내일로 미룬다면 유능한 직원이라고 인정하지 않는다. 하지만 처리할 일들이 산더미라면 가정에 소홀할 수밖에 없다. 그래서 많은 사회복지리더는 가성을 세2의 일터로 생각한다. 일을 가정에 가져갈 때가 많다 보니 자기 발전을 위해 투자하지 못하면서 한쪽을 포기해야 하는 경우가 생기는데 대개 직장의 일이 가족과의 약속보다 우선시되는 것이다. 많은 사회복지리더가 일과 가정을 병행하지 못하고, 일이 많아 힘들다는 것을 호소하며 피곤해하는 안타까운 현실에 처해 있다.

일을 잘하기 위해서는 휴식이 필요하듯 직무를 잘 처리하기 위해 준비가 필요하다. 먼저 기관의 사명을 이해하고, 직무목적과 처리절차, 부서의 기능과 역할을 파악해야 한다. 역할을 분명하게 규명하기 위해 직무처리 과정을 숙지해야 한다.

또한 기대가 무엇인지를 알고 방법을 찾아 실천해야 한다. 지금 할 일은 기관장의 기대가 무엇인지를 확인하고, 기대를 성취하기 위해 준비해야 할 것들을 아는 것이다. 이제 실행하기 위한 직무목록을 만들어 일정화한다. 한 주, 한 달, 반기의 계획을 세우고, 실행할 때 도움을 줄 수 있는 자원들을 파악한 후 참여하기 위한 개발, 관계 맺기 방법을 모색해야 한다.

이때 중요한 것은 지금 할 수 있는 것과 할 수 없는 것을 구별하는 것이다. 도움을 받아야 할 것과 받지 않을 것, 추후 시행해야 할 것들을 분류하고, 실행을 위한 나만의 스케줄을 작성하여 추진할 방법을 모색하는 것이다. 이제 실행시기를 판단하여 결정하면 된다. 또한 고려해야 할 사항이 조직(기관)의 문화이다. 구성원들과 호흡하며 사회복지기관의 사명을 달성하기 위해 노력하고 사명을 직무에 적용하기까지 익숙해져야 한다.

이러한 직무태도는 사회복지기관에 대한 시각을 긍정적으로 바뀌게 한다. 사회복지기관은 우리의 일터이고 가정에서와 같이 화목하게 지낼 수 있다는 인식을 갖게 한다. 사실 삶의 목표를 수립하고 정립한다면 방향을 알기 때문에 무엇을 해야 할지를 파악하는 등 대비할 수 있다.

리더가 원칙을 세우고 직원들에게 적용하면 직원들은 기관의 사업방향을 알게 된다. 그래서 잠재능력을 발휘하여 규합된다. 기관의 사명과 문화에도 영향을 미쳐 중요한 것이 무엇인지를 알게 되고, 결국 리더와 구성원들은 협력적인 관계로 통합된다. 직원들이 잘못된 방향으로 가고자 한다면 차단시켜 공유하는 사명과 가치, 구조와 시스템을 한 방향으로 나아가게 한다(Stephen Covey, 1989, 김경섭·박창규, 2001).

이와 같이 사회복지기관은 자발적으로 해결해 가는 직원을 기대하고, 기관의 사명과 목적을 달성하는 직원을 유능하다고 인정한다. 기대를 통해 더 비중 있는 직무를 부여하게 된다. 직원들 또한 비중 있는 직무를 수행하기 원하고, 기관의 사명과 해야 할 역할을 수행하면서 두각을 나타내는 직원이 되기를 기대한다. 따라서 사회복지리더가 자신의 서비스 및 직무에 대한 원칙을 세우는 것은 중요하다.

◆ 환대하는 삶

우리는 어린 시절부터 남을 도와야지 괴롭히면 안 된다고 배웠다. 어려운 사람을 돕고, 노인을 공경하며 약자 편에서 맞서야 한다는 것도 배웠다. 강자보다 어려운 사람의 편에 서는 것을 정의라고 배웠다. 그런데 과연 이렇게 사는 것이 쉬운가.

우리는 나쁜 사람에 대해서도 배웠다. 그들은 힘을 앞세워 친구를 괴롭히고 도와주어야 할 장애인이나 불쌍한 사람들을 착취하면서 신체적 특성이나 외모를 빗대어 조롱하고, 타인의 재물을 손상하고, 사회질서를 지키지 않으며, 다른 사람을 존중하지 않는다.

이 둘의 차이는 없을까. 분명 있다고 생각할 것이다. 지금껏 살아오면서 어느 편에 서는 것이 쉬웠던가. 첫 번째 예시에서 제시된 생활을 해 왔다고 생각되는가 아니면 무심히 지나쳤는가. 또는 다른 이에게 피해를 주지는 않았지만 적당한 편에 서서 한편의 의견과 요구를 수용하는 삶이었는가.

정체감 없는 생활에 젖어 있다고 생각되는가. 삶은 개인적인 것임에도 도덕적 교훈은 약자를 도와야 할 것을 강조하며 사회복지리더의 생활에 적용하기를 강요한다. 거리에서 휴지를 줍는 노인 곁을 지날 때면 미안해지고, 어느 때부터 이러한 현실이 안타깝다는 생각도 든다. 이러한 마음을 가지게 되었다는 것은 사회적 현실을 직시하고 이해가 높아졌다는 의미이다.

저자에게 감명을 주었던 몇 권의 도서를 소개하려 한다. 『민들레 국수집』(서영남, 2005, 더북컴퍼니)은 저자의 인생을 다룬 자전적 에세이다. 이후 『민들레 국수집의 홀씨 하나』(서영남, 2010, 휴)가 출간되어 주인공인 서영남 수사의 다양한 일상을 소개하였다. 두 도서는 저자에게 사회복지에 대한 새로운 시각을 갖게 하였다. 노숙인의 삶을 이해하고 이웃들을 생각하게 하였다. 값진 노력이 무엇인지를 알게 하였고 복지에 대한 열망을 품게 하였다. 이후 그의 도서는 더 이상 볼 수 없었다. 그런데 얼마 전 TV에서 그의 근황을 알 수 있었는데, 다른 나라 어느 오지에서 아픈 이들의 친구로, 가난한 이들을 도우며 지내고 있었다.

그는 책에서 이러한 삶을 선택하게 된 동기에 대해 '도로시 데이'의 '환대하는 삶'을 소개하고 있다.

첫 페이지를 펴면 다음의 글이 소개되어 있다.

"우리 중 누구와 이야기를 나누려고 기다리고 있나요. '우리 중 누구'라는 도로시 데이의 이 세 마디는 내 안에 겹겹이 쌓인 자만심, 평생 누려 온 부르주아 특권 속으로 파고들어 와, 오만함이라는 완고한 뼈대를 부러뜨려 버렸다."

저자는 그가 이룬 업적 가운데 첫 페이지에서 '환대의 집'을 소개하며 노숙인과 가난한 이들을 위한 무료급식소를 열었지만 다른 이들이 줄을 서서 먹게 하는 불쌍한 자들의 가난의 얽매임을 과감히 벗게 하고 손님으로 맞이하게 할 의로운 것을 실행하였다고 소개한다(Robert Coles, 1989, 박현주 역, 2011, 재인용).

독서할 시간이 없어도 시간이 되면 정직과 신비로운 삶. 멋진 인생을 꿈꾼다면 본서를 읽어 보기를 권한다. 조금이라도 변화가 필요하다는 생각이 든다면 읽어 보라. 그러면 환대하는 삶을 살기 위한 방법을 알게 될 것이다. 또한 타인을 마음을 움직이는 방법을 깨닫게 될 것이다.

"우리! 중! 누구! '우리'로 얘기할 수 있는 그들은 누구인가. 그가 아는 개인인가, 동료인가, 이웃인가, 가족인가, 친척인가. 우리는 더 친밀한 것을 느끼고 감정을 공유한다. 그래서 우리가 되는 누구는 특별한 사람에게만 붙이는 용어이다. 우리는 지금 우리가 되었다. '중'은 이 가운데 분명 우리와 함께하는 사람이다. 그가 우리이고 우리 가운데 한 사람이다."

많은 사람들 중에 나에게 특별함을 주는 존재를 찾았을 때 우리는 힘을 얻고 힘든 것을 나누게 된다. 우리! 중! 분명 그 누군가가! 있다!

우리 가운데 동료는 있지만 '누구는 되지 않는다.' 우리 중에는 친한 동료가 있다. 그가 '우리'이다. 하지만 우리 중에는 누가 될지는 모르지만 도전하게 하는 비판자가 있다. 어느 편을 선택해야 할지 모를 때도 있다. 우리 가운데 '누구'는 싫어하는 동료이기도 하고, 좋은 동료이기도 하다. 그들이 조직을 떠나지 않는 이상 우리이다. '우리 중에' 우리로 말할 수 있는 '진정한 우리'가 있다. 우리는 우리 중에 누구를 선택한다. 우리 중에서 말이다.

사회복지리더는, 많은 우리 중에 누구를 선택하고 선택하지 않기도 한다. 우리를 포용하고 우리를 이끌어야 하기 때문에 우리 중에 누구를 선택하는 것이다. 때로 누구를 영입하기도 한다. 우리를 포용하는 사회복지사가 리더가 된다면 신뢰하는 것은 물론 그를 따를 것이다.

두려워 말라. 그대와 함께하려는 이용자들이 그대를 기다리고 있다. 힘겨워 마라. 그대의 한마디에 용기를 얻는 그들이 우리 중에 있다. 이제 마음을 다잡고 더 멋진 일을 계획하고 준비하라. 그러면 이용자들을 우리로 만드는 사회복지리더가 될 것이다.

Tip........................... 협력적 관계 맺기

사회복지리더는 가정 내 어려움을 겪는 주민들, 직장과 사회생활을 포기하고 단절된 그들과 교제하며, 이들을 도울 수 있는 자원들을 개발하기 위해 지역의 주민들을 비롯하여 관계된 사람들을 수시로 만난다. 또한 관공서의 직원들, 관계된 타 조직의 종사자들과 지역사회 문제와 이용자의 어려움을 해결하기 위해 상시적으로 회의를 한다. 사회복지리더의 생각과 관점, 가치에 따라 자원을 설득하게 되는데, 자발적인 참여를 기반으로 한다. 그렇다면 사회복지리더의 역할은 개인의 수준보다 타 기관 종사자와의 협력적 관계 맺기에 의한다는 것을 알 수 있다.

◆ 핵심 원칙의 이해와 실행

자신의 삶 중심에 원칙을 세웠다면, 다른 이들로부터 대우받고 싶은 대로 그들 역시 대우해야 한다. 원칙이 세워지면 경쟁자들을 학습자원으로 만들고 자신의 약점을 일깨워 주고 연마시킬 수 있는 친구로 바꿀 수 있다. 친구가 된다면 경쟁자와 같은 외부 여건들 때문에 정체성을 위협받지 않게 된다. 격동하는 변화의 회오리 속에서 자신의 가치 기준과 판단력을 유지할 수 있는 힘을 얻게 된다. 사회복지리더의 역량은 기관운영의 원칙과 '실행 방법'을 이해하고 기관의 모든 요구를 적합하게 적용하는 데서 나온다. 실행 방법이란 무엇을 할 것인가에 관한 것으로 '환경에 적절한 활동이나 행동'을 말한다. 반면 '원칙'은 활동이나 행동을 하는 이유, 즉 '실행 방법을 기초로 하는 기본 원리'를 의미한다. 일을 성공적으로 수행하기 위해서는 기조를 이루는 원칙에 대한 이해가 필수이다. 그렇지 않게 되면, 상황이 바뀌어 다른 적용방법이 요구될 때, 또는 기존과 다른 실행 방법이 요구될 때, 그 일을 제대로 해내지 못하게 된다. 최근에는 사람을 훈련시킬 때 특정한 임무를 수행하는 방법, 즉 기술이나 실행 방법을 가르치는 경향이 있다. 그러나 원칙을 가르치지 않고 실행 방법만을 가르친다면, 더욱 의존하도록 만드는 셈이다 (Stephen Covey, 1989, 김경섭·박창규, 2001, 재인용).

핵심원칙은 서비스 운영의 근본이 되기 때문에 원칙에 의한 실행 방법이 중심이 되어야 한다. 원칙 있는 사회복지리더는 핵심목적, 즉 직무의 실행 이유가 명확하고, 실행방법에 대한 절차가 구체적이다. 또한 절차에 의한 처리를 지킨다. 태도가 공정하고 이용자들을 존중하고 있다는 인상을 심어 주면서 이용자들을 리더의 편으로 만들기 위해 다양한 시도를 한다. 따라서 실행 원칙이 반영된 직무의 실행 이유, 즉 필요가 설득되면 사무에 의한 절차가 명확해져 의도한 대로 이끌 수 있다.

사회복지리더가 확신을 가지고 추진했을 때 어떠한 외부의 위협이 있다 하여도 기관은 물론 이용자들도 성장하는 시너지 효과를 낳는다. 결국 사회복지리더는 우리 가까이 있는 누구 중 하나이다. 그가 당신이기를 기대한다.

3) 리더십 관리기술

모든 시대에는 다양한 인물이 두각을 나타내며 리더로 존경을 받아왔다. 하지만 그들 중에는 실패한 리더도 있고, 명성을 유지하였던 리더도 있다. 그렇다면 '좋은 사회복지리더는 양성될 수 있는가' 또는 '학습되는가' 하는 궁금증이 남는다.

사회복지리더는 이용자들이 요구하는 기대를 충족할 만큼 자질을 갖추고 가치 있게 생각하는 바를 일치시키기 위해 끊임없이 상호작용하며 이용자들의 기대를 저버리지 않기 위해 리더십을 발휘한다. 이러한 신뢰 쌓기 과정을 통해 하나가 된다는 점에서 사회복지리더에 대한 인정은 이용자들의 기대욕구를 충족할 정도로 활동이 충분하고 과정을 신뢰할 수 있을 때 두터워진다.

사회복지리더의 입지는 이용자들의 인정에 의한 자발적인 추종, 즉 사회복지기관에 대한 신뢰는 물론 추종의 최적 상태인 응집력으로 나타난다. 그래서 실패하지 않는 사회복지리더는 이용자들이 리더십을 불신하지 않는 등 입지가 단단하다. 결국 좋은 사회복지리더는 이용자들의 요구를 충족해 가며 이끌어야 한다는 자기 확신이 분명하고 위치가 확고하다. 사실 사회복지기관에 속하는 것도 중요하지만 경력을 갖춘 후에는 사회복지리더의 위치가 확고해야만 역할 수행이 원활해진다. 이러한 자기 관리를 통해 사회복지리더 역할이 유지되는 것이다. 따라서 사회복지리더는 리더십을 발휘할 때 비로소 리더가 되고, 이용자들의 상황에 적합한 리더십을 발휘해야만 인정을 받는다.

◆ 사회복지리더의 리더십 관리

사회복지리더가 리더십을 지속적으로 발휘하기 위해서는 리더 역량을 관리해야 한다. 여기에서 역량관리는 사회복지기관의 환경이 이용자들에게 미치는 영향 정도와 사회복지기관이 달성하고자 하였던 성과에 미치는 영향력에 관한 것이다. 사회복지리더는 서비스를 이용하는 이용자들의 참여 정도를 확인하면서 다양한 성장 동력을 제공하기 때문에 영향력은 교환적이다. 만약 영향력의 주고받음이 교환적이지 않거나 한쪽으로 치우친다면 영향력은 감소된다.

리더십은 다음의 다섯 가지 요소에 의한다. 첫째, 리더-이용자이다. 리더와 이용자들은 상호 간에 영향을 주고받는다. 둘째, 영향력이다. 리더가 아이디어를 전달하여 이용자들이 수용하고 변화를 체감하게 하는 동기부여이다. 셋째, 성과이다. 공유된 비전체계를 통해 이용자들의 관심사뿐 아니라 성과목표를 향해 다 함께 협력한다. 넷째, 변화이다. 지속적으로 변화하게 이끄는 것이다. 다섯째, 인간관계이다. 리더는 이용자들과 잘 지내는 것은 물론 성원들이 성공하도록 돕는다. 이상과 같이 리더십의 관리는 이용자들과의 협력에 있다(박계홍·김종술, 2014, 13-15).

사회복지리더는 리더십을 발휘하기 위해 위의 요소를 관리하고 이용자들의 상황에 개입한다. 새로운 상황에서도 계속적으로 영향을 미쳐야 한다는 점에서 이용자들의 기대가 충족되고 있는지 등 상황에 대처할 수 있어야 한다.

◆ 리더십 유지기술

리더 역할을 수행하기 위해서는 돋보이는 역량이 필요하다.

첫째, **자신을 신뢰해야 한다.** 자신을 인정하지 않으면 다른 이도 인정하지 않는다.

둘째, **성장하겠다는 확신이다.** 성장은 내적 자기 확신에 의해 인식되는 의지에 관한 것이다. 직무성장에 영향을 미치지 못하거나 동기가 없는 직무는 무가치한 것으로 판단하기 때문에 직무에 대한 확신이 없다면 신뢰하지 않는다. 정말 가치 있는 직무를 수행하고 싶은가. 그렇다면 성장하겠다는 확신을 가져야 한다.

셋째, **사회복지리더의 자질이 무엇인지를 확인하고 잠재되어 있는 역량을 개발하기 위해 노력한다.** 독자는 현재를 판단하고 선택할 수 있다. 사회복지리더 역할 수행에 필요한 역량을 개발하기 위해 더 나은 것들을 선택할 수 있고, 현실에 매여 자각하지 않을 수도 있다. 이러한 선택은 누군가에게 영향을 받기도 하지만 최종 결정은 본인이 한다는 점에서 결정권자는 자신이다.

리더십 기술은 왜 필요한가

성장하지 않는 사람은 죽은 사람과 같다. 그들은 수동적이며, 중요한 결정을 내려야 할 상황임에도 선택하지 못해 주저하는 모습을 보인다. 성장 동기란 더 큰 행복을 위해 자신이 갖고 있는 생명 에너지를 이용하는 것으로, 자신이 인생의 모든 것을 판단하고 결정하는 주체가 되었을 때 충족된다. 지금 성장할 수 있는 기관을 찾지 못했다면 차라리 기관의 분위기를 바꾸기 위해 전력하는 것이 낫다. 사회복지리더는 선택할 수 있고, 지금을 즐길 수도 있다. 만약 지금을 즐기지 못하면서 시간을 보낸다면 결국 무기력한 사회복지사로 남게 될 것이다(Wayne W. Dyer, 1991, 오현정 역, 2006).

리더십을 발휘하기 위해 어떠한 기술이 필요한가

리더십은 사회복지리더의 성장을 위해 필요하다. 성장은 만족할 만한 수준까지 능력이 강화된 것으로 능력이 나아졌고 예전과 달라진 자신을 알게 된다면 개발된 것이다. 하지만 성장을 위해서는 더 개발해야 한다.

인간은 평생 직장을 다녀야 하는 숙명에서 벗어날 수 없다. 가정과 직장을 병행하며 즐겁고 행복한 것들을 누리기 위해 노력하고 안정된 생활을 꿈꾸며 전력하는 것 또한 행복하기 위해서다. 따라서 성장해야 한다. 성장은 자신만이 소유하고 가질 수 있는 것이지 다른 이가 도움을 준다고 해서 얻어지는 것이 아니다.

일생동안 일해야 하는 것이 불행이라고 생각되는가. 일이 없어 고민하는 사람들이 있는 것을 보면 일을 하지 않는 사람이 행복하다 할 수는 없다. 인간은 일하는 존재로 태어났고, 또한 동료와 협력하여 일을 하며 살아간다. 일하면서 존재감을 느끼고 성취감을 얻는다. 또한 일은 삶의 목표와 방향을 찾게 한다.

따라서 직장에 속하는 것이 먼저이다. 직장에 속하는 순간부터 소득을 얻어 생활하게 되고 가족들의 생계를 책임지고, 사회생활을 하게 되는 등 일이 주어짐으로써 존재감은 물론 무언가를 할 수 있다는 가능성을 발견하게 된다.

직장에서 직무를 수행할 수 있다는 자체만으로도 이용자의 삶은 윤택해진다. 동료와 퇴사할 때까지 즐거운 일터를 만들고 싶다는 얘기를 할 수 있도록 이끌어야 한다. 협력하자는 논의를 할 수 있다면 분명 대하는 태도가 달라질 것이다. 그러므로 직장이 없어 일하지 못하는 사람은 불행하다. 일을 하면서 행복하다면 그는 행복한 사람이다. 또한 유능한 사람이다. 일을 벗어나지 못하는가와 즐기는가는 어떠한 관점으로 일을 하는가에 의하기 때문에 일을 잘 수행할 수 있도록 이끌어야 한다. 지쳐 있음에도 휴식을 취하지 않은 채 지친 삶에 끌려가는 것은 이용자를 망치는 길이다.

2. 사회복지리더의 리더십 역량과 실행

사회복지리더가 리더십을 갖추고 직무역량을 발휘하기 위해서는 다음의 사항을 고려해야 한다.

1) 리더십과 역량

비공식적 조직이든 공식적 조직이든 조직을 대표하는 인물이 있다. 이들은 기관을 책임지고 운영하기 때문에 사업을 주관하고 기획하며 참여하는 사람들을 대표한다. 대표는 사람들의 더 많은 참여를 위해 욕구를 파악하고 욕구를 충족하기 위해 사업을 기획하면서 실행시기를 고려한다. 여기에서 중요한 것은 참여한 사람들이 갖는 기대의 부응이다. 이는 욕구충족에 관한 것으로 얼마나 부합하였는가에 의해 리더는 자격을 인정받게 된다. 이는 구성원들의 활동성과에 부합하기 위한 조치이며 다음 회기 임원으로 역량을 인정받기 위한 준비에 해당한다.

하지만 구성원들의 요구를 반영하지 않고, 독단적으로 활동한다면 다음번 임원으로 선출되지 못하는 것은 물론 리더의 자격을 의심받게 될 것이다. 따라서 구성원들의 역량을 강화하기 위해 요구와 욕구가 무엇인지를 파악하는 것이 먼저이다. 무엇을 기대하는지, 왜 선출되었는지 등 리더로 선출되면서 개인들의 기대를 직·간접적으로 확인해야 한다.

리더의 활동은 대표성을 띠고, 선출된 후의 활동을 통해 평가받는다는 점에서 리더로 역할을 하지 못하는 것은 리더가 된 후의 행동이지 선출된 시점이 아니다. 리더는 평소의 태도와 활동을 통해 평가를 받아 구성원들로부터 선택되었다는 점에서 선출된 이후의 활동이 더 중요하다는 것이다. 만약 선출 전과 후의 태도가 달라진다면 다수의 구성원들은 후회할 것이다. 따라서 리더의 자질을 갖추었다고 인정받는 데에는 평소의 태도, 직무처리 정도 등이 영향을 미친다.

단임 대표로 마칠지 아닐지는 구성원들의 분명한 욕구 이해, 말투, 행동, 표정, 심리적 상황 등에 달려 있다. 그러나 많은 대표(조직의 장)가 필요성을 인지하기는 하지만 대안을 준비하지 않는다. 그럼 그의 활동은 평가절하될 소지가 높다. 실패하는 리더는 리더의 위치, 즉 지위를 유지하기 위해 집착하고, 구성원들의 기대를 충족하기 위한 역할을 소홀히 한다. 단순히 대표로서만이 아니라 그들을 이끌어줄 리더를 기대한다는 점에서 집단성원들의 욕구 등의 파악하는 것은 리더십을 발휘하는 데에 필요한 것이다.

또 하나는, 리더십을 발휘하기 위해 무리하게 사업을 추진하지 않아야 한다. 사업의 실행은 사회복지리더의 몫이 아니다. 이용자들의 준비와 이해 정도에 따라 실행되고 결과가 달라지기 때문에 관계 맺기는 이용자들의 기대요구가 무엇인지 등 실행할 방향과 역량을 갖추게 하는 것이 핵심과제이다. 성취할 수 있는 수준에서 방향을 제시해야만 신뢰관계가 구축되고 응집력이 강화되어 추진력을 갖게 된다.

사회복지리더가 관계를 맺는 대상은 자원봉사자이고, 후원자이며, 동료 등이다. 이들과 함께 활동을 해야 한다면 당연히 그들의 상황이 어떠한지를 파악해야만 방법을 모색할 수 있다. 사회복지사가 진행할 사업을 자원봉사자에게 요구하거나, 후원자에게 무리한 부탁인 줄 알면서도 요청드린다며 요구한다면 설득되지 않을 것이다. 뿐만 아니라 이러한 요청이 많아지고 해결해야 할 일이 많다면 부담을 갖게 되어 참여를 거부할 것이다. 따라서 사회복지리더의 역할과 활동은 참여한 성원에 의해 추진된다는 점에서 상황에 적합한 역할이어야 한다.

때로 동료가 요구하는 것을 실행하기 위해 무리할 때가 있다. 하기 싫은 일을 계속 요구하면서 전가시키는 원칙을 적용한다면 관계는 빠르게 훼손될 것이다. 손해 보는 상황에서 누가 더 애를 쓰며 결과 없는 일에 매진하겠는가. 이 간단한 논리는 모든 집단에 적용된다. 그래서 싫어하는 사람이 수행하는 일에는 관심을 두지 않게 되고 참여하기 싫은 회의만큼 곤욕스러운 것이 없다.

분명 사회복지리더는 참여한 성원들을 통해 일을 하고 무언가를 만들어 간다. 그럼 참여한 성원에 대한 이해가 높아야 하는데, 기관의 동료이고, 자원봉사자이며, 후원자 외에 지역사회 주민들이다. 함께 도모해야 한다면 그들의 상황과 원하는 것들을 알아야 한다. 그러면 리더로 인정받게 된다.

Tip.................... 진정한 리더는 개인들의 참여를 독려한다

어느 조직에 리더가 선출되었다. 그는 조직을 이끌기 위해 수행할 일들에 대해 계획을 세울 것이다. 계획을 수립하면서 본인의 생각을 누군가에게 말할 것이고 추진할 방법을 찾을 것이다. 동료들에게 이러한 설명을 하는 이유는 리더로 선출되었지만 참여한 성원이나 동료들로부터 추종받을 때 비로소 리더로 인정받기 때문이다. 또한 그들이 이해하고 행동하게 될 때 리더십을 발휘할 수 있기 때문이다. 리더이기 때문에 리더가 되는 것이 아니라 동료 또는 개인들이 추종하면서 협조하게 될 때 리더로 활동하게 된다는 의미이다.

마지막으로, 사회복지리더임을 확신해야 한다. 사회복지리더는 언제 어디서든 시험을 받을 수 있다. 모든 행동은 이용자를 비롯하여 직원들의 관심사이고, 말투, 행동 하나가 새로운 도전이기 때문에 사회복지리더의 행동을 모방하거나, 태도를 따라 하는 등 모델이 된다. 사회복지리더가 의식하든 아니든 간에 누구에게는 변화를 위한 도전이고 본이 된다는 점에서 옳은 것을 지향해야만 사회복지리더의 위치가 확고해진다.

하지만 동료 또는 이용자들의 지지를 받는다 하여도 사회복지리더로 역할을 하지 못할 수 있고, 많은 일을 해내고, 또는 성과가 높다 해도 이용자들로부터 외면당할 수 있다. 이러한 선택은 이용자들이 따르는가, 아닌가에 의해 사회복지리더의 위치가 보장되고, 아닐 수도 있다는 의미이다. 이를 상기한다면 사회복지리더로 역할을 하기 위해 관계하는 사람들과 이용자들의 마음을 움직이고, 행동하게 하는 것이 얼마나 중요한 것인지를 알게 된다. 지금 이용자들은 무엇을 기대하고 있는가. 실천하기 위해 무엇을 해야 하는지, 그들을 포용하고 성장하도록 기대를 충족하고 있는지, 아니면 신뢰를 잃어가고 있는지를 점검해야 한다.

2) 리더십 강화전략

Stephen Covey는 환대하는 사회복지리더의 설득하는 대화를 리더십으로 연계하기 위해서는 다음의 사항을 체득해야 한다고 하였다(김경섭·박창규, 2001).

첫째, 끊임없이 배운다

자신의 성장을 위해 끊임없이 배우는 데 시간을 투자하면서 독서에 많은 시간을 보낸다. 기회가 있을 때마다 연수에 참여하고, 전문가의 얘기에 귀를 기울이는 등 열심히 배운다. 자신의 직무능력을 개발하기 위해 노력하고 새로운 관심 분야에 대한 기술습득에 전력한다. 자기 정체감과 통제력을 키우기 위해 실천해야 할 일에 대한 투철한 사명감을 갖는다. 경험이 축적될수록 자신의 부족함을 알기 때문에 지식을 쌓기 위해 최선을 다한다.

둘째, 서비스 지향적이다

직업을 사명으로 여긴다. 어떤 일을 이루기 위해서는 책임의식, 서비스 정신, 공헌 의식 등이 없으면 모든 노력이 수포로 돌아간다.

셋째, 긍정적 에너지를 발산한다

사회복지리더는 낙관적이고 여유로운 표정을 지으며 밝고 유쾌하다. 행복한 마음을 갖기 위해 긍정적인 생각을 하고, 열정적으로 직무에 임한다. 주변의 사람들조차 사회복지리더의 태도에 희망을 갖고 동화되며 신념을 갖는다. 이러한 에너지에 의해 약하거나 부정적인 에너지로 차 있는 집단을 충전시켜 주변을 변화시킨다. 자신의 에너지가 어떠한 효과를 가져오는지, 어떻게 발산되고 있는지, 어떠한 방법으로 사용되고 있는지를 살핀다.

넷째, 다른 사람을 믿는다

이용자들의 부정적 행동이나 약점을 발견하게 되더라도 개의치 않으며, 그의 변화를 촉구하기 위해 다양한 방법을 모색한다. 개입은 이용자의 강점을 발견하여 지지하기 위해서이며 그와 함께 도모해야 할 일들을 구상하는 데 활용하고 긍정적인 생활을 위해서이다. 진실한 말을 하고 신뢰할 수 있는 행동을 통해 개인과 문제를 분리하여 개입한다. 연민의 정으로 이용자를 대한다. 동료를 존중하고 화를 내지 않으며 신뢰한다는 말을 자연스럽게 한다. 자신의 신념을 강요하지 않는 그대로의 모습으로 대한다.

다섯째, 균형 잡힌 삶을 산다

친구가 많고 그중 몇몇은 막역한 사이이다. 이들과 정기적으로 미팅을 하며 관심사를 높여 간다. 독서에 많은 시간을 투자하면서 지식을 넓혀 간다. 건강을 유지하기 위해 운동을 하고, 취미생활을 통해 심신을 단련한다. 이용자에게 예의 바르게 행동하고 인생을 즐기기 위해 여가를 보낸다. 원했던 성과가 나타나지 않는다 해도 자신과 이용자에게 너그럽다. 언행일치를 위해 조심하고 성실성을 유지하기 위해 시간약속을 철저하게 지킨다. 따라서 과장하기보다는 신중하다.

사리 분별이 정확하다. 상황에 따라 유사점과 차이점을 구분할 수 있는 능력이 있다. 상황에 따라 적절하고 올바른 선택을 할 수 있는 자제심을 발휘하여 섣부른 판단을 내리지 않는 등 처신에 주의한다. 이용자의 성공을 격려하고 자신의 일처럼 기뻐한다. 비판을 겸허하게 받아들이고 과잉반응을 보이지 않으며 민감하게 행동하지 않는다. 칭찬을 받는다고 하여도 우쭐대는 등 감정을 다스린다.

여섯째, 인생을 모험으로 여긴다

수행하는 모든 활동을 새로운 것으로 받아들인다. 따라서 개발해야 할 것이 있을 것이라는 자기반성을 통해 성공의 기회를 잡기 위해 준비한다. 스스로 안정을 찾기 위해 노력하고, 자신을 다스리기 위해 훈련한다. 명상, 요가와 같은 운동에 몰입하면서 자제심을 키운다. 직무에 대한 예측가능성을 개발하기 위해 이용자와 사물에 대한 고정관념을 버리려는 시도를 하고 다양한 이용자들을 만나기 위해 시간을 할애한다.

직무개발에 필요한 아이디어를 개발하기 위해 지역의 기관을 방문하고 그들과 만나 친한 사람처럼 관심을 보이며 그의 얘기에 귀를 기울인다. 친구로 사귀기 위해 노력하고 그를 통해 새롭게 개발해야 할 분야를 생각한다. 그들의 직무를 과소평가하지 않는다. 친한 사람을 만나더라도 처음 만나는 사람처럼 관심을 보이고 그의 일에 반응한다. 그의 일을 자신의 일처럼 기뻐하면서 그가 하는 일에 적극적인 지지를 보낸다.

일곱째, 시너지를 활용한다

자신의 단점을 보완하기 위해 강점개발을 게을리하지 않는다. 성실하게 직무에 임하고 주어진 일을 거부하지 않으며 책임 있게 해낸다. 성과를 높이기 위해 창의적인 생각을 하고 일 처리 방식을 고안해 내어 동료와 협력하는 방법을 마련한다. 팀의 직무를 자신의 일처럼 여긴다. 동료들과의 협력을 위해 시간을 할애하고 새로운 아이디어를 도출하기 위해 주변의 기관을 활용한다. 다른 기관의 새로운 사업에 관심을 보이고 부서와 기관의 성과를 위해 적극적으로 참여한다. 동료들의 강점을 활용하기 위해 자신의 단점을 찾아 발견하는 데 노력하며 개발하기 위한 방법을 모색한다.

동료들과 적대적인 갈등상황에 유연하게 대처하고 협상을 위한 대화에 적극적이다. 성장에 방해가 되는 동료를 경쟁의 상대로 생각하지 않으며, 문제들의 우선순위를 분리하여 처리할 줄 알고 유리한 고지를 차지하기 위해 상대의 약점을 들춰내지 않는다. 오히려 단점들을 보완하기 위해 노력하고 시너지를 낳기 위해 창의적인 문제해결 과정에 동참하는 등 해결책을 찾는 데 최선을 다한다.

여덟째, 자기 쇄신을 위해 노력한다

자기 쇄신을 위해 정신적, 신체적, 사회 감정적, 영적 차원을 단련하기 위해 아낌없이 투자한다. 신체를 단련하고 건강을 유지하기 위해 운동을 게을리하지 않는다. 영적으로 쇄신하기 위해 성경 공부 등에 몰입하고 평온을 유지하는 데 시간을 투자한다. 사회 감정적 차원에서 다른 이의 얘기를 경청하면서 이용자에게 조건 없는 사랑과 선행을 베푸는 데 시간을 보낸다. 정신적으로 안정을 갖기 위해 독서를 하고 새로운 지식을 습득하는 데 투자한다.

3) 리더십 실행

사회복지리더의 리더십 발휘는 개인과 환경에 적합한 역할이어야 한다(Peter G. Northouse, 2012, 이용철·김진웅·김기홍·리상섭 역, 2014).

◆ 구조제공

신규 프로그램이나 조직 개편을 통해 새로운 사업을 시도하려 할 때는 구조를 제공하고, 규범을 명확하게 하여 응집성을 키우면서 우수성의 기준을 마련해야 한다. 이용자들이 더 효과적으로 참여할 수 있도록 리드하고, 분위기를 조성하기 위해 전력한다. 조직 내에 구조를 제공하는 것은 이용자들이 안심하고 안정된 상황에서 방향성을 갖게 하여 자신이 어디에 속하고, 이루어야 할 목표가 무엇인지를 이해하게 한다.

사회복지리더는 어떻게 이용자 집단을 구조화시키는가

첫째, **사회복지 리더는 이용자 집단의 목표를 인지시키는 데 전력한다.** 사회복지리더가 성과책임에 대한 분명한 방향을 제시해 줄 때 이용자들은 더 나은 확신을 갖게 된다는 점에서 의제가 명확해야 한다.

사회복지리더는 이용자 개인이 집단에 기여할 수 있는 특별한 방식들을 확인해 주고 구조가 갖는 효과를 경험하게 해야 한다. 효과적인 집단은 각자의 재능을 이용하고 많은 것을 이루어내는 시너지(synergy)를 창출하는 데 기여한다. 이러한 기여는 이용자의 재능을 인정하고 발휘할 수 있도록 격려하는 것에서 출발한다. 어느 이용자는 참여한 이용자들과의 관계 맺기를 잘하고, 어느 이용자는 사업수행에 필요한 활동을 이해하고 이용자를 독려하는 등 참여에 적극적이다. 개인들은 각각의 다른 재능으로 독특하게 기여하기 때문에 이러한 역량을 개발해 주지 않는다면 담당하는 역할만을 수행하게 된다.

둘째, **개인들의 역량이 집단에 기여하고, 성과를 창출하는 집단을 구성하기 위해서는 상호 간에 존중하고 협력하는 분위기 조성이 중요하다.** 규범은 집단 내에서 실천해야 할 옳고 그른 것을 알려준다. 또한 해야 할 역할과 범위를 제시한다. 따라서 사회복지리더는 규범이 지켜지고, 상호 간에 필요한 협력이 원만하게 이루어지는지를 살펴, 이용자 간에 기여되는지를 확인해야 한다.

시간 약속을 지키지 않아 갈등하고 손해를 본다는 생각은 이러한 규범을 소홀하게 생각하기 때문이다. 반면 상호 간에 존중하는 배려와 집단의 규범을 지키기 위해 노력하는 풍토가 형성된다면 참여한 것을 자랑스럽게 여기며 활기를 갖는다.

◆ 응집성 키우기

응집성은 이용자들이 우리라는 느낌을 갖고, 협력하는 단결심을 말한다. 응집성이 있는 집단은 이용자의 역할이 분장에 따라 충실하고, 협력해야 할 역할에 대한 이해가 개인들의 역할을 초월하여 이해된다. 서로 신뢰하고 믿으며 집단에 소속된 것을 자랑스럽게 여긴다.

응집성은 이용자에게 긍정적인 결과를 체감하게 한다(Cartwrite, 1968; Shaw, 1976). 첫째, 참여도 증가 및 이용자들 간의 상호작용 향상에 기여한다. 응집성이 높은 집단은 이용자들을 규합하여 집단에 대한 사소한 얘기라 하더라도 세심하게 경청한다. 둘째, 일관되게 행동하고 참여한다. 이용자들 간에 긍정적인 감정을 키우고 교류하는 데 집중한다. 셋째, 이용자들 간에 이용자에 대한 신뢰가 높다. 집단의 규범은 물론 목표 지향적인 직무에 적극적이다. 넷째, 이용자들의 만족이 높다. 이용자들은 안정을 느끼고 집단의 활동에 적극적이다. 다섯째, 이용자들 스스로 비효율적인 일에 몰입하지 않으며, 문제해결을 위해 시간을 허비하지 않는다(Peter G, Northouse. 2012, 이용철 외, 2014, 144-145에서 부분인용).

◆ 우수성의 촉구

이용자들이 알아야 하고 습득해야 할 기술, 직무추진 과정에서 해야 할 선택과 판단, 노력 그리고 다른 참여자에 대한 태도, 참여 후 결과를 얻기 위해, 목표를 달성하기 위한 노력과 달성하지 못했을 때의 후속조치(Larson & LaFasto, 1989, 95), 참여과정에서 수행해야 할 역할과 가치 등에 관한 명확한 기준이 마련되어 있다.

우수성은 바람직한 성과 기준으로 집단운영을 위한 이용자들의 수행노력에 의해 완성된다. 성과는 시행 초의 준비과정에서부터 성과 검토, 요구 검토, 보상하기 등에 대한 명확한 원칙에 의해 적용된다.

◆ 결과 요구

사회복지리더는 이용자들에게 분명하면서 구체적인 기대치를 설명해야 한다. 상호 간의 목표를 명확하게 정립하고 목표에 의한 성과를 성취하기 위해 필요한 목적을 확인한다. 이는 기대로서 명확한 기대치가 없다면 이용자는 활동을 하지만 허둥거리고 자신에게 요구되는 기대가 무엇인지를 몰라 혼선을 갖는다(LaFasto & Larson, 2001). 명확한 목적을 제시하고 달성을 위한 활동내용을 알려줌으로써 더 나은 성과를 얻게 하고 질 높은 서비스를 제공하게 된다.

◆ 결과 검토

결과를 공유하고 요구와 함께 이용자들이 활동한 내용을 검토한다. LaFasto & Larson(2001)에 의하면, "사회복지리더는 생산적인 피드백을 제시하고 수행상의 문제점들을 해결해감으로써 실행하게 된다."는 것을 주장하였다. 피드백은 옳은 것에 대한 확신 속에 수행한 과정이 적절했는지와 성과의 정당성을 확인하게 하여 자신감을 갖게 한다. 이러한 과정을 통해 성과를 검토하는 방법을 배우고, 자신의 능력과 한계, 역량을 개발하고 유지하기 위한 방법과 개발해야 할 것들을 알게 된다.

Tip............................ 생산적인 직무 피드백 제공

(Peter G. Northouse, 2012, 이용철 외 역, 2014)

직원들은 갈등이 없는 상황에서 공식적으로 전달되는 업무피드백을 통해 직무에 필요한 유용한 것들을 얻게 된다. 하지만 이러한 피드백을 훈련받거나 배우지 않으면 스킬을 갖추지 못하게 된다. 생산적인 피드백을 제공하기 위해서는 다음의 사항을 고려해야 한다.

직무행동을 설명하라

직무를 수행하는 개인적 특성에 대한 피드백보다는 직무수행의 실제적인 현상, 즉 직무행동에 문제가 되는 사항을 설명해야 한다. 예를 들어, 리더는 "ㅇㅇ선생은 지각이 잦군요. 제시간에 출근하는 것을 잊었나요."라고 얘기하는 대신, "형철 씨, 지난 3일 동안 지각을 했군요. 이유를 설명해 줄 수 있겠습니까."라고 얘기하는 것이 긍정적인 답변을 들을 수 있다.

확인된 사항을 구체적으로 설명하라

관찰은 상황을 목격한 것이다. 해석은 일어난 상황을 분석하거나 의견에 관한 것이다. 직원에게 확인된 사항을 얘기해줌으로써, 덜 비판적으로 얘기할 수 있다. 예를 들면, "형식 씨, 보고서 내용 가운데 실수가 많은 걸 알고 있나요. 급하게 작성해서 이러한 오류가 있는 것으로 보입니다."라는 말 대신 "형식 씨 보고서를 작성하느라 수고 많았습니다. 하지만 제출한 보고서를 검토하면서 사업목적을 달성하기 위한 일부내용이 빠져 있습니다. 이 사항을 표시해두었으니 확인해 보기 바랍니다."라고 얘기하는 것이다.

'나' 언어를 사용하라

'너' 형식의 문장은 상대의 감정을 상하게 한다. 따라서 '나' 형식의 문장을 사용하는 것이 적대감과 경계심을 풀게 한다. 상대의 방어적인 행동을 경감시킨다. 예를 들어, "직무시간에 개인적인 일을 하다니 보고서 작성은 마무리 되었나요."라고 얘기하기보다는 "내가 작성하는 계획서가 매우 중요한 것이어서 잡담을 하면 집중이 안 됩니다. 집중할 수 있게 밖에서 얘기해 주실 수 있나요."라고 말하는 것이다.

침착하게 감정을 담아 피드백을 주어라

"~해야 할 필요가 있다, 또는 이런 것들을 고칠 필요가 있어." 불만, 실망, 화냄 등을 표현하는 목소리 톤으로 얘기하는 것을 피해야 한다. "직무가 힘든 것은 알지만 더 분발해야 합니다. 아마 고친다면 직무능력이 향상될 것입니다"라고 얘기하기보다, "여러 어려움이 있을 겁니다. 하지만 직무를 수행하는 데 다양한 의사소통은 매우 중요합니다. 충분한 자질을 갖추고 있으니 좀 더 노력한다면 빠르게 직무를 수행할 수 있을 겁니다."라고 얘기하는 것이 효과적이다.

의사소통이 명확한지를 확인하라

피드백을 받기 위해 찾아왔다면 전달한 내용을 이해했는지를 확인해야 한다. 예들 들어, "지금 내가 설명한 것을 이해했나요."라고 한다면 당황하게 된다. 이보다는 "설명을 한 후 추진해야 할 사항을 설명해 주시겠어요?"라는 논의가 효과적이다.

LaFasto & Larson(2001)은 영향을 미치는 사회복지리더의 특징에 대해 부서 직원들이 부족한 성과를 정면으로 부딪치는 태도를 발견하였다. 성과가 부족한 부하직원에게 원칙과 규범 등을 지키고 적용하기 원한다는 것을 발견하였다. 만약 일부의 직원이 성과도출에 실패하거나 할 일을 다하지 않는다면 정확히 지적해주기를 기대한다는 것이다.

부서의 직원이 되었다는 것은 함께 참여한다는 의미이다. 부서의 직원들 간에는 기관의 목표를 달성하기 위해 노력할 의무가 책임으로 부여된다. 부서의 직원이 된다는 것은 협력을 통해 이루어야 할 것들이 있다는 것으로 직무수행에 필요한 정보가 부족하거나 한계가 있다면 상호 보충하면서 해결해 가야 한다. 사회복지리더는 이러한 상황을 살피면서 해결하도록 직원들을 도와야 하고 부서의 성과를 위해 이끌어야 한다. 만약 협력적인 관계 맺기에 실패한다면, 직원들은 자신의 직무가 중요하지 않다고 생각하거나 또는 무시당했다고 느끼면서 부서를 위해 헌신하지 않게 된다.

부서가 분열되어 있다는 것은 리더십의 부재를 의미한다. 직원들이 성과를 내기 위해 노력하였지만 성과가 미비하다면 개선을 요구하기 어렵고 감정적으로 힘든 과정을 겪게 된다(LaFasto & Larson, 2001). 하지만 어려움과 해결하기 힘든 일, 포기했던 서비스 등을 사소한 것으로 여기고 있다면 개선하기 위해 맞서야 한다. 사소한 갈등부터 이해되지 않는 동료의 태도, 서로 간에 신뢰하지 않는 것들에 대한 직무방해 요소를 찾아 설명하고, 만약 지원했던 이용자가 만족스러운 변화를 보였다면 성과를 인정하고, 부서에 남아 있을 수 있다는 메시지를 강조하여 설명해야 한다. 만약 성과도 없이 부서의 협력을 방해한다면 부서를 위해 떠날 것을 조언하는 등의 조치가 사회복지리더가 해야 할 일이다.

Tip............................ 사회복지리더의 역할

사회복지리더가 할 일은 이용자들을 보살피는 것이다. 그들의 상황이 참여활동의 완성도를 높이고 있는가. 자신이 원하는 기대를 성취하고 있는가. 이것이 아니라면 성과도출에 필요한 대안을 마련하는 것이 사회복지리더의 역할이다. 결과를 보상하는 것, 또는 동기를 부여하기 위해 포상을 시행하는 것도 대안이다.

이용자들의 바람과 기대를 충족하기 위해 시작부터 준비하는 과정, 진행하면서 겪는 일, 종결하면서 갖게 되는 고민을 함께한다는 믿음을 심어주고 필요한 조치를 취한다. 사회복지리더는 특정 상황만을 부각하여 이슈를 논의하는 관리적 리더가 아니라 모든 과정을 주의 깊게 관찰하면서 더 나은 성과를 위해 실천하는 행동가이다.

하지만 너무 많이 배려하게 되면 당연히 해주어야 할 것으로 판단할 소지가 있다. 사회복지리더는 존재감만으로도 이용자들이 따른다는 점에서 비전을 제시하고, 결정할 권한이 있다는 것을 주지시켜야 한다.

사회복지리더의 리더십 발휘

1. 사회복지리더의 리더십 발휘와 조직 기여............

1) 기관 관점

사회복지기관은 기관장의 관점에 따라 모든 종사자의 직무수행에 영향을 미치는 구조로 일반조직과의 구별된 특성은 다음과 같다.

첫째, 해당 직무를 수행하기 위해서는 기관장의 승인을 받아야만 처리가 가능하다. 이는 기관의 지원을 받기 위해서인데, 단순직무라고 하여도 기관의 인적·물적 자원을 지원하는 사회복지기관의 특성 때문이다.

둘째, 주민들의 참여를 통해 사업을 시행하는 특성 때문이다. 개인적인 직무라고 하여도 동료의 협조 또는 지역주민, 자원봉사자, 후원자 또는 직무와 관련된 외부관계자 등 협력적 관계를 통해 수행되는 직무가 대부분이다.

셋째, 사회복지리더의 직무스타일은 조직의 문화에 영향을 미치고 이용하는 주민 등에게 영향을 미친다는 점이 일반사회 조직과의 또 다른 특성이다. 즉, 기관장의 조직관점에 의해 직원들이 영향을 받고 해당 직무와 관련된 주민 등에게도 영향을 미치게 된다는 것이다. 이러한 영향의 정도는 직원 간의 협조 정도에 의한다. 만약 기관장이 성과를 중시하게 되면 경쟁적 구도 속에 직원들은 성과달성에 목표를 두고, 반대로 관계를 지향하게 되면 불편한 관계를 맺지 않기 위한 처신에 주의하게 된다. 이러한 특성은 어느 조직이나 비슷하겠지만 사회복지기관은 종사자 개인이 지역을 대표하면서 주민복지 증진이라는 대의적인 목적을 달성하기 위해 설립된 조직이라는 점에서 차이가 있다.

따라서 직무권한을 조직 차원에서 구축하였는가에 따라 직원들의 권한은 많아지기도 하고 위계적으로 시스템을 구축하였다면 보고에 의한 연계자의 역할만을 수행하게 된다. 즉, 기관장에게 집중하는 구조가 체계로 구축되었다면 직원의 직무는 보고를 통해 승인 후 시행해야 한다. 하지만 권한을 행사할 수 있는 시스템으로 체계화하였다면 직원 간의 직무자율성을 통해 부서장에게 권한을 집중한 것이다. 따라서 부서 간의 협력적인 체계를 구조화한 것으로 볼 수 있다. 이는 기관장이 권한을 부서장에게 위임한 것으로 볼 수 있다.

직원들은 다양한 직무(사업)를 수행하기 위해 역할을 나누고, 성과도출을 극대화하기 위해 개인의 직무와 부서의 직무수행 등에 필요한 협력관계를 맺는다. 하지만 주어진 역할만을 생각하고 사소한 일로 갈등한다면 응집력이 분산되어 성과도출에 실패하게 된다. 더욱이 기관장이 성과도출에 대해 수고했다는 말로 대수롭지 않게 여긴다면 진정성 있는 투신을 하지 않을 것이다.

따라서 사소한 일로 방해를 받고 고민하게 된다면 관계가 훼손된 것이므로 협력적인 관계 맺기를 위한 조치가 필요한 때이다.

Tip............................ 팀을 분열시키는 직원

전문성이 부족한 사회복지사는 사업을 부실하게 만들 뿐만 아니라 선택과 판단을 지체하고 우유부단하게 사업을 추진하기 때문에 소식력을 약하게 한다. 이렇듯 부서를 분열시키는 직원들의 직무 처리는 고민하지 않고 처리하며 책임을 요구하는 직무를 회피한다. 책임성이 있는 직무는 신입사회복지사나 동료에게 전가하는 등 직무분장이 임의적이다.

긍정적인 의견을 제안하여도 주의깊게 듣지 않고 자신의 이익만을 주장하기 때문에 회의의 초점을 흐리고 동료의 의견에는 관심을 보이지 않는다. 또한 문제의 요인을 파악하지 않은 채 요구가 관철될 때까지 집착하고 주장만을 제기한다. 그래서 그의 참여는 동료의 골칫거리다.

2) 성과지향적인 팀 만들기

최근 사회복지기관은 빠르게 변화하고 있다. 사회복지사 개인의 역량이 부서를 대표할 수 있을 정도의 직무역량을 갖추도록 요구하고 있는데, 기관의 운영 방식이 팀제로 전환되었기 때문이다. 빠른 의사결정을 통해 팀제는 단기간에 성과를 도출하고 기관운영의 효율성을 극대화하기 위한 대안으로써 사회복지기관의 일반적인 부서운영 방식이다.

하지만 팀제는 다음의 의도가 내포되어 있다. 비용효과 면에서 최소한의 비용을 투자하여 고효율, 즉 비용효과를 높이고 서비스 질을 개선한다는 목적이다. 이를 위해 직무처리 절차를 간소화하여 의사의 신속한 결정, 즉 직원 간의 자율적인 의사구도를 맺도록 허용하고 직무에 대한 자율성을 부여함으로써 성과도출을 용이하게 하려는 목적이 있다. 즉, 팀제는 적은 수의 인원이 기관의 다양한 현안을 해결해야 하므로 더 많은 직무를 소화해야 한다. 역할의 다양성은 사회복지사의 역량과 결부된 것으로 팀제의 성공을 가늠하는 열쇠라 할 수 있다.

따라서 팀제는 인력과 비용절감이 핵심이다. 즉, 경력직원의 채용보다 신입 직원을 채용하게 되면 2명에서 많게는 3명까지 채용할 수 있어 비용효과 면에서 경제적이다. 다만 신입직원을 채용하여 직무적응 및 필요한 지식 등을 갖추게 해야 한다는 것과 높은 수준의 직무를 부여해도 처리가 가능해야 한다는 과제가 있다. 사회복지사의 입장에서도 오랜 기간 숙련해야 할 직무를 단기간에 습득하게 한다는 장점이 있다. 따라서 경력이 필요하고 집중력을 발휘해야만 수행할 수 있는 고난도의 직무라고 하여도 처리 기간을 단축할 수 있다.

또한 능력을 발휘할 수 있는 기회를 갖기 쉽다. 비중 있는 직무에 참여할 기회가 많아지기 때문에 적절한 의견제시와 직무수행이라면 기회는 배가된다. 직무를 이해한 후 현실적으로 적용한다면 진급 또한 빠를 것이다. 하지만 모든 부서가 팀제로 운영되고 있어 팀장으로 진급하기에는 제약이 있다. 그럼에도 팀제는 다수의 사회복지기관이 선호하는 기관운영 방식이다.

기관장과 부서장의 입장에서도 짧은 기간에 사회복지사의 직무역량을 갖추게 한다는 점에서 효과적이다. 기술습득에 따른 비용을 최소화하고, 사회복지사 자신의 노력으로 해결하기 때문에 교육 및 연수 등에 쏟는 비용을 절감할 수 있다.

따라서 해당 분야에서 최고라는 평가를 받기 위해서는 전문가다운 노력과 아울러 분야에 대한 지식이 출중하도록 전문성을 강화시켜야 한다. 또한 대인관계 스킬은 사회복지리더의 전문성을 돋보이게 하는 필수기술로 반드시 갖추어야 할 역량이다. 여기에서 스킬은 지역주민을 다루는 기술 외에 신뢰할 수 있는 태도에 관한 것으로, 신뢰는 힘들고 어려운 일을 해결할 수 있다는 믿음과 관련된다. 따라서 신뢰가 없는 사회복지사는 믿음을 주지 못해 관계를 멀리하게 만든다. 주민들과 이용자에세 신뢰를 주는 사회복지리더인지, 멀리해야 할 사회복지리더인지는 평가되기 때문에 대인관계는 사회복지리더의 중요한 리더십 기술이다.

기관장으로부터 신뢰를 받고 있다는 것은 기관의 주요 결정에 참여하고 있는가, 비중 있는 직무를 맡고 있는가에 의한다.

Tip.................. 직원들을 성과지향적으로 규합하기 위해서는

사회복지기관의 구체화된 목표는 직원들을 규합하게 한다. 조직이 분열되었거나 직원들 간에 단합이 되지 않으면 목표중심, 성과중심으로 직무를 개편하는 것이 적절한 방법이다. 직원들이 동료의 직무에 무관심하고 협조하지 않는 이유는 규합할 만한 구심점이 없기 때문이다. 이러한 분열은 성과가 모호하거나 목표를 상실한 경우에 더욱 심화된다.

직원들은 방향을 상실하게 될 때 해야 할 직무를 혼란스러워한다. 따라서 직무목표는 성과지향적으로 분명해야 한다. 하지만 직원들 간의 합의에 기반해야 한다. 다만 성과달성에 기여한 직원의 포상과 보상이 적정해야 한다. 성과지향은 직원들의 역할을 목표중심으로 규합시킨다는 점에서 조직력을 강화하고 응집하는 데 유용하다.

3) 팀의 문화정착

직원들은 기관의 성과목표를 달성하기 위해 결속을 강요받지만 의견 차이로 인해 갈등하고 주장을 철회하지 않아 대립할 수도 있다. 서로 다른 배경에서 생활해 온 직원들은 전문적인 지식과 기술, 태도를 갖추기 위해 또는 두각을 나타내기 위해 전력할 것이다. 동료의 행동이 마음에 들지 않거나 직무스타일이 다르다면 갈등하게 된다. 직원 간의 갈등은 상시로 발생하고 소멸되기 때문에 집착하여 쌓아둔다면 분쟁하게 된다. 따라서 직원들을 규합하고 단합시키는 리더십 발휘는 조직의 문화형성이다. 문화형성의 핵심은 직원 간의 차이를 인정하고 가치적인 것들을 공유하는 가운데 규합시키는 데 있다. 문화공유는 사회복지기관을 합리적으로 운영하는 활력소이다. 직원들의 활력을 위해 문화를 공유하고 변화의 긍정적인 받아들임을 통해 추구해야 하는 가치 있는 것들을 알게 한다. 따라서 직원들이 협력하는 시기는 기관이 지향하고 있는 가치를 존중할 때부터이다. 반면 조직력이 와해되는 이유는 기관의 지향가치보다 개인의 가치를 더 추구하는 문화적 결핍에 의한 공유가치의 상실 때문이다.

문화를 고민하는 것은 조직에 기여하는 능동적인 고민이다. 조직의 문화가 활성화되면 직장생활의 질이 높아지게 되어 직원 간에는 화합과 응집력이 강화된다. 따라서 문화를 누가 이끌고 주도하느냐에 따라 직원들은 규합되고 팀의 성장과 발전에 기여하게 된다. 하지만 공유할 것이 분명하고 새로워야 한다.

문화적 공동체가 형성되어 있는 사회복지기관의 기관장은 새로운 직무를 부여하기 위해 직원들을 이해시킬 필요가 없다. 팀의 문화는 직원의 발현에 의하고 직원들의 합의와 의도적인 노력으로 만들어진다는 점에서 일관성 있게 추진한다면 직원들은 자발적으로 직무를 추진하는 등 시너지를 낳는다.

따라서 사회복지리더의 직무추진의 일관성은 보상이나 징벌보다 더 긍정적으로 직원들에게 영향을 미친다. 보상은 보상 후의 부정적인 영향이 있을 수 있으며 더 큰 보상이 아니면 충족되지 않게 된다. 징벌 또한 마찬가지다. 하지만 일관성은 시간이 지날수록 그리고 함께한 일들이 많을수록 직무처리 방법을 스스로 찾게 한다. 따라서 직원들을 규합하는 최적의 방법은 일관성을 유지하는 것이다.

4) 인간의 성장과 팀제

인간은 혼자 생활하는 것이 불가능하다. 설사 혼자 있는 시간이 많아진다고 해도 오래 지내지는 못한다. 인간은 다른 이들과 어울리며 생활하는 존재이기 때문이다.

성인이 되면 서로 다른 환경에서 생활하다가 우연치 않게 상대를 만나거나 첫눈에 반해 자주 만나 얘기를 나누며 사랑을 키워간다. 평생을 같이 할 수 있는 상대인지를 확인하면서 행복한 삶에 대한 미래를 꿈꾸며 가정을 이룬다. 결혼 후 자녀가 태어나고 가족을 이룬 기쁨을 나누면서 비로소 부모가 되었다는 것을 실감한다.

가정의 울타리가 든든해야 성장과정에서 겪는 힘든 일과 아픔을 이겨낼 수 있다. 시행착오는 물론 어려움에 직면한다고 하여도 이겨낼 수 있는 힘을 갖게 된다. 자녀들은 든든한 부모의 도움 아래 학교생활은 물론 친구들과 교제하면서 자기 몫의 삶을 준비하게 된다. 이러한 모든 것들은 부모의 헌신적인 돌봄을 통해 이룰 수 있다.

생애주기별로 살펴보면 다음과 같다.

영유아기는 부모에게 전적으로 의지하는 시기로 돌봄은 건강한 성장에 필수이다. 만약 부모가 양육을 포기한다거나 돌봄에 소홀하다면 다음 주기의 원만한 성장을 기대하기 어렵다. 영유아는 부모에게 의존하는 무기력한 존재이기 때문에 부모의 양육태도는 아이의 건강한 성장에 절대적인 영향을 미친다.

아동기와 청소년기 또한 마찬가지다. 이 시기는 수입의 대부분을 교육비에 투자한다. 따라서 부모에게 경제적 부담이 가중되는 시기이기도 하다. 아동·청소년은 부모의 경제적인 도움을 받아 학업에 정진하면서 성인기 진로를 결정하게 된다. 만약 부모가 생계를 이어가지 못할 정도로 경제적으로 어렵다면 또래들과 차이를 느끼며 낮은 자존감을 갖게 될 소지가 높다.

성인기는 직업선택이 가장 큰 장벽이고 어려움이다. 원만한 사회생활을 할 수 있는가를 결정짓기 때문이다. 또한 취업에 성공하느냐에 따라 부모로부터 독립할 수 있는지 여부를 가늠하게 된다. 만약 취업 등의 준비에 소홀하다면, 성공적인 직업생활을 하지 못할 뿐 아니라 소극적인 인간관계를 맺게 되어 낙오될 소지가 높다. 더욱 심각한 문제는 취업의 실패 등 정체감의 혼란을 겪으면서 관계의 단절을 선택하는 것이다. 부모 역시 불안한 마음에 직업을 갖도록 권유하는 등 노력을 하지만, 독립을 미루거나 관심을 두지 않는다면 가족관계는 악화된 상황으로 치닫는다.

따라서 풍족하지는 않지만 자녀들의 바람을 현실화시키기 위해, 부모의 헌신적인 양육과 돌봄은 다음 세대 진입을 원활하게 하고, 성인기의 안정된 직장을 얻게 하는 데에 큰 영향을 미친다. 이를 충족시키는 터전이 가정이고 부모의 돌봄이다. 자녀들이 나이가 들어 결혼을 해야 한다면 그 또한 부모의 몫이다. 이러한 역할은 부모의 늙음에서 끝난다. 더 이상 직장에서 일을 할 수 없다는 것을 경험한 후에야 모든 책임을 벗는 것이다.

부모가 된다는 것은 자녀의 양육과 가정을 지켜야 한다는 책임을 다하기 위해서이고, 일을 하면서 자신의 꿈을 접어야 하는 등 열심히 일을 하는 것도 가정을 지키기 위한 책임 때문일 것이다.

20대는, 남자의 경우 군대를 다녀온 후 대학을 졸업하고 취업 준비하는 데 대부분의 시간을 보낸다. 여성 또한 대학을 졸업하고 취업 준비에 대부분의 시간을 보낸다. 취업에 성공하였다 하여도 직장적응과 유능성을 발휘하기 위해 전력해야 한다.

30대는, 결혼과 동시에 자녀를 출산하면서 부모 역할의 적응, 생계를 위한 경제적 안정을 위해 고군분투하는 시기이다. 여러 역할을 한꺼번에 수행해야 하기 때문에 가정과 일을 분리할 수 없다. 직장에 기여해야만 인정받을 수 있어 직장생활을 원만하게 수행하고 있는지는 안정적인 독립과 관련된다. 하지만 경제력이 취약하므로 직장생활과 가정 내 역할, 출산에 따른 양육을 고민해야 한다.

만약 이직을 하거나 사직 등의 변수가 생긴다면 다시 적응해야 하는 등 경제적인 어려움에 처하게 된다. 여성의 경우 직장을 다닌다면 자녀 양육과 일을 병행해야 하므로, 가사분담 및 양육분담 등 남편과 분담하지 않는다면 갈등하게 된다. 따라서 남편과의 합의된 가사 분담은 여성의 사회생활에 절대적으로 영향을 미친다.

40대는, 가정의 안정을 위해 수입이 지속되어야 하고, 자녀의 교육비는 계속 지출되어야 하기 때문에 수입이 적거나 부족하고, 또는 지속적이지 않으면 극심한 경제적 어려움에 처하게 된다. 부모는 자녀의 학비와 교육비를 벌기 위해 맞벌이를 하거나, 또는 투잡을 해서라도 극복해야 한다. 더욱 심각한 문제는 경제적인 안정을 위해 본인의 노후 또한 대비해야 한다는 것이다.

이 시기가 중요한 것은 자녀의 교육비 부담이 대부분을 차지하지만 노후 준비와 경제적 기반을 마련해야 한다는 이중고 때문이다. 만약 노후 대비 등이 소홀하다면 가난을 벗어나기는 어렵다.

50대는, 40대 이전까지와는 다른 양상의 어려움에 처하게 되는데 직장은퇴 준비와 실직의 문제 등이 그것이다. 이전세대까지 소득이 적었거나, 수입이 정기적이지 않고 불확실하다면 빈곤에 노출되는 등 노년기까지 일을 해야 한다. 경제적으로 안정되지 않았거나, 자녀가 어린 경우 양육부담이 가중되고, 자녀의 이른 결혼에 직업을 잃는다면 남은 삶은 빈곤에 허덕이게 된다. 따라서 이 시기는 경제적인 안정이 우선이다.

60대는, 사회생활과 직장을 은퇴할 시기이므로 더 이상 수입이 없다면, 단순직에 근무하는 등 생활하기 위해 다시 일을 해야 한다. 소득이 없는 상황에서 질병을 앓게 된다면 경제적 어려움이 가중되고, 자녀의 늦은 결혼에 그동안 모은 재산을 모두 지출해야 한다면 생계조차 꾸려가지 못할 정도로 극심한 빈곤에 처해진다. 자녀와의 관계 소원, 또는 부양 거부 등의 문제가 있다면 노인요양시설 등에서 노년을 보내게 되어 힘겨운 생활은 죽음을 맞이할 때까지 지속된다.

이러한 점에서 노년기는 경제적으로 안정되어야만 한다. 하지만 질병, 장애, 부양받을 가족이 없으므로 생활지원이 먼저이다. 이후 지원이 가능한 도움 처를 발굴하여 연계해야 하는 데 지속성을 유지할 수 있도록 지원해야만 빈곤 등의 문제를 해결할 수 있다.

지금까지의 논의를 정리하여 보면, 인간은 낯선 타인과 우연히 만나 평생 같이 살 것을 결심하고, 더 나은 행복을 위해 가족을 이루고, 가족들을 보살피기 위해 직장생활을 하며 부양의 의무를 다한다. 영유아기는 극진한 돌봄을 받아 성장하고, 아동·청소년기는 부모의 경제적인 뒷받침으로 교육을 받아 학업성취와 진로를 결정한다. 성인기는 자립의 준비와 사회생활을 준비하는 시기로 취업을 통해 경제적인 안정 등 기반을 마련해야 한다.

따라서 20대는 사회진입이 목적이다. 30대는 가족을 이루면서, 직장생활의 안정이 과업이다. 40대는 경제적 안정을 통해 자녀교육을 뒷받침할 수 있어야만 생활이 안정된다. 따라서 직장에서의 진급도 중요하고, 자녀의 교육비 지원을 위해 수입이 충분해야 한다. 50대는 퇴직을 걱정하며 자녀의 독립과 노후생활 준비 여부에 따라 노년기 삶이 풍요로워진다. 60대는 노년기 질환과 은퇴 후의 생활문제가 있다. 자녀의 출가 후 빈 둥지 생활에 따른 사별 외에 사회적인 역할이 상실되는 시기이다. 자녀들이 안부를 묻는 전화에 반가워하는 신세이고 부양받는 존재로 전락하지만 받아들여야 한다.

"일을 고민하면 고민만 많아지지만, 성경을 읽으며 고민한다면 묵상이 되어 비전을 품게 된다. 자신을 돌아보며 남은 삶을 어떻게 보낼 것인지를 생각하는 것이 나은 것임을 잊지 말자."

2. 사회복지리더의 리더십 발휘영역

1) 이용자와 관계 맺기

사회복지리더는 수시로 사람들과 관계하면서 요청하는 필요를 채우기 위해 계획을 수립하고 실행방법을 모색하지만 관계 맺기를 지속하고 유지하게 하는 힘은 대인관계 기술이다. 관계 맺기 정도에 의해 실효적인 성과를 기대할 수 있으므로 대인관계 기술은 사회복지리더가 반드시 습득해야 할 리더십 기술이다.

대인관계 기술은 직원들뿐이 아니라 이용자를 포함하여, 사회복지리더의 직무에 직접적으로 영향을 미치는 지원들로 후원자, 자원봉사자, 이용자와 가족들, 주민들, 마지막으로 이해관계자들과 새로운 관계를 맺거나 현안을 협의하기 위해서이다. 또한 상대할 대상에 따라 약점을 보완하고 강점을 개발하는 데 활용되기 때문에 역량을 강화하기 위한 목적이라면 상황에 적합하게 발휘되어야만 연계할 수 있다. 연계는 인간적인 평온함을 느낄 수 있어야만 원만한 관계로 발전된다.

관계 맺기의 유지는 사람들과의 원만한 어울림을 통해 유지된다. 안전성이 어느 정도 보장되느냐에 따라 관계가 원만해지고 관계 맺기가 확장된다. 돈독한 관계 맺기는 상호작용을 통해 필요한 것들을 교환하면서 더 돈독한 관계로 발전한다.

"서툰 말이 이용자를 설득하지 못하고, 어눌한 태도가 관심을 비껴가듯 리더십은 대인관계를 통해 확장된다는 것을 기억해야 한다."

사회복지리더의 교류 대상은 사회복지서비스가 필요한 주민들과 관계된 사람들이고, 이용자이다. 이용자는 직무수행의 목적이고 사업의 대상이며, 변화를 경험해야 할 주체이다. 이용자가 변화될 때 사회복지사업이 잘 추진되었다고 평가를 받는 것처럼 그들은 사회복지사가 리더 역할을 수행하기 원한다. 사회복지리더의 관심 밖에 있을 때 힘겨운 생활을 버티고 형편을 감당하지 못해 포기하듯이 살아간다. 도움을 받을 곳도 없고 정보를 말해 줄 누군가가 없다면 도움을 줄 누군가가 절실하다는 의미일 것이다.

사회복지리더가 직무를 수행하다 보면 빈곤 등으로 인해 힘겹게 살아가는 이용자의 생활을 확인하게 되는데, 그땐 이미 매우 심각한 지경에 이른 것이다. 그들의 생활은 주민들의 일상과 다르다. 그래서 생활에 필요한 것들이 부족하고 이러한 현실을 숙명으로 여길지도 모른다.

어려움에 처해 있는 이용자는 도움이 필요하다. 사회복지리더가 알고 있는 많은 주민들이 빈곤선에서 생활하고 특별한 사건에 의해 어려움을 겪게 된다. 이들은 빈곤한 가정의 방임아동부터, 미혼모로부터 버려진 영아들, 자녀의 양육을 포기한 미혼모, 철모를 시기에 가장이 된 청소년, 학교에 가기 싫은 중·고등학생, 학업을 포기하려는 청소년, 가출한 아이들, 부모를 부양하기 싫어하는 자녀, 실직하여 소득이 없는 성인, 죽음을 맞이하기까지 시설에서 보내야 하는 노인들, 중대한 질병을 앓고 있는 많은 아이와 청소년, 빈곤한 독거노인, 일을 못하는 중년가장, 가정이 파괴된 부부, 사고로 인해 신체를 잃어버린 성인, 돈이 없어 끼니를 해결하지 못하는 노숙자, 감당하지 못할 충격으로 인해 정신질환을 앓고 있는 아이들과 성인, 부모의 양육포기로 인해 보육원에서 생활해야 하는 청소년 등 사회에는 어려움을 겪고 있는 주민들이 복지서비스를 제공받아야만 생활할 수 있는 이용자가 되는 경우가 비일비재하다. 어쩌면 그들이 소극적으로 생활하고 타인과의 관계를 어려워하는 것은 당연한 것일지도 모른다.

그들은 형편없는 주거지에서 버겁게 지내면서, 필요 없다는 말도 못한 채 생활하여 왔다. 또한 이러한 생활이 현실이어서 포기한 채 생활해 왔을 수도 있다. 그렇다면 더더욱 주민들과의 관계를 힘들어하고 관계하지 않을 수도 있다. 어려움이 겹겹이 쌓여 있는 상황임에도 도움을 받지 못했고, 방법을 몰라 대처하지 못하고 있는 것이다. 사실 사회복지리더 또한 변변하게 내세울 것이 없으면 사람들과의 관계회복을 위한 것들을 시도하지 않는다.

어려움에 처한 사람들을 돕고 싶다면 이용자를 만나고 교류하는 주변의 인물들을 알고 파악해야 한다. 교제하는 사람들을 이해하게 되면 생활에 미치는 부정적인 요인들과 긍정적 관계 정도를 알 수 있다.

주된 활동을 확인한다. 어디에서 시간을 보내고, 무엇을 하는지, 누구와 교제를 하는지, 주된 관심사와 교제일자 등의 정보를 수집한다. 또한 가족들보다 더 많은 시간을 보내는지 등 관계 맺기는 관계 유지에 역량을 쏟게 마련인데, 의존 정도에 따라 개인의 무능력 정도를 확인할 수 있다. 가족들을 돌보지 않는 상황에서 어울리는가, 무의미한 시간으로 판단할 수 있는가 등이다. 만약 가족들을 돌보지 않는 과도한 활동이라면 개입해야 한다. 그들로부터 부정적인 영향을 받는다면 분명 변화가 필요한 상황이다. 관계는 상호적인 측면에서 의존과 신뢰를 통해 결속되고, 또는 현실 도피로서 관계하는 경우가 많아 적절한 개입이 있어야만 변화를 의도할 수 있다. 여기에서 리더십은 이용자의 책무성과 의식 정도에 의한다. 따라서 개입은 이용자의 상황에 적합해야 한다.

2) 평범한 생활이해

사회복지리더가 리더십 역량을 강화하고 리더로 인정받기 위해서는 멋진 글귀를 설명하거나 경험을 얘기하는 것으로는 부족하다. 다양한 준비와 남다른 노력이 필요한데, 리더십 역량은 이용자들의 인식 정도에 따라 영향력 정도가 달라지기 때문이다.

리더십을 연구한 학자들의 공통된 견해는 집단의 성원과 개인의 요구를 파악하고 충족하기 위한 남다른 노력을 해야 한다는 것이다. 따르는 집단의 성원 없는 리더가 없고, 집단에 속하지 않는 리더가 없다는 점에서 이용자들이 인정할 때 사회복지리더 역할은 확장된다.

사회복지리더는 리더십을 발휘하기 위해 따르는 이용자들이 필요한데 이용자들의 생활이 절박하여 이끌어 주기를 기대하기 때문이다. 정말 사회복지리더로 성장하고 싶다면 이끌어야 할 이용자들의 생활을 확인해야 한다. 지역사회 주민들,

이해관계가 있는 사람들조차 이용자들의 일상에 관심을 두고 있어 생활친화적인 사회복지리더는 사람들이 기대하는 인물이다. 즉, 생활친화적인 사회복지리더는 이용자들의 생활과 일상에 개입하면서 따르게 하고 여러 조언과 지원을 통해 의지를 갖게 한다. 마음을 움직여야만 자조적으로 생활할 수 있는 힘을 얻고 살아간다는 점에서 사회복지리더는 지역의 주민들과 도움이 필요한 이용자의 일상을 돌아보면서 어울림의 생활인지 등을 확인해야 한다.

사회복지리더는 주민들이 요구하는 생활의 필요 충족 정도에 의해 리더로 인정받기 때문에 이용자의 문제가 무엇인지를 알고 개선하기 위한 실천의 힘을 체험하게 해야 한다. 따라서 사회복지리더는 지역사회의 문제해결을 위해 이끌고, 주민들과 이용자의 생활개선을 위해 전력하면서 성장한다는 것을 잊어서는 안 된다.

3) 얘기하지 못하는 상처 중재

이용자가 처지를 비관하면서 살아가야 할 희망을 잃게 되면 주민들과 거리를 두면서 관계를 단절하는 등 고립된 생활을 선택할 소지가 높다. 생활리듬을 벗어나기도 하는데 가정 밖의 일에 관심을 두고 인터넷 게임을 하며 집 밖으로 나가지 않거나 이웃들과의 교류를 불필요한 것으로 생각한다. 하지만 이를 지켜보는 가족들은 이용자에게 개입하지 못하는 경우가 있는데 이때 대화가 단절되었다면 그만큼 관계가 약화되었다는 것이다. 폭력을 휘두르거나 폭언을 일삼는다면 더욱 그러할 것이다. 이겨낼 힘도 없거니와 얘기해 봐야 받아들이지 않는다는 것을 알기 때문이다.

도움을 받을 곳도 없고 정보도 없다면 선택할 것이 없어 절망하게 된다. 희망이 없다는 비관적인 생각에 빠질 소지 또한 높다. 매일 반복되는 이러한 생활을 참아야 한다거나 폄하하고 무시하며 자신의 비위를 거스르는 것을 허용하지 않는 폭력에 노출된 채 생활해야 한다면 관계를 단절하거나 관계를 맺지 않는 것을 선택할 것이다.

이런 생활이 오래되었다면 가족 간에는 대화가 없어진다. 얘기할 것도 없지만 얘기해봐야 소용이 없다는 것을 알기 때문이다. 마땅한 도움 처가 없다면 벗어날 가망도 없다. 사회활동은 물론 관계를 회피하는 등 도움 요청이 거절된 경험이 있다면 가정 밖의 활동을 포기하거나 단절을 선택하기도 한다. 혼자만의 생활을 즐기고 일탈할 소지 또한 높다. 이것은 경고의 신호가 아니라 희망이 없다는 것을 체념하고 더 이상 기대하지 않고 포기한다는 것을 뜻한다. 우리 또한 취약함을 인지하게 되면 위축된 채 생활하고 벗어나기 위한 시도를 하지 않는다.

이러한 힘듦에 노출되어 있는 이용자에게 사회복지리더는 어떻게 개입해야 하는가?

현실을 파악하기 위해서는 가족 간의 힘의 관계를 확인하는 것이 먼저이다. 대화의 상대를 파악해야 하는데, 가족들의 반응을 살피고, 주민들과의 교류 정도, 대화 장소 등 문제요인을 확인한다. 만약 대화단절 기간이 오래되었다면 이는 문제에 노출된 기간이 길고 갈등의 골이 깊다는 의미이다. 해결할 사안이 그만큼 많다는 것으로 문제 상황을 하나하나 짚어 가며 개입해야 한다.

사회복지리더가 주민들의 생활에 관심을 기울여야 하는 이유는 도움제공자, 즉 후원과 봉사를 하려는 지역의 주민들에게 지금 필요한 것들을 얘기하지 못하고 어떻게 요청해야 할지 정보가 없기 때문이다. 남에게 말하지 못하는 것들을 사회복지리더에게 얘기하거나, 그가 필요한 것을 불쾌하지 않게 전달할 수 있다면 그는 유능한 리더이다. 따라서 필요한 것들을 어떻게 전달할 것인가에 의미를 두고 얘기한다면 필요한 것들이 시의적절하게 지원되므로 도움을 주는 주민도 보람이나 가치를 느끼게 된다.

Tip............................ 이용자의 자기주장 철회

우리는 어려움에 처해 있는 이용자가 말을 조심스럽게 하고, 자기주장을 펴지 않으며, 타인의 도움을 받아들이는 모습을 보아왔다. 도움을 받는 것이 익숙해서일까. 이보다는 자신의 처지를 알기 때문에 가급적 주장을 하지 않는 것이다. 사실 남에게 도움을 받는 것이 쉽지 않기 때문에 고맙다고 하거나 감사하다고 하면 도움을 받을 수 있고, 다른 요구를 하면 거절될 수 있다는 것을 체득한 것이다. 따라서 이러한 소극적인 태도를 문제로 인식해서는 안 된다. 도움을 주는 지원 또한 분명한 목적을 가지고 도움을 제공하기 때문에 굳이 거절할 필요가 없는 것이다.

도움을 준다는 사실에 관심을 두기 때문에 인간적인 관계를 지속하려 하기보다는 그의 얘기를 경청하면서 반응한다면 문제가 되지 않는다. 이를 문제로 볼 것이 아니라 이러한 상황에 처해진 배경을 고민해야 한다. 지독한 빈곤에 처해 있다면 경제적 지원이 절실한 것이다. 한 끼의 식사를 해결하기 위해 거리에 나가 휴지를 주워야 하는 상황에서 몇 천 원의 도움은 식사를 해결할 수 있는 생존과 관련된 것이다.

사회복지리더는 이용자의 생활을 이해하고 말 못할 것들을 채우기 위한 역할을 해야 한다. 시혜적인 도움이 아니라 가치 있는 활동임을 증명하고 이끌어야만 포기하지 않기 때문이다. 이러한 역할이 확장되었을 때 시혜를 배려로, 돌봄을 존중으로 설득하게 된다. 사회복지리더의 리더십 발휘의 핵심은 이용자의 인간다움을 지켜가며 필요한 것들을 채우는 데 있다.

4) 경제적 궁핍에 지쳐 있는 생활 개입

우리 사회는 빈부의 격차가 있고, 이러한 격차는 날로 심화되고 있지만 개인의 생활에 관한 것이어서 관여하기가 쉽지 않다. 다만 수혜자격 여부나 서비스 대상에 부합하는지에 따라 필요한 일부의 것들을 제공할 뿐이다. 정부 및 지방자치단체에서는 수급 자격이 있는 사람에게 생활을 유지할 수 있을 정도의 생활비와 의료보호 혜택 등을 제공하고 있어, 많은 필요는 민간의 자발적인 참여와 모금을 통해 제공되는 실정이다. 하지만 생활하는 데에도 미치지 못하고 있어 보다 근본적인 대안이 사회보장 차원에서 마련되어야 한다는 주장이 제기되고 있다.

사회복지리더는 사회복지기관을 이용하는 이용자에게 도움이 되기 위해 서비스를 계획하고 제공하게 되는데, 국가와 사회는 복지구현의 목적을 전문가인 사회복지사에게 위임한 것으로 볼 수 있으며 이러한 활동은 사회복지리더의 주요 역할이다.

빈곤과 가난의 문제는, 사회복지 영역에서 주로 다루어지는 현안이다. 과거부터 현재까지 가난한 사람들을 돕기 위해 사회복지사는 전력하여 왔다. 하지만 가난에 처한 이들이 각자의 삶을 살아가고, 여러 이유로 가난하게 되었기 때문에 가난의 문제만을 단순화시켜 이해하지는 않는다. 경제적 궁핍은 특별한 사연이 있고, 현재에도 생활리듬을 깰 수 있으므로 획일적으로 개입한다면 빈곤 문제 외의 인간다운 생활을 도외시할 소지가 높다. 따라서 사회복지 서비스가 필요한 이용자들과 가족들의 생활이 어떠한지, 그가 이러한 생활을 극복할 수 있는지 등 개입 정도를 먼저 판단해야 한다.

가난한 이유는 여러 가지이다. 예를 들어 사업이 망해 가난해지는 것은 물론 빚더미에 앉게 된다거나 부모가 이혼을 하여 자녀들 또한 덩달아 가난하게 된다. 만약 보육원에서 생활해야 한다면 가난은 대를 이을 소지가 높다. 카드를 많이 사용하여 다음 달에 갚기 위해 다른 카드를 사용해야 하거나 대출을 받는 등 빌려서라도 갚아야 한다면 더 많은 빚을 질 것이다. 소득에 비해 지출이 많다면 빚이 늘어날 수밖에 없다. 불행처럼 다가온 질병을 치료하느라 병원비가 많이 드는 등 가난해질 요인이 너무 많아 지금 무언가를 하지 않으면 가난의 굴레를 벗어나지 못한다.

부모에게 요청을 해도 부모가 돈이 없다거나 질병에 걸려 치료비가 많이 든다면 빌릴 수 없다. 집을 사기 위해 대출을 받았는데 갚아야 할 이자가 너무 많다면, 아이들의 교육비가 많이 지출되고, 대학 등록금이 상상 외로 비싸다면, 여기에 더해 부모가 장애 또는 질병을 앓고 있어 일을 못하는 상황이라면, 또는 직장을 다니지만 월급이 적다면 가난에서 벗어나기 어렵다. 이러한 생활에 지쳐 부모가 포기라도 한다면 분명 가족 모두는 가난해진다. 그래서 우리 주변에는 부자보다 가난한 사람들이 더 많은 것이다. 돈을 많이 번다는 사람보다 사는 게 힘이 든다는 얘기를 하는 사람들이 더 많은 것이다.

하지만 이러한 얘기는 직장이 있고 소득이 있는 사람들의 얘기이다. 정말 가난한 사람들이 있다. 어린 시절 부모로부터 버려진 자녀들은 정말 가난하다. 아동들은 어리광을 부리며 자기주장을 할 나이인 세 살, 다섯 살, 초등학생 때에 입소하기도 한다. 또한 중학생 시절 부모가 양육을 포기한다거나 고등학생이지만 형편이 어려워 잠시 보육원에서 생활해야 한다는 얘기를 듣게 된다면 선택의 여지가 없다.

그럼에도 우리 사회는 이러한 어려움에 처해 있는 아동들이 건강한 성인으로 성장하기 위한 지원이 전무할 정도로 취약한 실정이다. 보육원에서 생활해 온 아동들이 퇴소하면서 지원받게 되는 자립정착금이 그 예이다. 강원도의 일부 시에서는 1백 5십만 원을 지원한다. 성인이 되었지만 거주할 곳이 없어 PC방을 전전하고, 찜질방에서 선잠을 자며 영구임대아파트 입주에 대한 희망을 갖지만 1백 5십만 원은 월세방을 구하는 데도 부족한 금액이다. 전체 인구의 15%인 장애인들은 일하고 싶어도 집에서 하루 종일 지내야 한다. 그나마 안정적으로 생활할 수 있는 거주지가 시설뿐이다. 하지만 타인의 도움을 받으며 평생을 보내야 하고 소득을 규제하고 있어 얼마 이상의 저축을 하면 수급권자에서 탈락되기 때문에 저축도

할 수 없다. 노인은 평생을 바쳐 생계를 책임지고 자녀를 키웠지만 돌보지 않는 자식들을 그리워하다 시설로 입소하여 죽음을 맞이하기까지 지내야 한다. 이들의 입소는 법규에 따라 직원을 채용할 수 있는 기회가 되지만 같은 처지의 입소자들과 지내며 잠깐의 외출을 통해 만족한다고, 고맙다고 해야 한다.

하지만 이러한 지원에서도 배제된 채 정말 힘겹게 살아가는 주민들이 있다. 백혈병을 앓고 있는 환자, 신장장애인 등은 혜택도 거의 없다. 거주할 시설도 없고, 갈 곳도 없지만 사회에서는 그들에게 일을 주지 않는다. 그래서 약을 먹어야 하는데 약값이 없어 방치한다. 병이 악화된 몸으로 힘겹게 아르바이트를 해야만 약을 살 수 있기 때문에 건강이 악화된다는 것을 알면서도 일을 하기 위해 집을 나서야 한다.

경제적 궁핍의 문제는 인간다운 삶을 파괴하는 무서운 적이다. 사회복지리더가 경계해야 할 것은 가난 때문에 가족이 헤어지는 것을 막아야 한다는 것이다. 가난을 원하는 사람이 누가 있겠는가. 가난은 모든 사람이 절실하게 벗어나고픈 것이다. 그럼에도 가난은 사람들을 공포에 몰아넣고 관계를 단절시키면서, 거짓된 삶을 추구하게 만든다. 가난 때문에 슬프고, 가난 때문에 가족을 원망하고, 가족이 해체되기도 한다. 결국 가난의 문제는 사회복지리더가 대처해야 할 최대의 적이다.

5) 생활 문제 해결

문제를 바라보는 시각이나 문제를 이해하는 수준에 따라 그리고 대처 정도에 의해 문제가 되는 반면 성장의 기회가 되기도 한다. 살아가면서 문제가 없는 생활이라면 얼마나 좋겠는가. 설혹 문제가 생긴다 하여도 해결할 수 있는 역량을 갖춘다면 문제를 이해하고 즉각 대처하여 문제에 대응할 수 있다. 문제는 문제를 바라보는 시각, 개인의 의지, 이해 정도에 의해 문제가 되기도 하고 성장의 기회 요인이 되기도 한다.

문제없는 생활을 추구해야 할 것인가. 사회복지리더는 문제해결 능력에 따라 이용자들로부터 추종을 받게 된다. 이용자들은 위기 상황에 처해질 때 문제해결 능력이 부족하여 사회복지리더를 찾게 되는데 이때가 리더십을 발휘할 수 있는 기회이다.

따라서 사회복지리더의 역량은 문제해결 능력에 달려 있다. 이는 이용자의 문제대처 방식과 관련된다. 이용자는 문제가 심각할수록 생각하지 못하는 방식으로 대처하기도 하는데, 문제를 방치거나 회피하는 태도를 보이면서 정당화시킨다. 문제를 알면서도 무엇을 어떻게 해야 할지 모르고 감당하지 못할 정도로 심각하여 포기한다. 상황은 더욱 심각해져 문제를 안은 채 좌절하여 그대로 지내는 등 자포자기하는 무력감에 빠진다. 이는 삶을 나락으로 떨어뜨리는 포기를 선택하는 대처방식이다.

또 다른 반응은 문제의 본질을 이해하지 못해 대처 방법을 모르는 경우이다. 문제가 무엇인지, 왜 생겼는지 등을 얘기한다. 가족 중에 누구 때문에 힘들어하는지, 이웃 가운데 누가 상처를 주었는지, 과거의 어떤 상처 때문에 이렇게 됐는지를 얘기하는데, 이러한 이용자는 그나마 생활할 의지가 있으나 대처할 방법을 몰라 방치하는 경우가 대부분이다.

문제의 본질을 파악하지 못해 해결 기미가 없다는 생각에 불평하면서 힘들게 지내는 것이다. 자기중심적인 사고에 빠져 있는 이용자는 이때부터 갈등하는데, 타인의 탓으로 돌리며 문제 자체를 부정하면서 방어적인 행동을 한다. 이런 경우 사회복지리더는 문제의 요인과 본질을 정확히 이해시키고, 문제해결에 기여할 수 있는 지원계획을 수립하여 개선 가능성을 타진하고 적절한 조언을 통해 인지하게 해야 한다.

또한 문제 자체를 부정하는 경우로 문제가 발생하는 데에는 분명 원인이 있다. 다행히 초기라면 적극적인 개입을 통해 해결할 수 있다. 하지만 문제가 심각하게 진전되었다면 사회복지리더의 개입은 문제의 상황을 분석하고, 분석된 단위 문제들을 해결할 수 있는 정도여야 한다. 심각하고 심화된 문제라면 시간이 오래 걸릴 수 있으므로 사례관리로 전환하여 지원하는 것이 바람직하다.

Tip.............................. 문제가 복합적인 경우

부가 실직하여 소득이 없다면 부의 문제만이 아니라 생활비 부족과 자녀의 학업지체 등 여러 문제에 직면하게 된다. 가정의 균형이 깨져 갈등하고 심한 경우 가족이 해체되는 위기에 내몰리기도 한다. 만약 부가 이러한 상황이 힘들다며 알코올에 의존한다거나 가장의 역할을 수행하지 않으면서 문제를 가족들에게 돌리고 폭력을 행사한다면 더욱 심각한 상황에 직면하게 된다. 이렇다면 부의 실직이 문제가 아니라 가족의 문제로 개입해야 한다.

따라서 사회복지리더의 개입은 부의 실직의 문제를 해결하기 위해 고용안정센터 등을 연계하여 취업을 지원하는 것과 알코올중독을 치료하기 위해 개입해야 한다. 이와는 별개로 알코올중독으로부터 벗어날 수 있는 의지를 갖도록 해야 하고, 자녀의 학업성취 정도를 파악하여 학교생활과 심리적 자존감을 높이기 위한 방안도 모색해야 한다. 모 또한 폭력에 노출되었으므로 피난처 제공과 심리적 안정 등 자원을 연계해야 한다. 개입기간 또한 문제 발생 요인에 따라 오랫동안 지원해야 하므로 문제는 사전에 예방하는 것이 해결을 앞당긴다.

이용자는 자신의 삶을 살아가지만 생활하면서 일상생활, 가정생활, 대인관계, 의사소통, 경제적 어려움 등을 겪는다. 여러 문제는 생활의 리듬을 파괴하고 때로 시간이 지나 해결되기도 한다. 하지만 경제적인 문제와 가정생활의 문제는 다른 문제를 유발할 소지가 있어 사회복지리더의 세심한 주의가 필요하다.

◆ 문제를 바라보는 시각

당면한 문제를 극복하기 위해서는 역량을 강화하는 것이 빠른 해결책이다. 문제를 바라보는 시각과 심리적인 안정을 갖게 하여 해결 역량을 강화하는 것이 문제개선에 효과적이다.

문제를 대할 때마다 사소한 문제에 집착하여 주변 사람들을 힘들게 하거나 자책하는 성향이라면 사소한 문제라 하여도 개인에게는 심각한 문제이다. 이때 적절한 개입방법을 찾아야 하는데, 쉬운 문제부터 심각한 문제를 분류하여 해결에 필요한 자원과 시기를 정해 지원하는 방식으로 개입한다. 또한 반드시 해결될 수 있다는 확신을 갖도록 의지를 강화하고 희망의 메시지를 전달한다. 그러면 해결시기를 앞당길 수 있다.

6) 불안정한 정서개입

이용자가 소극적인 성격이라면 타인의 시선을 의식하여 부담스러워하고 강점이 없어 보이고, 해야 할 일과 활동, 역할 등에 대해 주장을 말하지 않기 때문에 주변인으로 머물면서 소극적으로 행동할 소지가 높다.

주변인 성향은 어린 시절의 돌봄 환경이 영향을 미치고, 개인적인 성격에 의해서도 형성되지만 문제는 낮은 자존감을 갖게 한다는 것이다. 대인관계에서 상처를 받았거나 타인으로부터의 충격 등을 당했을 때 보이는 위축된 행동으로 불안하여 주저하고 상대의 반응을 걱정하며 행동하는 등 소극적으로 대처하는 것이다.

다른 사람의 모든 요구를 수용해야 한다는 것을 갈등하고 싫다는 의사를 표현하지 못해 힘들어하면서 얘기하지 않는 것을 선택하기도 한다. 혼자 있는 시간이 답답하여 혼자 말을 하며 분노를 표출하는 것이다. 타인에게 손해 보는 생활이 오랫동안 지속되었다면 행동이 적절한 것인지조차 분간하지 못하고 분노의 감정을 조절하지 못하는 상태에 놓인다. 이러한 상황이 되면 본인뿐만 아니라 가족들 또한 힘든 시간을 보내게 된다.

지쳐 있다면 시도할 용기도, 해내겠다는 자신감도 없다. 매주 고속도로에는 휴가 가는 자동차들이 줄을 잇고 있는데 집에만 있다면 그 이유가 있을 것이다. 돈이 없거나 차가 없는 등 형편이 좋지 않아서이다. 자기주장을 얘기하면 오해를 살 수 있다는 부담 때문에 의견을 제안하지 않거나 후원이 중단될까를 염려하여 침묵을 지킨다. 왜냐하면 복지수혜자가 되기까지 까다로운 조건을 거쳐야 했기 때문에 가급적 주장을 하지 않는 것이다. 그래서 감수하고 손해가 있다 해도 참는다. 용기는 가족들과 함께 있는 시간을 통해 얘기하거나 타인의 간섭이 없는 것만으로도 만족하고, 혼자만의 시간을 즐기며 어느 정도 익숙해지면 이러한 생활도 괜찮다는 생각을 한다. 시간이 흘러가기 때문에 참으면 모든 것이 지나간다는 생각에 하루하루를 지내는 것이다.

사회복지리더는 이러한 이용자의 상황을 이해해야 한다. 그들의 생활에 변화를 주고 싶다면 원하는 것이 무엇인지를 알아야 하는데 그러기 위해서는 상황의 공감, 정서의 이해, 생활의 받아들임을 통해 함께할 것들을 찾아 최선을 다해야 한다. 그렇지 않으면 또다시 침묵의 시간을 보내고 모든 것을 감수하는 생활에 젖어들기 때문이다.

7) 리더십 발휘를 위한 확신

첫째, 문제해결 주체임을 확신한다

사회복지리더가 이용자를 지원해야 할 필요를 느끼지 못하거나 일지 못해 기관장의 지시와 방침에 의해 처리하려 한다면 리더십을 발휘할 수 있다. 따라서 사명과 원칙을 확고하게 정립한 후에 어떻게 리더십을 발휘해야 할지를 고민해야 한다. 이용자의 문제해결을 위해 사회복지리더가 존재하는 것처럼 담당하는 역할만을 수행한다면 결국 변화시킬 수 없다.

사람들과 관계를 맺지 못하는 생활을 이해할 수 있겠는가. 도움을 받지 못하는 사람들의 생활을 이끌기 위해 투신할 준비가 되었는가. 그들이 더 궁핍해지는 이유를 알겠는가. 지금 할 일은 무엇이라고 생각하는가.

둘째, 말하지 못하는 생활을 이해한다

사람들과 관계를 하지만 마음을 졸이면서 제약된 관계를 맺고 소극적으로 생활하는지가 이해되는가. 그들을 받아들일 준비가 되었는가.

셋째, 지쳐 있는 생활을 이해한다

사실 경제적 궁핍의 문제를 해결해주는 것은 아주 적은 수준의 도움을 후원자나 자원봉사자들을 통해 제공하여 왔기 때문에 생활에 미치는 영향은 적다. 단순히 경제적 문제만을 해결해주는 것이 아니라, 이용자들이 궁극적으로 필요로 하는 것을 알고 생활할 수 있도록 여러 지원을 해주어야 한다. 적어도 이용자의 아픔을 알고 있는 사회복지리더는 아픈 생활을 간과하지 않는다.

넷째, 문제개선을 위한 방법을 모색한다

우리 또한 여러 문제 때문에 힘에 부치는 생활을 해 왔다. 또한 지금도 겪고 있다. 소소한 문제부터 힘에 버거울 정도의 문제에 직면해 있어 살아가는 것이 힘겨워질 때 무기력해진다. 무기력을 자주 경험하게 되면 지치는 것은 물론 포기하게 된다. 이용자의 생활을 이해하지 못해 비난할 수도 있지만 원인을 알고 있는 사회복지리더는 문제를 개선하고 변화시키기 위해 대안을 제시한다. 이것이 사회복지리더의 할 일이고 리더십의 발휘이다.

다섯째, 힘이 될 수 있는 방법을 모색한다

이 질문은 분명 사회복지사를 향한 질문이다. 힘겨운 생활이 해결될 기미가 없다면 누구나 용기를 내기보다 포기를 선택할 것이다. 성장할 희망이 없다면 더 이상 비전을 말하지도 못한다. 잘될 수 있는 방향을 제시해도 무반응으로 방관할 것이다.

Tip............................ 사회복지사의 선택은

지금 선택해야 한다. 성장할 수 있다는 것을 확신하면서 이끌어 가겠다는 신념을 가져야 한다. 사회복지기관에 근무하는 종사자는 많지만 어려움을 위로하기 위해 찾아가는 사회복지사는 정해져 있다. 그가 리더로 일어서야 한다. 그래야만 의지를 갖고 자기 몫의 생활을 회복하기 위해 일어서기 때문이다.

이왕 리더십을 발휘하겠다는 마음을 먹었다면 이용자를 바로 세우는 역할을 수행해 보는 것이 어떤가. 실패하더라도 성장한다는 확실한 믿음을 심어줄 수 있지 않겠는가.

존중하고 환대하기 위해, 아니 환대하기 위한 자신만의 성품을 깨워라. 내면 깊숙이 간직해 온 사회복지직에 대한 열정을 잠재우지 말고 진정한 자신을 일으켜라. 리더십은 환대하는 사회복지리더의 리더십 발휘를 통해 완성된다는 것을 기억하기 바란다.

제 3 부
사회복지리더의
환대하는 설득의 리더십

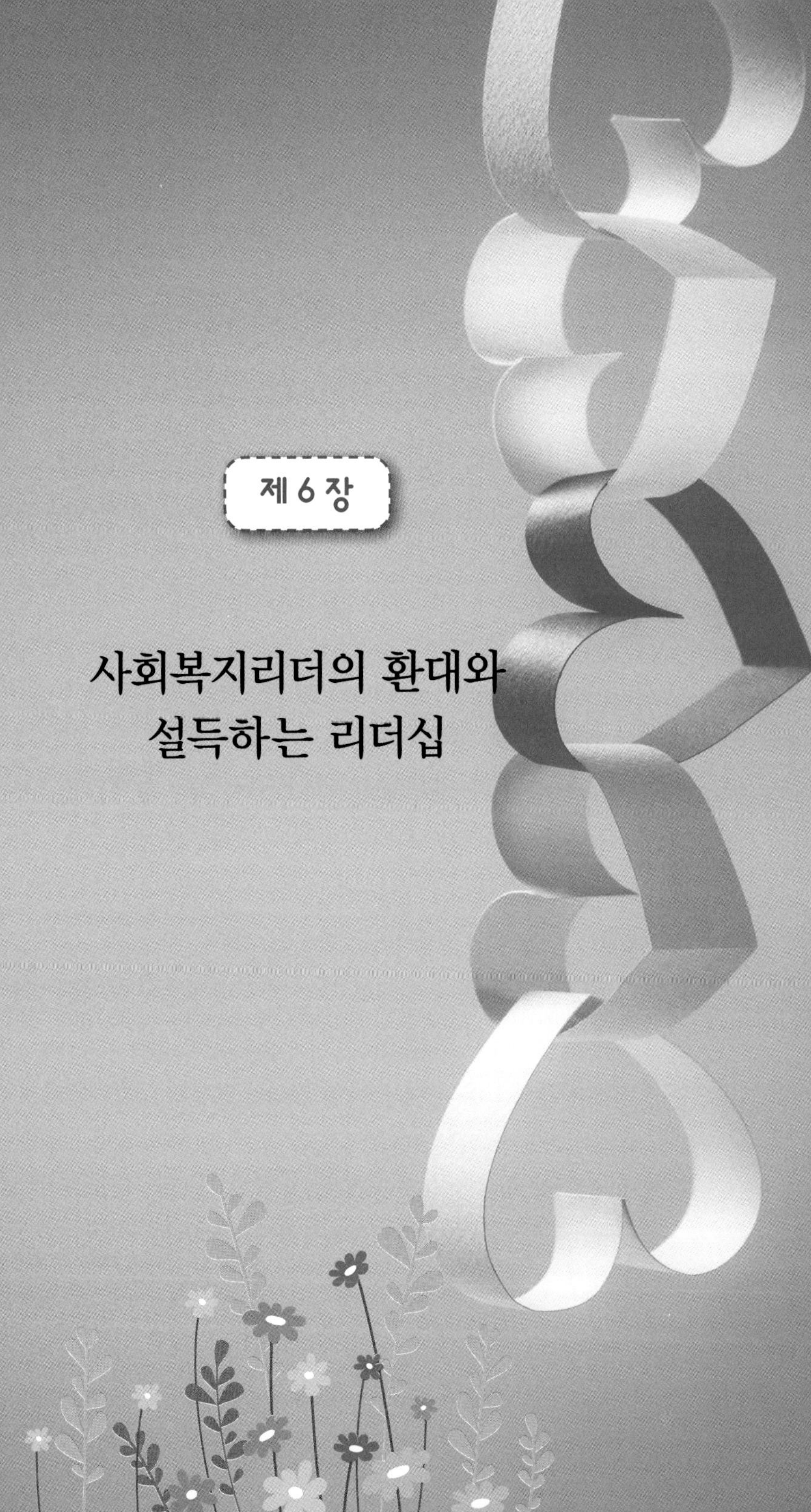

제 6 장

사회복지리더의 환대와 설득하는 리더십

1. 사회복지리더의 환대하는 리더십

사회복지리더는 다양한 사람들을 만나 상대해야 한다. 대화 상대인 그들은 자기 삶을 살아가는 평범한 직장인, 사회인 등이다. 이들을 설득하기 쉽지 않은 것은 손해를 보지 않으려는 현대사회의 경쟁구도 때문이다.

사회복지리더는 현대 사회의 풍토를 개선하고 정체성을 회복하기 위한 무장, 즉 기대를 이해하고 요구에 부응해야 한다. 그것이 환대하는 사회복지리더가 발휘하는 리더십이기 때문이다.

1) 환대하는 리더의 특징

비난을 하지 않는다

직무를 수행하면서 수시로 마주해야 하는 동료의 실수를 이야기하는 경우가 있다. 친한 동료와 차를 마시는 중에도 대화의 주제가 되고, 사적인 자리에서조차도 얘깃거리가 된다. 때로 사생활까지 알게 되어 심각한 문제가 있다는 것도 알게 된다. 하지만 개인적인 치부를 얘기하는 것은 사소한 것이라 하여도 득이 되지 않는다.

집단의 응집력을 분산시키는 잘못된 행동은 마음에 들지 않는 일 처리, 자신을 얕보는 듯한 표정 등은 상처를 주어 갈등의 요인이 되지만 이러한 행동이 익숙해져 있다면 대수롭지 않게 얘기하고, 평소 말이 없던 이용자의 한마디를 공격하면서 지난 시간의 도움과 협조 등에 개의치 않는다.

따라서 가능한 한 동료의 실수에 대해 얘기하지 않는 것이 대인관계를 원만하게 유지할 수 있는 방법이다. 이미 혹독한 평가를 받았다면 대수롭게 여기지 않기 때문이다. 오히려 친한 동료와 나누었던 대화가 소문으로 전달되어 곤란에 처하게 된다.

성품이 온순한 사람이라 하여도 치부와 실수를 들춰내어 얘기하는 동료를 좋아하지는 않는다. 그가 집단에서 인정받고 있다면 더욱 그러하다. 친한 사람일수록 실수를 들춰내는 것은 어떻게 되는지 보겠다는 후회 섞인 갈등을 내포하고 있어 갈등하지 않으려면 가급적 실수는 얘기하지 않는 것이 좋다.

소문에 집착하지 않는다

집단을 와해시키고 참여한 이용자들을 분열시키는 최대의 적은 소문이다. 소문이 만들어지는 요인은 확실하지 않은 정보에 의해서이다. 종종 호기심에서 알고 싶어 하지만 대개 듣는 것으로 그친다.

대화 중의 부정적인 얘기는 치부와 관련되고 습관에서 유발되기 때문에 주의해야 한다. 그래서 경쟁대상의 불행한 사건, 어려움, 질투를 유발할 수 있는 것들이면 유독 관심을 보이는데 거기서 문제를 찾기 위해서이다.

소문은 빠르게 확산되는 특성이 있다. 어쩔 수 없다고 볼 수 있지만 대인관계를 단절하는 요인이어서 주의해야 한다. 인간은 감정에 의해 사물을 판단하는 속성이 있어 남에게 상처를 주거나 상처를 들춰내는 것은 인간관계를 방해하는 장애물로 작용한다. 이용자들과 도모해야 할 일이 있다면 갈등보다 긍정적인 협력관계가 적절하지 않겠는가.

평가보다 칭찬을 많이 한다

이용자를 평가하는 얘기를 삼가야 하는 이유는 집단 프로그램에 참여한 이용자와의 화합을 위해서이다. 대화의 질을 높이기 위해서는 서로 감정이 상하지 않으면서 자신을 드러내야 한다. 가장 좋은 방법은 칭찬을 하고, 직무수행에 관한 얘기를 나눈 후 다시 칭찬하는 것이다. 이렇게 하면 잘못된 지적보다는 그를 칭찬했다는 것만을 기억하게 된다.

상대의 감정에 충실한다

감정에 충실하다는 것은 이용자의 반응을 살피면서 대화를 이끌어 가는 것을 말한다. 교감은 필요한 것들을 감정적으로 나누는 것이다. 흔히 아줌마의 수다는 남편의 직장생활, 자녀들, 이웃에 관한 얘기들이 오간다. 사실 대화의 내용은 별다른 게 없다. 그럼에도 한 시간을 훌쩍 넘기고 두 시간이 지나도 끝이 날 기미가 없다. 아주머니의 대화 특성은 반응에 있다.

"우리 아이가 가려는 대학이 마땅치 않아요."라면,

"102동 707호 아주머니는 ○○학원이 잘 가르친데."라는 식이다.

"거기가 요즘 뜨는 데래요."라며 여러 반응을 보낸다.

주제가 소소하거나 무겁다 해도 감정에 충실하면서 타인의 고민을 알아차리고 응답하는 식이다. 그래서 아주머니들의 대화는 사소하다 해도 끊이지 않는다.

또 다른 대화의 예를 보면,

모 교회의 ○○권사는 어린 시절부터 교회를 다녔는데 성가대 지휘자로 새벽기도를 빠지지 않았고, 교회 일을 다른 일보다 우선하여 왔다. ○○권사로부터 전화가 왔는데 내용은 이랬다.

"교회 식당일을 하면서 설거지 통이 찌그러져 불편했는데 권사님은 어땠어요."

"저도 마찬가지예요. 장로님하고 목사님께 말씀을 드렸는데 아직도 수리를 안 해 주고, 어떻게 봉사하라는 건지 모르겠어요."

"권사님, 참 힘들었겠어요."

"저도 설거지 통도 나쁘고 해서 다른 데 봉사하는 것보다 힘든 거 같아요. 맞죠?"

"맞아요. 저기 근데 다음 주 화요일에 가는 경로 관광은 가시죠."

"예, 갈 건데 옷이 없어서 고민하고 있어요."

"대충 입고 오세요. 그리고 성가대는 계속 하실 거죠?"

"아니 노래도 못하고 젊은 사람들이 해야 하는데 내가 성가대 하면 너무 늙어서."

"무슨 말씀이세요. 권사님이 뭐가 늙었어요. 호호호…"

이런 식의 대화는 40분간 이어졌고 마지막 인사말은 항상 같았다.

"권사님, 얘기하다 보니까 시간이 이렇게 됐는데, 자세한 얘기는 만나서 하죠."

"예, 권사님, 들어가세요. 만나서 더 얘기해요." 등등

사회복지리더는 이용자들의 감정에 충실하다. 즉, 이용자들의 감정 상태를 이해하면서 민감하게 반응하는 것이다. 유능한 사회복지리더는 이용자들의 감정에 민감하게 반응하고 반응을 통해 교류하며 대화를 이끈다. 환대하는 리더십은 상대의 감정에 충실하게 반응하면서 그의 얘기에 적극적으로 반응하는 경청에서 비롯된다. 대화내용에 주목하면서 태도로 반응하는 것이다.

2) 환대하는 리더십

이용자를 진심으로 대한다

새로운 것을 시도하려 할 때 아는 사람 또는 지인이 소개하면 신뢰를 갖는 이유는 무엇때문일까. 대개 이웃이나 친하게 지내는 사람의 소개를 통해 복지기관을 이용하는 경우이다. 농·산·어촌의 노인들을 보자. 마을의 행사나 경조사는 동네잔치이기도 하여 이웃들이 참석한다. 내일처럼 기뻐하고 축하하는 등 서로의 안부를 묻고 힘들었던 지난날을 위로한다. 결혼식에 초대되는 경우도 친한 친구에게 누구의 자녀가 결혼을 한다는 소식을 듣고 참석한다. 대학에 입학하였거나 실직을 했거나 병이 들어 앓고 있다는 얘기도, 모두 아는 사람을 통해서 전해진다.

우리 사회의 문화는 정을 나누는 것에 그치지 않는다. 이웃에게 대소사가 생기

면 선물을 건네며 진심을 담아 축하하고 마음을 전한다. 결혼식은 참석하는 것에 더하여 마음을 전하기 위해 축의금을 전달한다. 장례식에 참석하는 경우에도 부의금을 통해 위로를 전한다. 육순잔치, 칠순잔치는 어떤가. 젊은 시절을 회상하면서 건강을 기원하고 함께 시간을 보낸다.

이러한 축하의 인사는 환대에서 비롯된다. 환대가 아니면 행위에 그칠 뿐 진심을 전할 수 없다. 프로그램에 참여한 이용자들을 이끌어 가기 위해서 설득해야 할 때가 있는데 방해하는 것들이 무수히 많으며 종종 겪는 일이다. 대화하는 중에 딴생각을 한다는 느낌을 받으면 감정의 교감이 없어 대화는 지속되지 않는다. 생각을 일방적으로 강요하거나 관심 없는 주제, 요구를 무시하는 대화 또한 흥미를 떨어뜨린다.

Tip........................ 직무를 회피하는 직원과 일만 하는 직원

힘든 일을 회피하는 동료와 협조해야 할 때가 있다. 약한 모습을 보이며 위로받을 목적으로 가족이 아프다는 급한 연락을 받았다며 역할을 피하기도 하는데 이는 직무를 회피하는 방식이다. 동료가 더 힘든 상황을 겪는 것을 모른 채하며, 상황을 피해간 뒤 열심히 일하는 모습을 보인다. 어떤 이는 중요한 물건을 잃어버렸다며 동정을 유발하기도 한다. 사실 이렇게 처신하는 동료의 행동은 흔한 일이고 한두 번은 겪어본 것들이다.

한편 심각할 정도로 개인적인 일을 배제하면서 조직에 투신하는 동료도 있다. 가족의 경조사조차 등한시한 채 직무에 몰입하고 헌신한다. 그와 대화하다 보면 일 얘기 외에는 할 말이 없어 어색한 상황을 겪기도 하는데, 이는 이러한 일 처리 방식을 받아들이는 사회로 변했기 때문이다.

대화 단절의 대표적인 예가 회의이다. 안건이 어떻든 합의도출이 되어야만 대안을 마련할 수 있다. 대개 회의를 주재하는 관리자는 의견을 제시하라고 요구하는데, 마땅한 대안이 없다면 회의가 길어지는 것은 물론 난감할 것이다. 만약 타 부서의 직원이 일방적인 의견을 주장하면서 수용할 것을 요구한다면 고민하게 되는데, 갈등은 합의가 아닌 요구가 많아질 때 나타나는 분쟁을 말한다. 이렇다면 받아들이지도 않을뿐더러 시간만 지체하게 된다.

지혜롭게 대처하는 방법이 공적 직무임을 표명하면서 안건에 충실하고, 문제해결 방법을 찾아 이익과 손해를 제안하는 것이다. 갈등을 일으키지 않으려면 상대의 편에서 얘기하고, 진심으로 대하면서 마음을 읽는 것 외에는 없다.

환대하는 리더십을 발휘하는 사회복지리더는 설득가이다. 이용자들의 마음을 충분히 이해하고 있다는 확신을 통해 그들의 입장에서 현명한 대안을 모색하고 있다는 식으로 대화한다. 상대의 입장에서 논의하는 대화야말로 가장 높은 수준의 설득이다.

이용자 간에 충돌이 있다면 분명 갈등이 생긴다

따라서 반드시 중재해야 한다. 사소한 갈등으로 인해 분쟁으로 치닫는 경우가 있는데 생각 없이 하였던 한마디로 인해 갈등하게 되어 교제를 하지 않는 것이다.

갈등은 큰 사건을 통해 겪게 되는 것이 아니라 의사소통 과정이나 관계를 맺는 중에도 일어난다. 갈등은 집단, 모임, 단체 등에서 자주 일어나는 대인관계의 현상이지만 분쟁하게 된다면 이용자들을 불안하게 만들어 리더십을 문제 삼기도 한다.

때로 갈등은 이용자 간의 역할 비중을 고려하지 않는 사회복지리더의 판단 미숙으로 인해 유발되기도 한다. 역할 과중을 고민하는 이용자들의 힘듦을 방치하면서 책임을 회피하고 성과만을 우선하는 사회복지리더의 진행은 이용자에게 불안을 조장한다. 참여해야 한다는 것을 알면서도 자리를 비우고 참석하지 못하겠다는 핑계를 일삼는다면 사회복지리더에 대한 신뢰가 무너지고 있다는 증거이다. 편한 것만을 추구하면서 이익을 위한 방어적인 행동이 이용자들 간에 나타나고 있다면 더 이상 협력을 기대할 수 없으며 더 많은 역할을 하는 이용자가 있다면 대안을 마련해야 한다.

이용자들은 사회복지리더가 개선할 것이라는 기대를 하지만 공허한 말이었다는 생각을 하게 되면 참여 의지를 갖지 않는다. 이러한 상황이 되면 이용자들은 경쟁의 대상으로 전락한다. 이용자들은 상황을 피하기 위해 교류를 가급적 피하고 설사 교류해야 할 때에도 가벼운 일상의 얘기 외에는 하지 않게 된다. 개인의 이익만을 추구하는 풍토가 만연된 집단활동 프로그램에 참여하면서 깊이 있는 교류와 만남, 두터운 우정을 이용자 간에 기대할 수는 없다. 그럼에도 이러한 성향의 이용자를 만나야 하고 심지어는 프로그램에 참여하도록 독려하면서 이끌어야 할 때가 있다. 집단프로그램에 참여한 이용자들의 상황은 사회복지리더가 알고 있는 것보다 이용자들 간에 있는 고통과 갈등은 훨씬 심하기 때문에 사회복지리더는 책임을 다하기 위해 퇴근 시간을 잊은 채 야근을 해야 하거나 휴일을 반납한 채 사업을 추진해야 할 때도 있다.

프로그램에 참여한 이용자들의 이탈이 빈번하거나 프로그램을 진행하는 과정에서 사회복지사 또는 다른 참여자에 대한 불만이 공공연하게 거론되는 상황이라면 더 이상 진행은 불가능하다고 보아야 한다. 이는 사회복지리더 외에는 해결할 수 없는 문제이다. 위기 상황임을 호소하고 모두 손해를 보게 된다는 것을 인식시켜야 하는데 위기는 리더십을 발휘할 때라는 신호이다.

이용자 간 대립에 유연하게 대처한다

대립은 가족, 이웃들 간에, 직장의 동료와 상사 등 관계된 사람들과 협력하는 과정에서 또는 집단의 이익을 관철하려는 목적을 주장하는 경우에 발생한다. 의견이 대립으로 치닫는 것은 원하는 목적을 무조건 수용하라는 요구, 즉 이기심 때문이다.

주목할 것은 의견의 대립은 모르는 사람보다 평소 알고 지내는 사람들과 협력하기 위해, 또는 도모해야 할 사안을 협의하는 과정에서 언제든 일어날 수 있다는 것이다. 그래서 사회복지리더가 리더십을 발휘하기 위해서는 이용자들 간의 관계에 주목한다. 합의와 협조에 집중하고 협력하기 위한 대안을 모색하라는 의미이다. 심각한 문제, 감당하지 못할 문제, 위기적 상황보다 비중 있는 직무를 해결한 후 합의가 안 되어 발생하는 이후의 조치에 더 주의하는 것이다. 따라서 합의하는 방식과 절차, 직무를 처리하는 과정 중에 이익과 손해를 공정하게 처리하기 위해, 또는 배분에 대비한다.

낯선 장소에서 길을 찾는 중에도 대화를 하지만 갈등을 유발하는 의견 대립은 있다. 회식하자는 얘기에도 부부는 무엇을 먹을지 합의하지 않는다면 그날의 식사는 즐겁지 않게 된다. 자녀를 몇이나 둘 것인가. 여행지를 정하는 것에서부터 자녀가 대학입시를 앞둔 긴장된 상황에서도 의견의 대립은 있다.

Tip............................. 오해가 부른 엄마와 아들의 갈등

엄마가 아이를 데리고 마트에 장을 보러갔다. 장난감 가게를 지나치던 아이는 장남감을 사달라고 울먹인다. 엄마는 안 된다는 얘기와 함께 보채는 아이에게 혼난다는 말을 하며 달랬다. 하지만 장난감을 갖겠다고 소리를 치며 보챘다. 엄마는 필요 없다고 하면서 아이를 달랬고 말을 듣지 않아 혼을 냈다. 이러한 실갱이는 10분이 지나도록 계속되었으며, 아이는 계속 장난감을 사달라고 졸랐다. 결국 엄마는 아이를 혼내서 집으로 데려왔다.

집으로 돌아온 아이는 시무룩한 표정으로 방으로 들어갔고 울먹이는 모습이었다. 한참 후에야 간식을 갖다주며 사랑한다는 말을 건넸다. 하지만 아이의 화는 풀리지 않았다. 장난을 걸며 얘기하려 했지만 소용이 없었다. 저녁 늦게 퇴근한 아버지에게 낮의 일을 얘기하였고, 아이의 기분을 풀어 줄 것을 부탁하였다. 아빠는 아이에게 장난을 치며 왜 그렇게 화가 났는지 물어보았다. 아이는 동생의 생일선물을 사고 싶었다고 하였다. 이 얘기를 들은 엄마는 아차하며 동생의 생일을 잊어버려서 미안하다며 사과를 하였다.

한편 적당한 의견의 합의는 개인의 생각을 뛰어넘어 창의적인 일들을 도모하게 한다. 이 조건은 이용자의 관점이 더 뛰어나다면 수용해야 한다는 원칙이다. 그와 어떻게 합의할지에 따라 시너지를 낳는다는 점에서 협조적으로 바뀐다면 영향력은 배가 된다. 따라서 의견의 대립을 줄일 수 있는 방법을 찾아 직무수행을 수월하게 만드는 것이 현명하다 할 수 있다. 이것이 리더십의 발휘이다.

의견의 대립은 일방적인 요구에서 촉발된다. 거기에 더해 이용자 개인의 생각대로 실행할 것을 강요한다면 옳은 것이라 하여도 따라야 한다는 강압적인 억압만을 생각하게 된다. 더 이상 상대의 감정은 중요하지 않다. 수용할 마음이 없기 때문에 받아들이지 않을뿐더러 상처받거나 상처받지 않기 위해 대립으로 치닫는다.

의견의 대립을 피하기 위해서는 이용자의 입장에서 생각하고 요구가 무엇인지를 확인하는 노력에 더해 양보가 있어야만 절충된다. 더 많은 노력과 에너지를 쏟아야만 치유되고 회복된다는 특성이 있어 화해되지 않기도 하는데 이용자의 입장에서 생각하는 것이 대립을 피하는 방법이다.

사회복지리더가 이용자들과 호흡하고 환대하는 리더로서, 리더십을 발휘하기 위해서는 이용자들의 일상을 이해하고 있다는 메시지를 전하면서 친화적인 교제 기회를 확장해야 한다.

현대 사회의 많은 조직이 구성원들에게 자기 혁신을 통해 직무성과 도출 등 개인의 역량이 조직에 기여하기를 주문하며 경쟁의 상대인 타 조직보다 유능해야 할 것을 요구한다. 경쟁의 구도가 심화되면서 극복할 힘이 없거나 요구를 채우지 못하는 청년들이 취업의 문조차 두드리지 못한 채 실업자로 지내거나 아르바이트를 전전하면서 꿈을 상실한 채 살아가고 있다. 한편 사회생활에 실패한 다수의 이용자들이 도전의 용기를 갖지 않고, 정직과 신뢰, 성실의 의미보다 대인관계 거부 등 외톨이 생활을 선택하고 있어 이러한 문제가 얼마나 심각한지를 이해하게 한다.

사회생활에 어려움을 겪고 있는 많은 이용자들이 본인의 어려움뿐만이 아니라 사회의 구조적인 모순을 개선하고 개혁하는 인물을 기다리고 있다. 현실을 직시하고 필요한 것을 얘기해 주는 사회복지리더를 필요로 하는 것이다. 도전할 수 있도록 지지하는 멘토를 통해 자신의 곤란함을 극복하기 원하는 것이다. 그가 당신이기를 기대한다.

Tip........................... 반사회적 폭력은

폭력은 우리 사회의 갈등이 얼마나 심각한지를 보여주는 것으로 이러한 사례는 종종 회자되는 이슈이다. 다른 이를 공격하거나, 폭력을 행사하는 것 등이다. 2017년 초 목사부부가 자녀를 살해한 후 십여 년 넘게 시신을 방치한 사건은 당시 엄청난 뉴스였다. 세 살 된 딸아이를 폭행한 초등학교 교사의 행동은 사회적으로 용인될 수 없다는 이슈를 제기하였다. 최근 고위직 공무원과 경찰 간부의 성매매 사건(2017. 8. 13.)은 사회가 안전하지 않다는 것을 일깨워 준다.

반사회적 폭력은 의견대립이 갈등으로 치달아 분쟁의 최고조 상태인 타인의 삶을 위협하는 행동으로 행사된다. 사회 내에 폭력이 만연되어 있다면 사회적 안전망이 무너졌다는 것으로 인간다움을 고려하지 않는 행위이다.

이해하기 힘든 반사회적인 폭력을 서슴지 않고 저지르는 것은 자기 현실에 매몰된 현실 부정이 요인이다. 따라서 억압적인 폭력을 당할수록 부정적인 사고를 하고 갈등하게 되는데, 내면의 갈등이 심화되면 현실을 왜곡할 소지가 높다. 이때부터 타인에 대해 신뢰하지 않는다. 비관적인 생각을 하고 억제력을 상실하여 타인의 삶을 존중하지 않는다.

사회복지리더가 주목해야 할 것은 서비스를 이용해야 하는 이용자들의 상황이 사회적 폭력과 갈등의 상황에 더 쉽고, 빠르게 노출된다는 것이다. 빈곤과 궁핍에 오랫동안 결핍된 채 살아왔다는 것은 충족되지 않은 결핍된 욕구가 있다는 것이다. 이를 적절하게 해소하지 못하게 되면 폭력의 상황에 더 쉽게 노출되고 원하지 않는 일들을 해야 할 상황에 놓이게 된다는 것이다. 그러므로 사회복지사의 리더십 발휘는 어려움에 처해 있는 이용자의 힘듦이 더 이상 인간다운 생활을 방해하는 장애물로 작용하지 않도록 개선하고 조치하는 것이다.

2. 사회복지리더의 환대와 설득

사회복지리더는 설득하는 전문가이다. 수십 년간 아픔을 간직한 채 어려운 생활을 해 온 이용자를 돕기 위해 지자체 공무원에게 지원의 필요성을 설득하고, 후원자에게 후원의 당위성을 설득하는 것은 오직 사회복지리더의 설득하는 대화에 달려 있다. 본 절에서는 사회복지리더의 의사소통 기술 가운데 필수적으로 습득해야 하는 환대하는 설득의 대화방법을 살펴보도록 하겠다.

1) 환대와 설득하는 대화의 중요성

사회복지리더가 직무에 바쁘다는 이유로 도움이 필요한 이용자의 힘든 생활에 관심을 보이지 않는다면 그들의 생활은 나아지지 않을 것이다. 그들은 누군가로부터 환대받지 못하는 생활을 해 왔고, 좋지 않은 처지로 인해 남을 환대하지도 못하였다. 그래서 빈곤과 가난한 사람들로 인식되었다. 환대하는 사회복지리더를 만나야 하는 이유이고, 이러한 환대의 교류를 통해 존중과 배려를 받으며 존재감을 가져야 한다. 타인으로부터 인정받는 교제는 막힌 벽을 허문다는 점에서 사회복지기관의 모든 종사자는 환대하는 리더가 되어야 하고, 리더십을 발휘해야 한다.

문제로 인해 존중받지 못하는 생활이었다면 사회복지리더의 환대의 대화는 설득의 단초가 된다. 가족이나 이웃들로부터 존중받지 못하는 처지라면, 또한 내면 깊숙이 자리 잡고 있는 상처가 분노로 표출되는 생활이라면, 오랫동안 결핍된 채 생활에 왔다면 해결되지 않은 감정의 분노가 표출된 것이라고 이해해야 한다.

오랫동안 결핍된 채 생활해 왔다면 화를 참는 것만도 대단한 인내를 가진 것이다. 우리가 그렇게 살지 않았기 때문에 왜 이런 지경까지 되었는지, 이렇게 될 때까지 무엇을 하였는지 알 수 없다고 하여도 그는 힘겨운 생활을 버텨낸 것이다. 현실적으로 가족들의 지지가 도움이 안 되고, 작은 일에도 분노한다거나 이웃들과 등을 진 상황이라면 외톨이가 될 수밖에 없고 무기력하게 생활하였을 것이다.

사회복지리더가 대화를 시도하고 그를 돕기 위해 무언가를 해야 한다는 판단이 서지만 무엇부터 시작해야 할지 모른다거나 문제를 알면서도 대화를 거부하거나 개입을 거절하는 상황 또는 해결하지 못하는 상황이라고 하여도 설득의 대화를 시도해야 한다. 물론 상처를 치유하는 데 오랜 시간이 걸릴 수 있고 치유 또한 쉽지 않을 것이다. 조언하는 얘기조차 적대시하며 거부하고 도움 자체를 비관하며 처지를 한탄한다면 이미 끝까지 왔다는 신호이다. 그럼에도 사회복지리더는 설득해야 한다.

사회복지 서비스를 이용해야 하는 이용자는 다양한 힘듦과 어려움에 처해 있는 상황에서 사회복지리더를 만나게 된다. 거리의 소년, 부모 없는 아이, 양육이 힘든 영유아, 빈곤에 찌든 노인, 혼자된 노모, 지병을 앓고 있는 가장, 자녀를 돌볼 수 없는 처지에 놓여 있는 모, 무직에 지쳐 있는 청년 등은 살고 싶어 바둥거렸고, 하지만 힘에 겨워 포기하는 생활이었다. 처지로 인해 힘든 생활이라면 따뜻한 환대가 그리웠을 것이다.

무료급식, 또는 도시락 배달 등을 통해 식사를 챙기지만 좀 더 그들의 입장에서 환대하는 식사였다면 잠시나마 위로를 받았을 것이다. 하지만 정해진 메뉴를 제공하면서 인사조차 건네지 않으면서 복지증진에 최선을 다했다고 한다면 의례적인 인사를 남긴 채 자리를 피하였을 것이다. 우리가 이러한 식사를 대접하려고 사랑을 말하고 따뜻한 이웃을 위해 소유를 나누자고 호소하였는가. 분명 독자는 아니라고 말할 것이다. “할머니 식사하세요.”라는 자원봉사자의 말에 더해, 가정형편은 어떠한지, 생활은 문제가 없는지를 살피지 않으면서 복지에 기여했다고 한다면 이는 몰염치한 방관자이다. 이용자들의 삶을 더 처절하게 만드는 것이다.

독자가 진정 도움이 필요한 이용자를 위해 일하고자 한다면, 이끌면서 무언가를 해내기 원한다면, 그들의 입장에서 선택할 수밖에 없는 처지를 이해해야 한다. 많은 사회복지기관과 시설에서는 하루, 한 주, 한 달, 일 년 동안 수행할 수많은 프로그램을 개발하여 진행하기 위해 다양한 자원의 참여를 촉구하고 후원이나 자원봉사 활동에 감사의 인사를 하며 이용자들의 안타까운 생활과 삶에 기여되고 있음을 주장한다.

하지만 24시간을 입소한 동료들과 생활해야 하는 현실은 생활에 관한 모든 것을 직원들과 의논해야 한다. 직원이 어떠한 관점으로 지원하느냐에 따라 처우가 달라지는 현실을 감수해야 하는 갑갑한 생활에 대해서는 소개하지 않는 경우가 있다.

진정 변화될 것이라고 확신할 수 있는가. 많은 후원자들과 교제하며 설득하기 위해 엄청난 에너지를 쏟으면서 고군분투하였던 경험이 있을 것이다. 하지만 그렇게 했다고 해서 그들이 바라는 기대가 충족되었다고, 욕구충족에 기여하였다고 확신할 수 있겠는가. 우리가 회복해야 할 것들은 바로 진정성 있는 사회복지서비스이다. 프로그램을 시행하면서 이용자들의 참여를 강요한다고 하여 변화를 의도할 수 있는가. 미미한 변화에 집착하여 프로그램의 개발에 고민하기보다는 생활의 질을 높이기 위한 대안을 찾는 것이 현명한 준비이다. 복지서비스에 만족하지 못하다는 이용자들의 얘기가 심심치 않게 논의되고는 한다. 사회복지 서비스가 이용자들의 생활에 아무런 영향을 미치지 못하고 있다면 신중한 검토가 필요하다.

따라서 사회복지 서비스는 권리에 기반을 둔 선택이어야 한다. 더 나은 미래를 위한 준비, 자기 투자, 내일의 상황을 대비하고 현재를 풍요롭게 하는 것이어야 한다. 지원하는 서비스는 직원이 주도하는 프로그램의 진행보다 생활의 여유를 갖고 생활리듬을 회복하는 것이 먼저이다. 이러한 필요는 인간다움을 위한 것이다. 하기 싫어도 참여해야 하고, 늦잠을 자고 싶은데 잠을 청하지 못하는 생활이라면 구속된 생활이다. 식사시간을 지켜야 하는 생활을 평생 해야 한다면 자유로운 삶이라 할 수 있겠는가.

생활하는 데 필요한 것들은 무수히 많다. 부모는 자기 몫의 삶을 살아가기 위해 가족들을 뒷바라지하면서 얼마나 많은 것을 참고 인내하여 왔는가. 더 많은 것을 해주지 못해 안타까워하지 않았는가. 거주지는 안락함, 내일을 준비하는 것, 지금 현재를 더 충실하게 보내기 위해 현재를 고민하면서 힘듦을 감수하고 극복하기 위한 위로를 받으며, 더 나은 것들을 꿈꾸는 공간이다. 이러한 주거지가 아니라면 그곳은 집단적인 수용시설에 불과하다.

그럼에도 일부의 기관장은 집단생활을 조장하면서 입소자들의 생활과 삶이 나아졌다고 주장한다. 또한 지역의 복지 주체로서 명성을 유지하기 위해 시설을 이용하고 있는 입소자들의 장애 등을 드러내면서 도와야 한다는 것을 강조한다. 본인이 설립하였고 자신이 아니었다면 그들의 삶은 비참하였을 것이라는 엉터리 주장을 내세우며 이용자들의 권리를 존중하지 않으면서 직원들에게 따를 것을 강요한다. 서비스 기준도 마련하지 않은 상황에서 법에서 강요하고 있는 인권교육과 권리 지킴 등의 연수만을 이수하게 하면서, 또는 복지부에서 정한 사업만을 수행하면서 이용자와는 상관없는 활동을 강요하는 것이다.

처지가 비슷한 입소사 십어 명이 한방에서 생활하고 있음에도 복지를 위해 헌신하고 있다는 것을 주장한다. 직원들 또한 밤샘 근무를 하였음에도, 동료들의 휴식을 위해 24시간의 근무를 당연한 것으로 받아들여야 한다. 더욱이 별일도 아닌데 퇴근시간에 회의참석을 요구하고, 역할을 분담하여 방문자를 응대할 것을 강요한다. 이러한 일들이 반복된다면 어느 직원인들 불만을 갖지 않겠는가. 좋은 서비스를 제공하기 위해 누가 최선을 다하겠는가.

사회복지리더의 책무는 기관에 속해 있는 모든 직원들이 옳은 것을 추구하도록 이끌어 가는 데 있다. 즉, 동료와 이용자를 리더로 서게 하고 잠재된 리더십을 발휘하도록 이끌어야 한다는 것이다.

이용자의 생활을 변화시킬 수 있는 설득의 대화기술은 아픔을 공유하고 환대하는 태도에서 비롯된다. 이러한 역량이 있는 사회복지리더는 이용자를 이끌 수 있는 자격을 갖춘 리더이다. 설득하는 미소를 소유하고 있다면 그가 사회복지리더이다. 이제 그들의 삶을 꿈꾸어 보자. 독자 스스로 사회복지리더임을 자각하고, 리더십을 발휘한다면 분명 변화시킬 수 있다. 이러한 역량은 환대하는 리더십과 설득하는 대화 외에는 없다.

2) 환대하는 설득

사회복지리더는 사회복지 종사자, 또는 자원봉사자, 후원자, 관계된 인물들에게 기관을 소개하는 등 강의를 할 때가 있다. 기관소개서가 준비되었다면 도움이 되었겠지만 리플렛만으로 설득해야 한다면 쉽지 않을 것이다. 더욱이 기관의 중요 자원을 연계할 상황이나 중요 인물이라면 대화기술은 물론 설득할 수 있는 유인책이 있어야 한다. 환대하는 삶의 가치를 이해시켜야만 설득된다는 점에서 설득의 대화는 중요하다.

마음을 움직이기 위해서는, 멋진 계획을 세워야 한다. 또한 실행하기 위한 방법을 고민해야 한다. 어떠한 방식으로 전달할 것인지도 고려해야 한다. 전달에 필요한 매체를 선정하고 설득에 힘을 불어 넣을 수 있는 실무 사례를 발굴하여 이해하기 쉬운 용어로 설명하면 설득은 자연스러워진다.

감동 있는 영화, 의미 있는 가사, 짤막한 영상과 같은 매체를 활용하여 이해를 돕는다. 어느 부분에서 영상을 보여줄 것인지도 고려해야 하는데 이는 이슈를 이해하는 데 도움이 되도록 하기 위함이다. 마지막으로 준비된 원고를 검토하면서 자신의 강의를 만들기 위해 스토리 구상과 설득하기 위한 내용 전달 방법을 연습한다. 이러한 준비를 통해 설득하게 되어 변화를 유도할 수 있다.

설득하는 사회복지리더의 얘기는 준비과정이 철저하여 요구하는 바를 대화로 이야기한다. 그들의 입장을 고려하고 용어 선택과 의미를 생각하게 하는 내용전달에 신중하다. 즉, 주민들의 가슴에 기억될 만한 일들을 회상하게 하여 옳은 선택을 하도록 축약된 용어를 구사한다. 가치가 함축된 용어선택은 전달하려는 여러 의미를 생각하게 하여 가슴을 울린다.

대화가 재미없고 흥미를 두지 않는 이유는 자질도 문제지만 더 영향을 미치는 것은 관심 밖의 내용, 상관없는 내용을 자신의 입장에서 전달하기 때문이다. 짧은 시간의 대화를 통해 감동을 전달하는 것은 위대한 일이다. 이러한 감동은 진실한 열정 외에는 없다.

3) 믿음을 주는 환대

주민들에게 믿음을 주고 싶은가. 감동시킬 만한 것들을 실행해 보라. 본인의 차를 운전하는 기사가 결혼을 하게 되었다면, 직접 신혼여행지까지 운전을 해보라. 그러면 일생동안 진실한 친구를 얻게 될 것이다. 이러한 감동은 같이 근무하고 있는 동료들이 느끼는 것이지만 주변 사람들에게 전파되게 되어 있다.

만약 이용자들이 문제를 해결할 방법을 모르고 있다고 생각되면 이해가 없는 것을 비판하기보다 적당한 방법에 대해 질문을 하는 것이 방법이다. 이해를 갖게 하는 최적의 방법은 질문이다. 생각 없이 대답하는 사람이 없다는 점에서 정서적 공감과 이해를 높이는 데 효과적이기 때문이다.

4) 수시로 베푸는 마음의 여유

사회복지기관의 미래는 사회복지사의 미래이다. 하지만 기관의 위상 정도에 따라 소속감과 명예로운 생각을 갖게 된다는 점에서 기관에 대한 애착이 적다면 대안을 마련하여 공통의 목표와 방향을 구체화한 후 애정을 갖도록 해결 방법을 제안해야 한다. 더 확실한 방법은 그가 모르도록 돕는 것이다. 함께 무언가를 해야 할 상황이고, 앞으로도 함께해야 한다면 그를 도와야 한다. 상처가 있다면 이해한다는 얘기를 하면서 진실된 마음으로 다가가야 한다. 더 깊은 충성심으로 나아올 것이다. 세상은 복잡한 것이 아니라 이해관계가 얽혀 있기 때문에 복잡하다고 여겨지는 것이다. 복잡함을 풀어내야 복잡해지지 않는다.

사회복지리더는 사업과 이용자를 고민하면서 능률을 높이고, 동료보다 한발 앞서 나갈지를 고민한다. 동료 또한 이러한 생각을 하고 있어 함께할 방법을 모색한다면 경쟁에서 친구로, 협력자를 얻을 수 있다.

지역사회 주민들과 사회복지기관과 관계된 사람들로 평가를 받는 것은 순식간이다. 솔직히 사회복지리더는 이러한 비판을 하는 사람들을 수시로 만나고 그들과 일을 해야 할 때가 있다. 그를 나쁘다고 얘기하기보다는 생존 방식이라 생각하는 것이 마음이 편해진다. 자기 생존을 위해 타인의 위상과 체면을 깎아내리는 것이 비단 사회복지기관에만 있겠는가. 아니다. 사적 모임에도 이러한 비판은 언제나 있었다. 환대하는 리더십을 발휘하여 설득하고 이왕이면 동료로, 지지자로 만들기 위한 대안을 찾아보려는 시도를 하는 것이 더 나은 선택이다.

5) 공감하는 대화구사

소신과 원칙을 분명히 밝혀라. 그리고 약점을 공개해야 한다면 공감하게 만들어라. 이용자들이 자주 사용하는 용어를 주목하고 기억에 남을 만한 언어로 자신을 사랑하게 만들어라.

위대한 사회복지리더는 설득가이다. 힘겨운 상황에 처해 있는 이용자는 극복할 수 있는 지혜의 조언을 갈구하고, 설득해줄 사회복지리더를 고대한다는 점에서 환대하는 대화를 통해 설득이 가능하다. 따라서 지식도 풍부해야 하지만 소신이 분명해야 한다. 원칙을 고수할 것이라는 신념을 확신 있게 보여줄 때 받아들인다. 이러한 사회복지리더를 이용자들은 따른다.

6) 이해 촉구

이용자들의 인생에 영향을 미치고 싶은가. 감동시키고 내 편으로 만들고 싶은가. 앞으로 살아갈 것을 위해, 이용자들의 역량을 강화시켜야 한다는 책무감을 갖게 되는가. 그럼 설득하는 리더의 자질을 갖춘 것이다. 하지만 세상을 감동시키고 이용자들을 이끌어가는 힘은 짧은 순간의 대화에 의한다. 상대를 설득하겠다는 의지가 있어야만 설득하게 된다.

환대하는 설득의 힘을 갖추기 위해서는, 먼저 자신의 대화 방식을 점검해야 한다. 사회복지리더는 대화를 통해 이용자들과 접촉하고 만난다. 이러한 만남을 통해 여러 어려움을 청취하면서 필요한 지원을 계획하게 된다. 개입이 성공적으로 이루어지면 대화를 통해 설득할 기회를 얻고 해보겠다는 의지를 갖게 된다. 이때부터 해보겠다는 말을 한다. 여기까지가 준비이다. 이후부터는 그의 상황에 따라 설득하면서 계속 의지를 갖도록 리더십을 발휘해야 하는데 환대하는 태도여야만 의도한 대로 이끌 수 있다.

이러한 설득의 과정을 볼 때 사회복지리더는 해당 분야에 대한 지식이 풍부하고 경험이 많다. 또한 이용자들의 상황을 이해하고 있으며 필요한 역할과 개입해야 할 것들이 무엇인지를 알고 있다.

환대하는 리더는 감동적인 삶의 경험이 풍부하고 매우 지혜롭게 극복한다. 누구보다 더 힘들었던 시간을 보냈기 때문에 공감하게 만드는 체험이 풍부하다. 지인에게 자문을 받아 본 적이 있을 것이다. "정말 제가 다른 사람들 앞에서 말을 잘할 수 있다고 생각하세요. 제가 어떻게 하면 말을 잘할 수 있을까요?" 등 별다른 도움을 받지 못했다면 실망하지만, 도움을 받았다면 생각을 바꾸게 된 계기가 되었을 것이다. 이것이 환대하게 만드는 풍부한 체험이다.

사회복지리더는 버거운 현실의 아픔과 고민을 들어주고 마음을 아우르는 조언자로 이미 이러한 역할을 해 왔고 앞으로도 할 것이다. '환대'만이 이 같은 어려움을 희망으로 변화시킨다.

설렘으로 자신을 사랑하고 주민들과 이용자들이 바라는 것들이 무엇인지 알기 위해 최선을 다하라. 또한 삶의 터선에 찾아가보라. 새래시장은 생활을 알게 하는 생계의 터전으로 치열한 생존의 장소이다. 학교는 공부가 무엇인지를 알게 한다. 공장은 일터에서의 삶이 얼마나 치열한지를 알게 한다. 아픈 환자를 이해하고 싶다면 병원을 방문해 보라. 그러면 도움이 절실한 사람들을 만나게 될 것이다. 이들은 사회복지리더의 도움이 필요한 이용자들이다.

Tip............................ 대부분의 사람들은 일등이 아니다

학생들은 성적에 민감하다. 한 학급에 30명의 학생들이 있다면 1등부터 5등까지를 뛰어난 학생들로 평가하고 10등까지를 우수한 학생들로 평가한 것이다. 공부를 잘하는 학생들을 중심으로 수업을 진행하게 되면 나머지 학생들은 공부에 흥미를 갖지 않는다.

20명의 학생들은 어떻게 할 것인가. 이들에게 초점을 두게 되면 학생들의 학습 수준은 물로 성적이 올라가게 된다. 10등 이내의 학생들은 더 성적이 오를 것이다. 설사 10등 이내의 학생들에게 선행학습을 하지 않더라도 여전히 상위권일 것이다. 이 점에서 사회적 취약계층을 지원하는 것은 사회 내외의 사람들의 생활의 질을 높인다고 할 수 있다.

7) 지난 시간의 성장을 돌아보며 긍정의 "아니오"라고 말하기

의지대로 시행하였던 직무가 얼마나 되는가. 가정에서, 학교에서는 어떤가. 교사가 지시한 대로 공부해야 성적이 오르고, 학교 교칙에 어긋나므로 하지 말라는 것들이 너무 많은데도 따라야 하지 않았던가. 주변의 기대를 적당히 조절하지 못한다면 다른 이의 요구에 맞출 수밖에 없다.

생활해 온 시간을 돌아보며 자신의 재능을 발견해야 한다. 그것만이 남다른 자신을 찾고, 살아갈 힘을 얻게 하기 때문이다. 늦었다고 생각하지 말고 주도하겠다는 확신을 가져라. 분명 독자는 다른 이보다 탁월한 재능을 가지고 있다.

사회복지리더는 문제가 생겼을 때 의견을 제시하고 기관장의 얘기에 긍정적인 '아니오'를 말할 수 있어야 한다. '아니오'는 기관장을 불쾌하게 만드는 것이 아니라 좋은 제안이라는 긍정의 평가를 얻게 한다는 점에서 분명하고 간결하게, 생각을 피력하는 연습이 필요한 대화기술이다. '아니오'를 말할 수 있는 친절함은 반대가 아니다. '아니오'에 대한 반응을 고민하지 말고 형평에 어긋난다면 당당히 얘기해야 한다. 그래야만 잘못된 결과를 알면서도 방치했다는 비난을 받지 않게 된다.

8) 이용자가 기대하는 사회복지리더 되기 위해서는

인간은 태어나는 순간부터 기대를 받는 존재이다. 주변의 기대는 멈출 줄 모르고 점점 더 큰 기대를 요구받는다. 이 기대를 충족하기 위해 정체감을 잃어버리면서까지 애를 쓰기도 하는데, 요구를 채우기 위해 허덕이면서 생활하는 것이다.

사회복지리더 또한 사업을 추진하다 보면 기관장의 요구와 이용자들의 끊임 없는 요구를 충족하기 위해 노력하게 된다. 때로 야근을 하고 밤샘 작업을 통해 사업계획서를 작성해야 할 때도 있다. 또는 이용자를 지원하기 위해 가정을 방문하고 후원자를 모집하여 후원을 연계해야 할 때가 있다.

이렇듯 직무의 대부분이 다른 이들의 요구로부터 시작되고 있어 사회복지리더 자신이 직무의 주인공이 되어야 함에도 불구하고 기관장과 타 기관 직원의 요구, 행정관청의 직원들이 요구하는 서류 등을 작성하기 위해 전력하는 경우가 대부분이다. 그럼에도 이러한 요구를 수용하지 않는다면 원만한 관계를 유지하기 어렵다. 오히려 불편한 관계를 만들어 고립되는 경우가 대부분이다. 다른 사람에 의해 무언가를 시작하고 애를 쓰지만 또 다른 요구에 막막했던 경험이 있을 것이다.

따라서 주인공인 삶보다 그들의 결정이 우선되기 때문에 내가 없는 위험은 항시 다가온다. 회의석상에서 주장을 말할 때 주변에서 호응했던가 아니면 비판적인 반응이었던가. 창의적이고 능동적인 활동을 요구받지만 따라가기에도 허덕였던 경험이 있을 것이다. 이것이 현실이라면, 극복하지 못해 갈등하고 시간이 없음에도 아무런 준비를 못하는 상황이었다면 사회복지사의 현재 직무를 재점검해야 한다.

지금 이용자의 현실적인 어려움을 극복할 정도로 충분한 검토를 하였는가, 이용자들은 사회복지리더를 신뢰하고 참여하는 프로그램과 제공받은 서비스를 만족하는가, 위의 질문에 대한 확신이 아니라면 이용자의 기대를 저버린 것이다. 따라서 자신이 확신하고 지원의 필요성을 인식하고 있다면 기대하는 이용자의 간절함을 이해해야 한다. 아니라면 기관의 직무를 수행하는 직원에 불과하게 된다.

Tip.......................... 경솔한 사회복지사와 대화설득가의 차이

경솔한 사회복지사는 주장을 말하지만 신중한 사회복지리더는 대안을 모색하는 의견을 개진한다. 가벼운 사회복지사는 두서없이 말하지만, 진실한 사회복지리더는 과정을 생각하게 한다. 수동적인 사회복지사는 따르기 위해 진행할 직무에 노심초사하지만 성실한 사회복지리더는 계획의 성과를 얘기한다.

대화 설득가인 사회복지 리더는 좋은 대화, 대화의 의미를 찾고 상대의 감정에 집중한다. 직무 지식을 설명하나 감성의 호소, 즉 할머니가 어린 시절에 아팠던 기억이 있어 그때부터 이 일의 중요성을 알게 되었다는 등 할 일의 계기가 되었다는 식으로 감성에 호소한다. 감성의 호소만이 이용자들의 마음을 연다. 사회복지리더는 대화를 통해 설득하는 리더임을 기억해야 한다.

제 7 장

사회복지리더의 환대하는 대화설득

1. 사회복지리더의 환대하는 대화기술

1) 설득하는 대화의 중요성

사회복지기관은 필요한 인력을 채용하기 위해 공개채용을 일반적으로 시행하고 있다. 따라서 기관에 필요한 소수의 사람만이 취업에 성공한다. 반면 다수의 사람들은 면접의 기회조차 얻지 못한 채 서류전형에서 탈락하는 등 취업에 실패하고는 한다. 이러한 상황에 더해 우리 사회의 고학력을 선호하는 추세는 학력이 낮거나, 학업성취 정도를 평가한다는 것이다. 학업성취 정도는 내신으로 평가하고 있어 성적평가는 취업의 결정적 요인이 된 지 오래다. 따라서 몸이 불편한 장애인, 오랫동안 질병을 앓고 있는 환자는 회복이 되더라도 취업하기가 쉽지 않다.

이러한 사회 내·외의 분위기는 다수의 사람들에게 사회진출 기회조차 가로막는 장애물이 되고 있어 자존감이 낮은 사람, 자기주장을 말하지 못하거나 해당 분야에 대한 지식 또는 경력이 없다면 직무수행 능력이 부족하다고 평가하는 경향이 뚜렷하다. 따라서 취업경쟁에서 낙오되거나 장기간 취업을 하지 못해 소득 없이 지내고 또는 적성에 맞지 않는 직업을 선택할 수밖에 없는 상황에 내몰리고 있는 사람들이 증가하고 있다. 더욱 심각한 문제는 원하는 직장에 채용되었지만 직장에 기여하기 위해서는 경쟁의 상대인 동료보다 한발 앞서야 한다는 압박 속에 근무해야 하기 때문에 이직 또는 사직을 선택하는 개인들이 증가하고 있다는 것이다. 최근 직업 적성은 취업의 결정 요인 가운데 하나로 직업을 유지하고 지속시키는 데 중요한 요소로 이해되고 있지만 이 또한 한계가 있다는 지적이다. 생계를 위해 어쩔 수 없이 취업을 하고, 적성에 맞지 않는 직업에 종사하고 있다면 고민할 것이다. 살기 위해 발버둥치며 연명하듯 생활해야 한다면 분명 잘못된 선택이다. 이러한 고민에 더해 다른 이의 요구를 맞추기 위해 시간을 내고 휴식을 포기해야 한다면 지친 생활에 위로가 필요한 상황으로 허전함을 달래줄 유일한 대안이 교육밖에 없다는 비극은 절실함을 이해하고 받아줄 리더가 필요하다는 의미이다.

하지만 이를 충족하지 못하는 사회복지리더의 얘기나 이용자들의 생활을 이해하지 못하고 설득한다면 실망하게 된다. 이를 가치 있고 유연하게 풀어가는 것이 설득의 대화이고, 설득하는 대화는 오직 사회복지리더의 대화 방식에 달려 있다. 그러므로 설득하는 사회복지리더는 대화 수준을 높이기 위해 필요한 말을 해야 할 시기와 전달방식을 점검하고 설득할 방법을 자신만의 것으로 만들기 위해 준비한다.

혹 글을 쓰는 분이라면 살아가는 데 필요한 지식, 또는 지혜로움에 관한 글을 연재해 보라. 분명 많은 청소년과 연륜이 있는 사람들이 반가워할 것이다. 또는 가르치는 직업에 종사하는 사람들로부터 환영받을 것이다. 성공한 사람들이 힘든 과정을 극복하고 어떻게 부자가 되었는지 '부자가 되는 법'에 관한 글을 써보라. 복권 당첨을 기대하는 1억 분의 1도 안 되는 희망보다 귀하의 글을 선택할 것이다. 재테크 방법은 어떤가. 사람들이 이해하지 못하는 용어를 가급적 피하고, 소규모 자본으로 재테크하는 방법을 설명한다면 관심을 가질 것이다.

진정성 있는 대화를 할 수 있는 사회복지리더가 필요한 이유는 이용자들의 지쳐 있는 심신을 위로하고, 정신적인 여유가 있기를 기대하기 때문이다. 또한 더 여유 있는 생활을 하면서 생활 속 기쁨을 얻기 원해서이다. 그래서 설득하는 것도 중요하고 대화를 통해 감동시키는 설득가가 필요한 것이다.

2) 이해하기 쉬운 생활소재 선택

이용자의 갈급한 것들을 채울 수 있는 유일한 대안이 설득하는 대화이다. 상황에 따라 생각하고, 상대를 대변하는 언어를 적절하게 구사할 수 있다면 변화를 목격하는 주인공이 될 것이다. 하지만 목적이 분명해야 한다.

대화 설득가는 명강사다. 명강사는 삶을 이야기한다. 숨통을 옥죄는 세상에서 매일 고통스럽고, 희망이 없다면 버겁다는 생각에 내일을 준비하지 않게 된다. 지금! 복지서비스를 이용하는 주민들의 변화를 목격하기 위해 무엇을 준비해야 하는지, 같은 일을 하느라 버거울 정도로 몰입하고 시간이 없어 힘에 겨운 것은 아닌지. 독자여 세상을 위해 힘을 내라~ 분명 기회가 온다.

이용자를 도와줄 진정한 리더가 되기 원한다면 의지가 분명해야 한다. 독자에게 소중한 것은 무엇인가? 또한 소중한 것을 지키기 위해 해야 할 일은 무엇인가? 반면 버려야 할 것과 정말 해보고 싶은 것은 무엇인가? 가치 있게 지켜야 할 것은? 독자를 만나 행복하고 즐거움을 느낀다면, 소중함을 느낄 수 있다면 기대와 희망이 있는 것이다.

우리 사회에는 다양한 직업군이 있지만 지쳐 있는 주민들이 너무 많이 있다. 아주머니의 양육포기, 직장인들의 애환, 초등학생, 중학생, 고등학생들이 진로 때문에 고민하고 있다. 이러한 고민을 토로하고 조언하는 장이 필요하다. 스스로 질문하고, 경험 있는 선배들이 조언해주는 공간, 조언을 듣고 고민을 나누는 카페를 개설하여 운영하면 어떨까. 주민들의 즐거운 생활을 위해 최선을 다해야 하는 사명만이 사회복지리더의 책임이라는 것을 기억하기 바란다.

만약 실행에 주저함이 있다면 멋진 설득을 위해 유명한 강사의 강의를 들어보는 것이 도움이 될 것이다. 명연설을 하는 교수들의 강의를 청취하라. 그리고 자신의 설득방식과 다른 점을 찾아 비교해보라. 사람들의 이야기를 더 듣기 위해 생계 터전을 방문하고 생활의 이야기를 들어본다면 분명 교훈을 얻게 된다. 전기를 읽는 것은 체험하지 않은 독특한 삶의 경험을 체득하게 한다. 또한 비전과 꿈을 위한 준비와 도전을 갖게 한다. 그의 역경, 어려움을 직·간접적으로 경험하게 하고 해야 할 비전을 준비하게 한다.

멋진 대화는 웃음, 미소가 끊이지 않고 생각하게 만든다. 일상생활 속 대인관계의 원만함 등 희망을 품게 한다. 준비해 보자. 이웃들과 나누는 것이 얼마나 좋은 것인지를 말이다.

3) 감동을 전하는 대화

설득의 리더십을 발휘하기 위해서는 좋은 대화상대가 되어야 한다. 즉, 감동을 전하는 데 최선을 다한다는 의미이다. 이용자들이 이해될 수 있는 인간다운 얘기를 친화적으로 설득하기 위해 그들의 입장을 대변한다. "편안한 시선으로 그들의 얘기를 먼저 하면서 힘들죠, 고민이 있으시죠, 많이 힘드실 겁니다. 제가 힘이 될 방법을 찾기 위해 최선을 다하겠습니다." 등의 얘기로 마음을 연다.

지난 학기 마지막 수업에 전한 내용이다.

"아무도 내 인생을 대신 살아주지 않습니다. 나는 매우 특별합니다. 당신만의 특별함을 왜 주저하고 만들지 못하나요. 지금 무엇을 고민하나요. 그대는 위대한 사회복지 용사입니다. 하지만 용사가 되기 위해서는 용기가 필요합니다. 나만의 진정한 대화를 해보자고 다짐하십시오.

감동, 그의 이야기를 들려주기 위해 자신의 현재를 돌아보시기 바랍니다. 감동 있는 대화를 하고자 한다면 그들이 살아온 삶의 이야기를 나의 것으로 만들기 위해 찾아가 들어야 합니다. 의지, 삶의 체험. 이것은 현실이지 누구의 이야기가 아닙니다.

사회복지사에게는 남이 갖지 않은 장점이 있습니다. 행정적 추진력, 사람들의 생활을 이해하는 관점, 사업을 이해하는 시각, 사회복지 인맥 등 모든 면에서 그대는 뛰어납니다. 하지만 사람들은 이러한 얘기를 소홀히 여깁니다. 이미 알고 있는 내용이고 인정받고 있다는 생각을 하고 처신을 잘한다고 판단하기 때문입니다.

따라서 지금을 소중하게 생각하지 않는다면 그들보다 뒤처지게 됩니다. 지금, 내가 해야 한다는 자신감을 갖기를 기대합니다. 그대들은 나에게 소중한 추억을 만들어준 사회복지리더입니다".

Tip........................ 이용자의 상처를 말하게 하는 사회복지리더

엄마들은 자녀가 대학에 입학한 후에야 하고 싶고 배우고 싶은 것들을 배우며 이제야 시간적으로 여유가 있다고며 자랑스럽게 말하고는 한다. 지금껏 자녀의 뒷바라지와 남편을 내조해야 했기 때문이다.

만약 기다림이 필요하다면 성장을 위해 준비하라. 부모가 자녀를 키우면서 여러 어려움을 겪지만 성장한 자녀를 자랑스러워하듯 사회복지리더에게는 분명 기대한 것들을 성취할 날이 온다.

사회복지리더는 이용자의 재능을 개발시켜야 할 책임이 있다. 그러기 위해서는 주민들의 생활을 이해해야 한다. 살아가는 방식, 삶의 목표, 내일 해야 할 것들, 갖출 역량, 성품, 인성, 인간이 살면서 겪는 생활얘기를 풀어내야 한다. 힘듦을 이겨내는 삶, 사별의 아픔을 겪은 체험을 이야기하라.

위대한 설득은 대화로부터 시작된다. 이때 설득의 감동이 전해진다. 그의 아픔을 이해하고 힘겨움을 들춰내어 공감함으로써 극복할 힘을 얻게 한다. 그대의 건승을 기원드린다.

사회복지리더는 사람들의 반응을 고민할 것이 아니라, 이용자들이 힘들어하는 것을 끄집어 내어 아픈 것을 말하게 하고, 어떻게 살아야 한다는 것을 제시해야 한다. 따라서 전할 것을 확신 있게 자기식으로 얘기해야 한다. 이것만이 이용자들을 변화시킬 수 있기 때문이다.

4) 선택을 촉구하는 설득

상대를 설득하기 위해서는 간결하게 정리하여 설명하는 능력을 갖추어야 한다. 기관의 장을 만나 설득해야 하거나 프로포절 심사를 받기 위해 면접에 참여하여 예상하지 못했던 질문을 받게 된다면 당황할 것이다. 순간의 대답이 모든 상황을 결정하기 때문에 긴장은 배가 되고, 더딘 시간으로 인해 무엇을 얘기해야 할지 당황할 것이다.

당황하지 않고 의연하게 이겨내려면 평소의 생각을 간결하게 정리하는 습관이 필요하다. 얘기가 대화가 되고, 강연이 되어 주민들을 움직이기 위해서는 자신만의 상점을 살려 설득하는 방식을 찾아야 한다. 즉, 특별함을 부각하라는 것이다. 대화를 연결시키면서 독특하게 만드는 것이 간결함이다. 핵심을 말하고 목적이 분명한 논리 정연한 얘기만이 설득으로 이어지게 하여 감동의 교훈으로 기억된다. 핵심이 무엇인지를 생각하고 특별한 내용을 담기 위해 방법을 고민한 후 전달할 내용의 스토리를 이용자의 상황에 맞게 의미를 담아 진지한 태도로 최선을 다해야 한다. 이것이 전략이다.

특별함을 만들려면 이용자들의 미각, 후각, 시각, 촉각, 감각을 활용해야 한다. 보게 하고, 냄새를 맡고, 아름다움을 느끼며, 만져지게 하는 설득, 인간관계에서 느끼고 본, 그것을 개인의 경험에서 느끼게 하는 대화, 이용자를 지원하면서 느꼈던 감정을 반영한 서비스, 인간다움으로 연계시키는 대화를 통해 보고 느끼게 하는 것, 이것이 전술이다.

사회복지리더의 리더십 발휘는 오감자극, 이용자, 타 기관 종사자, 외부공모기관, 자원봉사자에 대한 설득의 방법은 코칭, 멘토, 보상 등 스스로 느끼게 하는 대화가 최고의 설득이다.

Tip............................ 설득에 필요한 핵심요약

보험회사의 가입권고 방식을 보자. 보험회사의 약관을 일일이 살펴본 후 계약을 하는 사람은 드물다. 친분에 의해 그의 말을 믿고 계약하는 사람이 대부분이다. 새로운 보험 상품을 개발하면 유명 연예인을 모델로 채용하는 것 또한 이미지를 활용하여 신뢰할 수 있다는 믿음을 주기 위해서이다.

TV는 제품을 광고하기 위해 활용되는 매체이다. 30초 광고를 위해 엄청난 비용을 쓴다는 것은 알려진 사실이다. 출연한 배우에게도 많은 비용을 지불한다. 이렇게 제품을 판매하기 위해 투자하는 이유는 소비자가 신뢰해야만 더 많은 수입을 창출하기 때문이다. 여기에서 중요한 것은 판매를 위해 유명한 연예인과 스포츠 스타, 체육인 등을 활용하여 30초 만에 제품의 특별함을 소개하고, 다른 제품과의 차별성을 부각해야만 제품이 팔린다는 것이다. 그렇다면 약관을 꼼꼼하게 살피지 않는 사람은 손해를 볼 것이다. 또한 광고내용이 다를 수 있다는 것도 알게 된다.

위의 예시를 살펴보면, 사회복지기관은 매우 엄격한 규칙과 규정에 의해 운영되고 있다고 하여도 과언이 아니다. 규정을 숙지하고 직무수행에 필요한 법규를 준수할 것을 요구받는 것이다. 하지만 규정과 규칙 외에 또 다른 상급기관에서 요구하는 새로운 규칙을 직무에 적용하면서 시행하는 직원은 거의 없다. 따라서 복잡한 내용을 간추려 직무에 적용하도록 소개한다면 분명 인정받을 것이다. 사실 이러한 사회복지사가 필요하다. 복잡한 상황을 간결하게 정리하여 적용하는 능력은 사회복지리더가 갖추어야 할 역량이기 때문이다.

2. 사회복지리더의 환대하는 설득기술 

1) 자원연계를 위한 가치적인 설득

설득가인 사회복지리더가 이용자를 돕기 위해 자원을 발굴하고 연계하는 역할은 반드시 필요한 것이다. 하지만 연계만을 집중해서는 안 된다. 자원들의 지속적인 참여와 촉구에 따른 관심과 흥미를 유발하도록 목적이 분명해야 한다. 이용자 또한 필요한 시기에 서비스 등을 연계받을 수 있도록 자원들에게 설명해야 한다. 이러한 사전 준비 없이 연계를 목적으로 진행한다면 자원의 욕구뿐만이 아니라 이용자의 기대에 부합하지 못한다.

자원의 발굴은 관심사와 욕구, 활동하고 싶은 것들을 사전에 파악하여 자발적인 참여에 의해 교제하게 만드는 데 있다. 따라서 관심을 보이고 활동하는 분야와 내용을 설명한 후 조언해 달라는 부탁 등 만나기를 요청한다. 이후 당신의 업적을 주변에서 듣고 도움을 요청하고자 찾아왔다는 것을 정중하게 부탁하고 관심사를 얘기한다. 무턱대고 전화하기보다는 손 편지를 써서 그의 역경극복 과정을 들려주기를 요청한다면 놀라운 에너지를 체험하고 지혜를 얻게 될 것이다.

Tip........................... 다른 이의 삶이 주는 교훈

다른 이에게 업적을 얘기해 달라는 요청을 받게 되면 허세를 부리며 얘기하는 사람은 없다. 인터뷰를 진행하는 경우에는 더욱 그러하다.

자신이 겪은 어려움과 극복해 낸 것들이 회자되는데, 이겨내는 과정에서 어려운 이웃에게 주었던 도움이나 가족들이 겪은 고통의 시간 등은 생활의 지혜가 담겨 있다. 그래서 재미없거나 상관없는 이야기라 하여도 겪지 못했던 것이기에 새로운 체험이다. 이러한 체험은 헛된 것이라 할 수 없다. 따라서 다른 이의 삶은 교훈이고, 설사 과장된 것이라 하여도 지혜를 얻게 되므로 시간낭비가 아니다.

2) 성실한 관심

지금껏 사회복지직무를 수행하면서 이용자를 설득하기 위해 노력하였을 것이다. 사회복지리더는 이용자의 생활문제를 대변하면서 생각하지 못한 그들의 곤란과 어려움을 알게 되면서 이토록 힘든 상황에서 어떻게 지내왔는지 등 생활을 이해하게 된다. 상담과정에서 어려움을 이겨내며 지내온 생활을 격려하면서 관심을 보인다면 설득할 수 있다. 하지만 사회복지리더가 관계하는 주민은 전문 직업인들과 청소년, 노인 등 다양하기 때문에 그들을 설득할 수 있는 준비가 없다면 설득하지 못한다.

사회복지리더는 다수의 관계된 사람들과 도움이 필요한 이용자를 감동시켜야 할 책무가 있다. 이는 설득되어야만 얻게 되는 감정의 울림이다. 지금까지 살아온 삶이 헛되지 않다는 확신을 갖도록 지지하면서, 잘 극복할 수 있다는 용기와 자신감을 갖도록 격려해야 한다. 이러한 격려는 동기를 갖게 하여 새롭게 변화될 자신을 기대하게 만든다. 하지만 대화하면서 마음을 움직여야 하고 결심하게 만들어야 한다. 이용자들은 허접한 얘기에 반응하지 않는다. 얻고자 하는 것이 있기 때문에 채우지 못한다면 설득은 실패하게 된다.

Tip............................ 친구 같은 사회복지리더

친구는 인생을 살아가면서 도움의 존재이고 대화의 창구이다. 어려움을 함께하는 등 모든 것을 나눈다. 그래서 친구를 가족 외에 소중한 존재라고 얘기한다. 친구는 가족이 채우지 못하는 공허함을 메우며 세상 밖의 일을 알려주는 등 살아가는 방법과 지혜를 선물한다. 반면 가족은 어려움을 이겨낼 힘을 준다. 가족의 지지를 통해 문제를 극복할 수 있다. 그래서 친구가 없는 사람은 난관에 부딪히면 헤쳐나갈 방법을 알지 못해 힘들어한다. 가족의 지지를 받지 못하는 사람 또한 마찬가지다.

이런 이유 등으로 인해 어떤 이는 친구는 한 명이면 족하다며 존재감을 과시한다. 어떤 이는 친구가 없다면 실패할 게 너무 많다고 얘기하기도 한다. 사소한 얘기라 하여도 받아줄 만한 친구만 있다면 이겨낼 수 있다는 것을 말해주는 것이다. 좋은 친구는 진실되고, 소중하며 내면의 것들을 나누고 교류하는 대상임은 분명한 것 같다. 따라서 사회복지리더는 이용자에게 친구같은 사회복지사가 되어야 한다

사회복지리더는 이용자 개인의 삶에 끝까지 관심을 보여야 한다. 누구도 쓸모없는 삶을 살아가기 위해 세월을 헛되게 보내지 않는다. 용기를 좌절하게 만드는 것은 낯선 환경, 낯선 상황에서 처음 해보는 것들에 대한 두려움이다. 때로 처리할 방법을 고민하면서 주저하고 포기하는 이유도 해보지 않았던 것에 대한 부담 때문이다. 하지만 극복하기 위한 도전의 방법을 찾는다면 문제가 되지 않는다.

그래서 대화설득가로 성장하는 사회복지리더는 자신의 일처럼 이용자들의 문제에 관심을 둔다. 생활에 관심을 보이고 그들이 살아가는 현장에서 일어나는 다양한 상황을 주목한다. 문제와 장애물을 살피며 해결에 필요한 대안을 찾아 제시하고, 설사 어렵고 힘든 문제여서 해결의 기미가 없다고 하여도 끝까지 관심을 보이며 해결될 것이라는 희망을 준다.

Tip 사회복지사가 대화상대여야 하는 이유

평소 입시 준비로 힘들어하였던 큰딸이 대학에 입학한 첫 학기에 잘할 수 있을까 하는 고민을 하였다. 전국에서 내로라하는 동기들과 선배들 앞에서 자신의 연주 실력을 고민하였고, 대학공부를 잘할 수 있을지를 불안해하였다. 이런 딸의 모습은 중간고사를 보기 전까지 계속됐으며, 학과 전체 교수와 동문들 앞에서 연주회를 마친 후 수그러들었다. 큰딸에게는 연주를 잘하는 학생들도, 연주해야 한다는 것도 부담이었을 것이다. 아마 이런 상황을 극복하지 못했다면 자퇴를 하거나 휴학을 선택하였을 것이다.

우리의 인생은 매일이 새롭고 매번 처음 겪는 일이다. 그래서 어떻게 해야 할지를 모르기 때문에 스트레스를 받고, 스트레스가 심해지면 포기하거나 다른 길을 선택하게 되는데, 이러한 고민은 누구나 하는 것들이다.

사회복지리더가 개입시기를 조금이라도 앞당길 수 있다면 분명 이용자들은 힘에 부딪히는 문제들을 개선할 수 있다. 친근한 사회복지리더가 대화의 상대가 되어 어려움을 이해하고 받아준다면 이용자는 당당해질 것이다.

사회복지리더가 이웃처럼 친절하고, 편안한 감정을 느낄 수 있도록 친절하게 다가가고, 이름을 불러주며 친근함을 표시한다면 재기의 기회로 여기며 이야깃거리가 되어 그때의 경험을 잊지 않을 것이다.

"동민이는 걱정이 많았다. 마땅치 않은 성적 때문이었다. 가족의 위로도 도움이 안 되었고, 담임교사의 말도 위로가 되지 않았다. 이런 동민이에게 같은 반 친구는 다음의 쪽지를 남겼다.
'요즘 상심하는 너를 보니 걱정이 된다. 무슨 이유인지는 모르겠지만 너는 나의 소중한 친구야.'
이 쪽지를 통해 동민이는 입시 준비에 힘을 낼 수 있었다."

따라서 사회복지리더는 주민들과 이용자, 즉 서비스 이용자의 개인적인 일이나 관심을 필요로 하는 일에 친절하게 다가가야 한다. 이 사소한 진리가 독자의 삶에 유익한 친구를 얻게 할 것이다.

"그의 관심사와 사소한 것에 관심을 보여라. 친구로 지내고 싶다면 그가 하는 일을 함께하라."

3) 친절한 미소와 친근한 다가감

친절을 표현하고 싶다면 부드러운 미소로 이용자에게 다가가라. 부드러운 미소는 낯선 상대라 하여도 편안한 마음을 갖게 하여 안정을 느끼게 한다. 친절은 표정에서 드러나는 성품에 관한 것으로 안정된 상태에서만 보이는 행동이다. 심신이 안정되어야만 불안함, 걱정, 근심 등 불필요한 내일의 염려를 생각하지 않게 된다.

인간은 감정을 미소에 담는 유일한 존재이다. 조소, 경멸, 화냄, 불편함, 미안함, 너그러움, 사랑을 느끼고 친근함을 표현하며, 위하는 것과 동정, 기쁨 등을 미소를 통해 느낀다. 이용자를 만나 미소를 잃지 않는다면 계속 만나기를 즐거워하고 호감을 갖게 되는 것 또한 환대를 담은 친절한 표정 때문이다. 따라서 멋진 미소와 함께 부드러운 친절은 이용자들에게 존중받는 유일한 것이라 할 수 있다.

자기식의 미소를 찾아 익숙해져야 한다. 미소는 내면의 인품을 드러내는 마음의 표현으로 미소 짓기에 따라 존중은 배가된다.

Tip............................. 동료를 존중하지 않으면

요란하게 일 처리를 하는 가족복지팀의 민수 대리는 항상 일을 하기 전에 왜 직무를 부여했는지, 자신이 해야 하는지를 따지고는 하였다. 일을 조용히 치리하는 경우도 없었다. 이런 민수 대리의 태도 때문에 동료들은 가급적 그와 일을 하지 않기 위해 피하였지만 쉽지 않아 힘들어하였다. 항상 불만을 얘기하였고 문제가 있다는 식으로 직무를 처리하였기 때문이다.

과연 민수 대리는 성공적으로 직장에서 생활을 한다고 볼 수 있을까. 그의 업무 스타일에 실망한 동료들이 멀리하는 것은 협력할 동료가 없다는 의미이다. 결국 혼자서 모든 직무를 처리해야 하는 등 외톨이가 되어 비중 있는 직무에서 배제될 것이다.

미소의 힘은 마음의 평정을 갖게 한다. 미소를 잃지 않는 것만으로도 평안한 마음을 갖게 된다. 독자가 수백 명의 사람들 앞에서 사회복지의 가치와 윤리를 강의한다고 하자. 또는 생각지도 못했던 사람과 독대하는 자리에서 의견을 제안해야 한다면 어떠한 모습일지 상상해 보라. 뜻밖의 질문을 받고 대답할 것이 없다면 긴장할 것이다. 너무 긴장을 하였다면 표정이 굳어지면서 얘기하려는 것조차 의도대로 전달하지 못하게 되고 이 모습을 보고 있는 주변 사람들마저 불편해진다.

미소를 띠고 평정을 잃어버리면 말실수를 하고, 하지 않아도 될 얘기를 반복하면서 자신도 모르게 무의미한 손짓을 하는 등 실수하게 된다. 미소는 마음의 평정은 물론 생각하게 하고 상황을 풀어갈 방법을 찾게 한다. 따라서 예기치 못한 어려움을 극복하는 힘은, 오직 평정심을 갖는 것 외에는 없다.

Tip............................ 부드러운 미소의 힘

통명한 표정으로 자리를 지키는 동료보다 부드러운 미소를 짓는 낯선 이에게 호감이 가기 마련이다. 따라서 미소를 잃지 않아야 한다. 미소를 띤 사람과는 더 많은 얘기를 하고 싶어진다.

사회복지리더는 이용자의 입장에서 이해하기 위해 노력하고 그의 말을 진지하게 경청하는 전문가의 자세를 견지해야 한다. 신뢰의 시선을 보내는 등 평정심을 갖도록 진지해야 하고, 대화하고 싶을 정도로 부드러워야 한다. 상황이 긴박하여 초조할 때 미소를 잃으면 평정심을 유지할 수 없다. 따라서 미소를 띠고 편안한 시선으로 마음을 다스리면서 안정을 찾으면 이용자 또한 안정을 갖게 된다.

미소는 두려움과 긴장을 완화시키게 한다. 긴장된 상황이나 문제해결의 기미가 없는 급박한 상황에서조차 두려움을 잊게 만든다. 벗어날 방법이 없는 상황이라고 하여도 여유를 갖게 하여 해결 방법을 모색하게 한다. 이용자들도 여유를 찾고, 본인 또한 여유로워진다.

인간은 마음의 의지를 표정으로 드러낼 수 있는 능력이 있다. 그것이 미소이다. 그래서 미소를 잃지 않는 것만으로도 신뢰를 얻고 공감하게 한다.

미소를 지을 수 없는 상황은 없다. 설사 울어야 할 상황이라고 하여도 희망을 갖게 되는 것은 사회복지리더의 미소 때문이라는 것을 기억하기 바란다.

Tip............................ 세일즈맨의 두 가지 대처

영업을 해야 하는 세일즈맨이 물건을 판 후 제품 불량으로 인해 거친 항의를 받았다. 이런 물건을 생산해서 파는 저의를 알 수 없다는 등 세일즈맨은 30분간이나 항의를 받았다.

세일즈맨은 두 가지를 선택할 수 있다. 손님에게 내가 만든 제품이 아니라 대행해서 파는 것에 불과하다는 것을 거칠게 얘기한 후 자리를 박차고 나가는 것이다. 또 하나는 회사에 연락하여 즉시 조치하겠다는 얘기를 전한 후 새 제품으로 교환해주겠다는 의지를 설명하고 또다시 제품 불량이 생기면 모든 책임을 끝까지 지겠다는 설득을 통해 믿음을 주는 것이다.

만약 세일즈맨이 첫 번째 유형과 같은 행동을 하였다면 더 거친 항의를 받았을 것이다. 이 일로 인해 회사의 이미지는 손상을 받을 것이고, 어쩌면 더 이상 근무할 수 없을지도 모른다. 두 번째 행동은 판매책임을 느끼고 회사를 대표해서 고객의 입장을 고려하였다. 고객에게 대해 최선을 다하는 모습으로 신뢰를 주었고 회사에 대한 믿음을 갖게 하였다.

4) 만남의 시도

친한 친구라 하여도 각자의 생활을 위해 헤어져야 할 때가 있다. 할 일로 인해, 자기 몫의 생활을 위해 떨어져 지내는 것이다. 그리곤 만나자는 연락을 통해 잠깐 동안 시간을 보낸다. 이러다 보니 오랫동안 만나지 못해 잊혀지는 친구 또한 무수히 많다. 다시 만나도 행복하고 즐거운 것은 존재감 있는 친구였기 때문이고 그때의 만남이 좋아서이다.

이용자를 다시 만나게 될 때 더 기쁜 교제가 되도록 특별한 만남이어야 한다. 전화통화나 메일을 주고받는 것보다 더 좋은 건 추억어린 것들을 해보는 것이다. 유적지를 가고, 의미 있는 장소를 방문하는 것도 방법이다.

저자는 다음의 방법을 권한다. 이용자의 이름을 서두에 넣고 편지를 써보라. 저자는 세 딸의 아버지로, 집사람은 언제나 누구의 엄마로 불렸다. 이름을 불러준 적도 거의 없다. 우리나라 정서에는 결혼한 남편과 아내에게 자식의 이름을 붙여 부르는 게 일반적이다. 그래서 집사람의 이름, 저자의 이름은 잊고 지내왔다. 직장에서도 마찬가지다. 과장님, 대리님, 주임님, 부장님의 직위에 의한 호칭이 일반적이다. 어쩌면 이름을 넣어 호칭하는 것이 낯설게 느껴질 수도 있다.

이름을 불러주는 것은 이용자의 존재감을 드러내고 인정하는 것이다. 세계적으로 유명한 지휘자 하면 누가 생각되는가. 영화감독은 어떤가. 피아니스트, 바이올린의 세계적인 거장은 누구인가. 세계 최고의 피겨스타는 누구인가. 그들은 모두 직업이 아닌 이름을 통해 직업을 드러낸 개인들이다. 이름으로 명성을 증명하고 인정을 받았다.

호칭은 이용자를 인격적으로 존대하고 대우하게 한다. '놀라운 재능이 있는 민수', '나의 사랑스러운 아들 형철', '기술이 뛰어난 동혁 너와 함께 일하는 것이 자랑스러워.'라는 말에 들어 있는 호칭은 이용자를 인정하는 최고의 극찬이다.

이뿐인가. 후원자들은 봉투에 이름을 써놓고 후원금을 낸다. 연말이 되면 TV에 출연하여 후원하는 사람들도 있다. 결혼식에서도 이름은 반드시 기재한다. 장례식은 어떤가? 유치원에 입학하기 위해 이름을 쓰고, 초등학교, 중학교, 고등학교와 대학에서도 이름은 늘 호칭된다. 관공서에서 서류를 발급받기 위해서도 이름은 확인된다. 이름은 인간의 존재감을 드러내는 유일한 것임을 알 수 있다.

졸업식 날 상을 받기 위해 호명되어 단상에 선다면 자녀뿐 아니라 가족에게도 자랑스러운 일이다. 입학식 또한 마찬가지다. 유치원을 다니는 영유아들이 연말이 되면 부모와 친지를 초대하여 한 해 동안 배운 학예발표회를 한다. 자녀가 무대에서 발표할 때마다 반가움에 카메라와 영상을 담기 위해 분주하다. 이날은 자녀의 손동작 하나, 실수를 해도 자랑이 되기에 기쁨이다. 중학교를 입학하고 졸업식 날 잘했다는 축하인사를 보내고, 고등학교 시절 또한 마찬가지다. 취업을 하고 결혼을 할 때도 "○○씨의 장남, ○○군과 ○○씨의 차녀 ○○양의 결혼을 축하한다"며 큰 소리로 그의 이름을 부른다.

왜 사람들은 추억의 장소에 이름을 새겨 놓고 기념할까. 남산 정상에 가면 사랑을 약속한 연인들의 열쇠고리를 볼 수 있다. 단순한 의미는 아닐 것이다. 무모하지만 높은 산 바위에 이름을 새겨놓거나, 유명한 맛집을 방문한 기념으로 "현수와 민경이가 왔다 감.", "참 맛있는 집입니다." 등 이름을 남기는 이유는 기념하기 위해서이다.

이를 볼 때 격을 갖춘 호칭과 예의 바름이 사회복지리더를 돋보이게 하고 리더십을 드러내는 것임을 알 수 있다. 이름을 호칭 받은 이용자는 호감을 갖고 있다는 등 동기를 갖는 것은 물론 기대에 부응하기 위해 더 많은 노력을 한다. 평소 만나고 싶거나 존경하는 사람으로부터 이름이 불리고 마주하게 되면 이는 평생 간직할만한 벅찬 감동일 것이다. 정말 존경하는 분이 찾아준 것도 황송한데, 이름까지 부르며 친근하게 대해준다면 설레는 감동을 경험하였나고 생각한다. 거기에 더해 친절한 미소, 격을 갖춘 존대와 존중을 받는다면 오랫동안 좋은 추억으로 간직되는 영광스러운 일일 것이다.

이러한 감동을 줄 수 있는 사회복지리더는 이용자들의 마음에 간직된다. 좋은 리더로 인식된다. 친절한 미소와 이름을 불러주는 것만으로도 충분하다. 현실 때문에 정말 힘든 상황에 처해 있는 이용자라고 하여도 지금이 소중하다며 감격의 시간을 보내었다는 확신을 가질 것이다.

Tip............................ 즐거운 교류 좋은 생각

매일 여러 사람과 교류를 하지만 기억에 남는 사람은 많지 않다. 사람을 만나 쉽게 잊어버리고 정말 소중한 사람을 만났음에도 기억하지 않는다. 추억이 될 만한 사람이나 오랜 친구조차 잊고 지내는 현실에서 그들과의 좋았던 추억을 회상하게 되지 않는다.

반면 기억하지 않아도 될 사건과 일들을 생각하면서 아픔을 재현하는 실수를 하고는 한다. 어린 시절 가족들로부터 들었던 상처의 말, 자신을 이용한 관리자의 몰염치한 행동, 동료의 이기심으로 더 혹독하게 수행했던 직무 등이 그것이다.

그를 회상할 때마다 적대감을 표현하면서 분노하며 다시 생각하는 등 되돌릴 수 없다는 것을 알면서도 자신을 학대하는 것이다. 때로 홈페이지와 페이스북을 통해 문제 또는 곤란함에 처해졌다는 것을 알게 되면 "그럴 줄 알았어."라며 불쾌한 감정에 자신을 내몰기도 하고 되돌릴 수 없음에도 그들을 생각하며 혼자 있는 방에서, 친구를 만나 대화할 때마다, 가족들과 상처받은 얘기에 너무 많은 시간을 보내는 것은 아닌지 생각해 보아야 한다.

이제 마음을 내려놓자. 그들은 우리의 편이 아니다. 설사 다시 만난다 하여도 내 편이 아니다. 살기 위한 치졸한 방법을 사용한 것은 맞지만 그들은 그런 식으로 살아가기 때문에 다시 만난다 해도, 아니 만나지 않더라도 똑같이 행동할 것이다. 정작 중요한 것은 지금의 자신이다. 지금 있는 내가 더 소중하기 때문이다.

독자여. 이러한 사람들 때문에 힘들어하지 않기 바란다. 오히려 그들보다 더 나은 성장을 위해 시간을 투자하라. 할 수 있는 방법을 찾아 더 나은 현재를 만들어 가기 위해 자격증 취득에 도전해 보는 것은 어떤가. 이것이 현명한 처사임을 잊지 말기를 바란다.

5) 진실이 담긴 인정과 칭찬

진심은, 진심 어린 말과 태도, 표정, 진정한 고백이 전달될 때 전해진다. 감동이 마음에 전해지는가에 따라 받아들여지고 거절당한다. 평소 모습에서 기억되는 이미지, 자주 하는 대화, 다니는 장소 등 진심은 진실한 태도를 통해 감동으로 전해진다.

진실함은 이용자를 생각하게 만든다. 소중한 존재라는 것을 알게 한다. 진심을 알게 된 상대는 인정받았다는 확신을 통해 존재감을 느끼고, 타인으로부터 존중받을 때 진실해진다.

사회복지리더는 진실을 담아 인정과 칭찬을 전하는 리더십을 발휘해야 하는데, 이용자들의 상황, 즉 있는 그대로의 모습을 존중하는 태도를 통해 전해진다. 이러한 태도가 설득하는 힘이고 이끌어 가는 리더십의 발휘이다.

Tip.................... 진실한 리더는 이용자들의 역량을 인정한다

직장생활 십 년 차인 형철 대리는 네 명의 자녀와 부인의 생계를 책임지는 여섯 식구의 가장이다. 성공하고 싶은 욕구는 많았으나 가장이기 때문에 가족들을 보살펴야 한다는 책임을 과중하게 느끼고 있다. 동료들과 불편한 관계를 만들지 않아야 한다는 생각과 동료들과의 사이가 나빠질 것이 염려되었기 때문에 관계를 맺는 데 소극적이었다.

어느 날 과장이 새로 부임하였다. 그가 어떤 성격인지가 궁금했지만 조심스러웠다. 새로 부임한 과장은 업무파악이 빨랐다. 직원들로부터 보고를 받고 드디어 형철 대리의 순서가 되었다. 과장은 빙그레 웃으며 형철 대리에게 다음과 같은 얘기를 하였다.

"그동안 형철 씨의 실적과 근무평가 등 업무추진 내용을 살펴보았습니다. 요즘 교육비 문제로 자녀 출산을 기피하는 현실인데 특별한 이유라도 있는지 설명해 주시겠습니까?"라는 질문을 받았다. 사실 자녀가 많다는 것에 대해 이렇게 관심을 가져 준 상사가 없던 터라 조금은 당황한 모습이었으나 형철 대리는 다음과 같이 얘기하였다.

"어린 시절 아버지를 여의고 어머니가 말씀하신 것은, 제가 가장이라는 것과 가장은 자신의 일에 대해 관리자가 알건 모르건 최선을 다해야 한다는 것이었습니다. 동료들은 친구이고 가족이지 성과를 위해 다투는 경쟁 상대가 아니라고 생각합니다. 동료들과 다투지 않기 위해 최선을 다했고, 조금 더 일하면 된다는 마음으로 직장생활을 해왔습니다. 제가 사직을 하게 되면 가족들의 생계를 책임지지 못하게 됩니다. 자녀는 축복이라고 생각합니다. 사랑하는 아내와 저의 결실이지요. 그래서 자녀들이 잘 자라기를 기대하였고, 형제들이 많아야 저와 같은 어린 시절을 보내지 않을 것이라고 생각을 했습니다. 많이 못 해주는 것이 미안하지만 분명 건강하게 자랄 것이라고 믿고 있습니다."

과장은 다음의 얘기로 형철 씨를 격려하였다.

"음~ 내가 생각하지 못했던 이야기를 듣게 되었네요. 형철 씨가 가진 생각이 회사의 동료들과 조직문화로 반영되기를 기대합니다. 앞으로도 지금과 같이 성실하게 근무해 주기를 바랍니다."

과장과의 면담 이후 형철 대리는 직장에 대한 애착을 더 갖게 되었다. 그는 자신이 인정받고 있다는 생각에 흥분하였고, 인정해준 관리자가 있다는 생각을 하며 최선을 다해 근무하였다.

아마 이러한 관리자를 만난다면 힘든 상황이라고 하여도 더 열심히 직무에 임할 것이다. 그래서 인정을 받는 것은 동기를 찾게 한다. 행복한 것들을 생각하게 하여 결심하게 만든다. 동기부여의 최고의 칭찬은 격려이다. 사회복지리더의 격려라면 더욱 그러할 것이다.

Tip............................ 칭찬과 관심의 힘

칭찬과 관심을 보이는 것은 내 편으로 만드는 방법이다. "힘드실 텐데 큰일을 준비하고 계십니다. 수고가 많습니다."는 우리나라 사람들이 흔히 하는 노고에 대한 인사이다.

이러한 인사를 받게 되면 누구나 "아닙니다. 수고 많으십니다."라며 반가운 인사를 건넨다. 설사 사실이 다르다 하여도, 아니 부족한 답변이라고 해도 미소로 받아들일 것이다. 따라서 "그런 생각이셨군요."라는 가벼운 대화로 넘긴다면 또 한 명의 친구를 얻은 것이다.

인정은 칭찬에서 시작하여 현재와 앞으로 성장할 그의 모습, 있는 그대로의 모든 것들을 받아들이는 것이다. 이를 알려줄 몫은 사회복지리더에게 있다.

인정에 목마른 이용자는 인정받지 못하고 있다는 것을 아는 순간 저돌적으로 경쟁한다. 분쟁하면서 갈등하고 더 많은 이익을 취하기 위해 다툰다. 이러한 집단은 침묵이 흐르고 냉철한 조소가 팽배할 것이 뻔하다.

이용자를 설득하고 싶은가. 칭찬할 것을 찾고 인정하라. 또한 그의 장점을 얘기하라. 이후부터 대화하게 될 것이다. 칭찬을 싫어하고 인정을 회피할 이용자가 어디에 있겠는가. 인정하는 칭찬은 내면에 감추어진 얘기를 듣게 한다. 이용자가 어떤 생각을 하고 있는지 알고 싶다면 그의 대화 방식과 모습을 생각하라. 또한 칭찬할 것을 찾아라. 그리고 그것을 얘기하여 어떻게 그렇게 매너가 좋은지를 격려하라. 그리고 얘기해 주기를 요청하라. 그러면 그의 생각을 허심탄회하게 듣게 될 것이다. 대화는 칭찬과 인정, 솔직한 마음으로 얘기하였던 고백으로부터 시작된다.

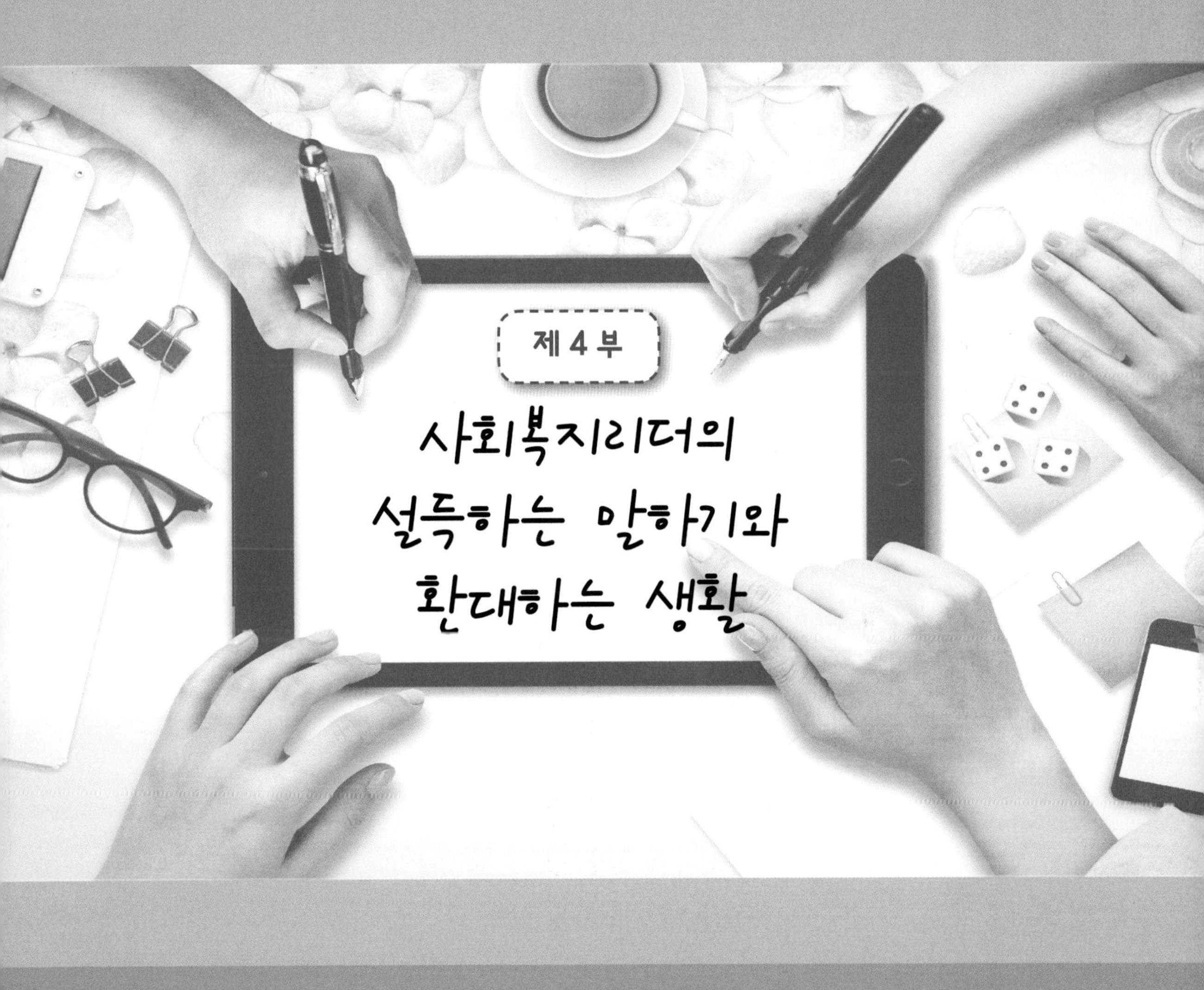
제 4 부
사회복지리더의
설득하는 말하기와
환대하는 생활

사회복지리더의 환대와 설득하는 스피치

1. 환대하는 설득의 스피치

1) 설득하는 스피치의 중요성

설득하는 대화는 사회복지리더의 주된 활동이고, 직무수행의 토대로서 이용자의 상황과 문제, 어려움, 현재의 생활, 앞으로 계획을 파악하고 이끌어가는 핵심 기술이기 때문에 중요하다. 이용자를 비롯하여 관계된 사람들을 이해시키기 위해 대화의 물꼬를 트는가에 따라 대화가 시작되고 설득되었을 때 마음을 연다는 점에서 설득하는 대화는 사회복지리더가 필수적으로 익혀야 할 대화기술이다. 이후부터 동기를 갖고 변화를 시도하게 되는데, 시도를 하면서 망설이거나 주저하는 등의 요인들 때문에 설득하는 대화가 필요한 것이다. 망설임이 길어진다거나 내일 만나자고 한다면 더 이상 물어보지 않게 된다. 물어볼 사람이 없다고 생각하여 포기하는 것이다. 그렇게 된다면 사회복지리더가 설득에 투자한 노력은 의미가 없게 된다.

설득하는 대화는 말을 기교 있게 하고, 이용자의 입장과 상황에 맞추어 대화하는 기술이 아니다. 그의 변화를 이끌었다면 변화된 생활을 지속할 수 있는 동기를 부여하고 인생의 비전을 갖게 하는 등 생활의지를 유지하게 하는 데 있다. 이용자가 변화를 결심하기까지 많은 고민을 하였던 것처럼 헛되지 않을 것이라는 확신을 갖도록 대화를 통해 설득하고 믿음을 심어주는 데 목적이 있다.

설득하는 대화는 사회복지리더의 환대의 태도에서 더 적극적으로 동기를 갖게 한다. 따라서 대화를 통해 이끌어야 한다는 확신이 들면 이용자들의 입장에서 이해하고 대화를 하게 되는데 이것이 환대하는 설득의 대화이다.

복지서비스가 필요한 이용자는 사회복지리더가 정신없이 지내온 상황에서도 혼자서 모든 것을 감당해 왔다. 혼자라는 현실이 버겁고 도와주지 않는 차가운 현실이라는 생각에 모든 걸 포기하기도 한다. 이러한 어려움은 복지서비스를 이용하는 중에도 겪는 일이다.

무료급식소를 이용하는 것은 결심이 필요한 일이다. 그럼에도 자신의 처지를 생각하기보다 식사를 해야 힘을 낼 수 있다며 용기를 내어 찾아간다. 하지만 앉으라는 말도 없이, 누가 왔는지도 모른 채 줄을 서야 하고, 배식 판에 담아 주는 밥과 반찬을 담아 고맙다는 인사를 하고 식탁에 앉아 식사하는 그에게 인사조차 나누지 않는다면, 알아서 먹고 정해 준 자리에 놓고 가야 한다면, 그는 정말 외로울 것이다. 무료급식소는 어떤 이에게 한 끼의 식사해결이 아니라 생존을 위해 어쩔 수 없이 선택해야 하는 안타까운 생활고를 대변하는 곳이다. 그래서 누군가는 어디에서 무료급식소를 운영하는지 궁금해한다.

무료급식소의 운영방식이 급식서비스가 필요한 이용자를 위한다는 목적에서 설치되어 운영되고 있지만 식사제공에만 목적을 둔다면, 더욱이 밥과 반찬을 담아 제공하는 데 의미를 두고 줄 세우기를 당연한 것으로 받아들이는 서비스라면 사회복지가 지향하는 가치가 상실된 것이다. 소득이 없는 팔십의 노모가 부양하기 싫다며 떠나버린 자식들의 소식을 기다리며 식사하는 곳이 거리 또는 새벽 어느 지하도라면 제공방식이 달라져야 한다.

먹기 위해 살아야 하고 살기 위해 먹어야 할 처지인데, 환대해 주어야 할 무료급식소에서조차 여러 노인과 줄을 서서 한 끼의 식사를 해결할 수 있다면 현재의 서비스 제공방식은 복지서비스가 필요한 이용자 중심으로 바뀌어야 한다.

무료급식에 대한 홍보는 따뜻한 세상을 알리는 의미가 있다. 또한 누구나 이러한 처지에 놓일 수 있다는 아픔을 산식한 공산으로. "따뜻한 세상을 만들어 주세요. 사랑을 베풀어 주세요.", "어려운 이웃들에게 희망을 주세요, 지금 일만 원으로 세상을 따뜻하게 만들 수 있습니다." 등의 말에 나눔의 가치가 내포되어 있지 않다면 단지 구호에 불과할 것이다.

사회복지리더는 도움을 받지 못하는 사람들의 관계 부재의 원인을 살피며 대안을 고민하는 우리 사회의 따뜻한 전문가이다. 서비스를 받아야만 생활할 수 있는 이용자는 현실이 고통스럽다. 그럼에도 선택할 것이 없다. 말할 수 없는 경제적 궁핍에 지쳐 있는 현실 속에서 날마다 하루를 힘들게 버텨 나간다. 해결하지 못해 그대로 지냈거나, 해결해야 하지만 도움을 받지 못해 그대로 지냈을 것이다. 그래서 감수해야 할 것이 많고 사소한 문제조차 버티듯이 생활하면서 하루하루를 보내야 한다.

이들이 복지의 대상이고 복지서비스가 필요한 이용자이다. 적극적으로 개입한다고 해도 가난 등에 노출되어 있어 사회복지사가 리더로 바로 서고, 리더십을 발휘해야만 그들의 어려움을 조금이라도 해결할 수 있다. 이러한 점에서 사회복지리더는 설득가여야 한다. 자원을 비롯하여 관리자, 외부 강사, 후원자 등은 관계를 맺어야 할 협조자이고, 관계유지를 통해 사업에 참여하게 하여 이용자를 돕는 것이 가치 있는 것임을 설득해야 한다. 따라서 말하기와 설득의 기술은 사회복지리더의 역량에 해당하고 습득해야 할 기법 가운데 가장 중요한 개입기술이다.

따라서 설득하지 못하는 사회복지리더의 대화는 복지서비스가 필요한 이용자에게 영향을 미치지 못한다. 영향을 미치지 못하는 사회복지리더는 직원일 뿐이다. 사회복지리더의 설득은 태도와 언변, 진실한 말의 힘을 통해 전달되고 변화를 기대할 수 있기 때문에 스피치 방법과 기술은 복지서비스가 필요한 이용자의 변화를 위해 매우 중요한 역량이다.

Tip…………………………… 이해할 수 있는 예시를 들어라

설득을 할 때는 명확한 이슈를 제시해야 한다. 이슈를 구체화하고, 명확하게 제시하기 위해 이해하기 쉬운 용어를 사용한다. 구체적인 논증과 확실한 논리를 제안해야 하는 데 공감하는 내용이어야 한다.

설득하는 대화는 스토리가 있다. 서두를 예시로 시작하는 것이 이해를 돕는다. 논리적이어야 하는데 내용을 이해하고 공감하게 하는 최적의 방법은 말하려는 의도를 예측하게 하는 것이다. 이용자들이 알고 있는 내용이라면 반응을 보이지만 알고 있는 내용과 상이하거나 수준 낮은 유머 등을 사용한다면 지루해하며 관심을 갖지 않는다.

설득할 때는 자연스럽게 예시를 인용하는 것이 적절한데, 누가 무엇을 말하였고, 어떤 것을 했다는 식이 적절하다.

"사회복지리더가 있어 행복하다는 이용자들을 생각하고 힘내기를 바란다."

2) 사회복지리더의 설득하는 스피치

◆ 언어구사와 상대의 반응 살피기

자신의 입장에서 전달한 얘기를 이용자들이 모두 이해할 것이라고 생각한다면 그것은 오산이다. 자신이 하는 말이 그냥 얘기가 될지, 대화가 될지는 이용자와 대화해 보아야만 알 수 있기 때문에 생각을 말할 때는 반응을 살펴야 한다. 대부분 요청이나 알게 된 정보를 전달하여 필요한 것을 얻기 위해 대화하게 되지만, 잘 전달하였다 하여 도움이 될 것이라고 판단해서는 안 된다. 왜냐하면 자기 말만 한다면 반응을 보이지 않을 것이고, 일방적인 얘기라면 거절할 것이 뻔하기 때문이다. 다음의 예시를 살펴보자.

Tip............................ 직무를 회피하는 동료

동료들과 부하직원들로부터 인정받는 민수국장은 재활사업팀과 중요 직무를 담당하고 있다. 그가 담당하는 직무는 재활사업팀을 비롯하여 부서를 총괄하는 막중한 직무이다. 그런데 기관장은 그에게 새로운 프로젝트를 담당하게 하였다. 민수국장은 업무파악을 하기도 전에 여러 사업을 총괄해야 했기에 주말과 휴일을 반납한 채 하숙집처럼 잠만 자고 나오는 날들이 반복되었다. 동일 직급의 형철국장은 부처의 일만을 수행하고 있고 민수국장은 부서의 안정을 위해 고군분투하는 상황이었다.

그렇게 형철 국장은 자리만을 지키며 몇 개월을 보냈다. 민수 국장은 직무과중을 감수하면서 새로 담당한 부처의 성과를 도출하였고 안정적인 기반을 마련하였다. 신규로 담당하는 부처의 운영과 사업이 안정되자 형철 국장에게 일부 업무에 대한 직무분장을 요청하였는데, 담당하지 못하겠다며 아무 일 없다는 듯이 방관하며 자기 일만 하였다.

형철 국장은 힘든 일이 생기면 명분을 만들었고, 이유를 대며 사임하고는 아무렇지도 않게 여겼다. 이러한 일들이 반복되면서 실적은 고사하고 그가 담당하는 부처의 성과는 전무하였다. 당시 형철 국장은 타 기관과의 협력 사업을 추진하고 있었는데, 직무소신이 뚜렷한 경력 직원이 사사건건 문제를 제기하였기 때문에 정리할 능력이 안 된다는 푸념을 사석에서 얘기하는 것이 잦았고, 힘이 없다는 얘기도 하였다. 어느 날부터는 몸이 아프다는 핑계를 대고 후배들에게 일할 수 있는 기회를 주겠다며 사임하겠다고 하였다. 그후 형철 국장은 보직을 사임하였다.

이런 식으로 말을 바꾸고 처신하는 동료를 신뢰할 수 있겠는가. 책임을 회피함으로써 부서의 동료나 지시받은 동료가 대신 처리해야 한다. 사소한 직무회피로 인해 기관의 분위기는 엉망이 될 것이고, 한두 번은 협력을 하겠지만 직무협조가 원활해지지 않아 피하게 될 것이다.

말로 사람들의 관심사를 조장하고 처신하는 직원은 동료가 아니기 때문에 멀리해야 한다. 자기 외에는 생각하지 않기 때문에 손해만 볼 뿐이다. 상처받는 것도 행함이 없는 속임 때문이다. 따라서 동료에게 상처를 주는 것도 말 때문이라는 것을 명심하자.

말은 처신과 관련되어 있어 말과 행동이 다르면 금세 탄로 날 것을 알면서도 계속할 수밖에 없는 이유는 익숙해 있는 그의 성품이 왜곡되었기 때문이다. 동료의 상황이나 여건을 생각하지 않는 이기심에 의하기 때문에 가급적 관계를 하지 않는 것이 상처를 받지 않는 방법이다.

◆ 설득하는 말과 용어선택

말은 우리의 생각이 다른 이에게 전달되어 이해될 때 관심을 일으킨다. 따라서 대화의 요지를 살펴, 이용자가 필요로 하는 적절한 용어사용과 태도를 갖추어야 한다.

첫째, 상대가 하는 말을 주의 깊게 듣는다

전달할 내용에만 관심을 두고 생각을 말하는 데 집중한다면, 무시한다는 느낌을 주게 되어 신뢰하지 않는다. 듣는 것이 말하는 것보다 중요한 이유는 필요한 요구를 어떻게 전달하고 설득할 것인지를 판단하기 위해서이다. 먼저 말을 하면 이용자 또한 판단하기 때문에 기회를 놓치게 된다. 이러한 손해를 보지 않기 위해 상대의 말을 듣는 것이 먼저이다. 이러한 경청기술은 대화의 유리한 고지를 선점하게 한다.

둘째, 지적인 용어를 사용한다

주장을 설득할 수 있는 용어를 선택하고 이해하기 쉽게 설명해야 한다. 위기 상황에서 극복할 수 있는 얘기는 문제해결과 관련이 있다. 부드럽고 사교적인 얘기는 대화를 진지하게 만든다. 업무협의를 위한 용어사용은 목적이 분명해야 한다. 상대가 수용하여 대화가 이어질 수 있는 용어를 선택하는 것은 공감하게 만들기 때문이다. 필요한 말은 결코 투박하지 않으며 상황에 몰입하게 한다.

셋째, 긴장하지 않는다

회의시간에 상황에 적합한 용어를 얘기하지 못해 멈칫한 적이 있는가? 긴장은 누구나 경험하는 것이다. 상황을 유연하게 대처하기 위해 잠시 후 진행하겠다는 얘기로 숨 고르기를 하고 긴장이 풀리면 이슈부터 제기한다. 드러난 문제부터 제안하고, 원인과 지원사항, 방법적으로 해결해야 할 과제가 무엇인지를 분명하게 제안한 후 해결방법을 모색해야 한다는 의견을 요청한다.

긴장은 내면으로부터 나오는 것이기 때문에 마음을 다잡아 시행하겠다는 의지를 갖게 되면 불안한 마음을 진정시킬 수 있다. 다만 긴장된 상태라면 분위기를 전환해야 하는 데 양해를 구하고 잠시 후 진행하겠다는 뜻을 분명하게 전달하여 안정을 찾는 것이 우선이다.

넷째, 표정관리에 주의한다

가급적 이용자와 대화를 할 땐 분위기에 따라 주장을 설득할 수 있을 정도로 표정을 관리해야 한다. 간절한 표정은 이용자의 가슴을 움직이고 매료시킨다. 정말 도움이 필요하다면 간절해야 하고, 간절함은 표정으로 드러나게 되어 있다.

2. 환대하는 사회복지리더의 코칭스피치

1) 멘토 활동과 코칭기술

멘토는 멘티[1]의 성과에 관심을 둔다. 직무성취를 위한 활동이 성취될 수 있도록 동기를 부여하고 비전수립을 돕는다. 목표를 추구하고 성취할 수 있도록 안내하면서 필요한 기술을 습득하도록 교육하는 등 멘티의 성장을 위해 개입한다. 따라서 좋은 멘토는 멘티의 사소한 변화라도 의미 있게 여긴다. 멘티의 활동을 지원하기 위해 대화를 통해서만 지원하지 않으며 때로 행동으로 본을 보인다. 요구가 무엇인지, 결핍된 요구를 대화하고 필요한 것들을 찾기 위해 모델링한다.

멘토는 안내자로 때론 정보제공자의 역할을 수행하고 지원을 아끼지 않는다. 개인의 능숙한 사회생활과 일상생활을 지원하거나 직무추진을 원활하게 수행하기 위해 직무수행 전 자료준비에서 직무성과를 위한 방향을 수립하고, 진행과정에서 자원개발과 연계, 추진에 필요한 인적·물적 자원의 활동에 관심을 보이며 성과도

1) 본 절에서는 멘토를 사회복지리더로 지칭하고 멘티를 이용자로 명시하겠다. 사회복지리더는 상시적으로 주민들과 이용자를 대면하면서 프로그램을 진행하거나 문제를 해결하기 위해 개입하기 때문에 멘토역할을 해야 할 때가 많다. 따라서 멘토는 이용자를 이끌어가면서 멘티인 이용자의 문제를 해결하기 위해 매우 중요한 사회복지리더로서의 역할을 수행한다.

출을 위한 보고서 작성과 사후관리 등에 개입한다. 따라서 행동가로 실천하면서 멘티의 모든 활동을 조력한다.

또한 멘티의 성장을 위해 지속적으로 관심을 보이는 등 자발적으로 활동하기 위한 조치를 취하고 직무성장에 필요한 지원을 아끼지 않는다. 특히 환경의 변화에 적극적으로 대응하기 위해 내부체계를 구조화하여 신속한 대응체계를 갖추게 하는 등 결속시키며 이끈다.

Tip............................ 대기업의 서비스 정신

우리나라의 ○○그룹의 스마트폰은 세계시장을 석권하고 있다. 국내 시장 또한 위 업체의 제품을 대부분 이용하고 있을 정도이다. 하지만 스마트폰을 구입하고 사용하는 것보다 사용 중에 고장 등의 문의가 제기되면 얼마나 빠르게 A/S를 해주는가. 편리하게 사용할 수 있는가가 더 중요하다.

위 기업에서 운영 중인 고객수리센터를 이용해 보았다면 민망할 정도로 친절한 직원들의 환대를 받았을 것이다. 말투와 표정에서조차 고객이 더 이상의 불편함을 얘기하지 못할 정도로 친절하다. 이용자인 고객의 곁에 실무 직원들이 있어야 한다는 원칙을 반영한 것으로 볼 수 있다. 누구를 위해 일을 하는가를 생각해 보면, 역시 소비자였다. 소비자가 생각하는 바가 그들의 직무이고 생산할 제품이며 서비스이고 조직의 변화라고 보여진다.

관리자가 판매가 저조한 직원을 다그치는 시대는 지났다. 오히려 조직의 시스템을 소비자에게 가까이 두고 다가가는 조직으로 변화되었다. 고객인 그들을 이해하지 못하는 조직이 도태되는 시대인 것이다.

분명한 것은 조직이 방대할수록 의사소통 라인을 축소하는 등 직원들의 역량을 키우면서 직원의 아이디어가 직무에 영향을 미치도록 해야 한다. 빠른 결정은 조직의 대응력을 강화한다는 점에서 조직역량을 강화하기 위해서는 조직시스템을 고객친화적으로 간소화해야 한다.

2) 설득하는 멘토의 코칭리더십

사회복지리더가 진행하는 프로그램에 참여한 이용자 중에는 멘토가 필요한 이용자와 멘토가 필요 없는 이용자가 있다. 코칭이 필요한 이용자와 필요하지 않은 이용자가 있다. 이 간단한 논의가 어느 이용자에게는 도움이 되지 않아 상관없는 남의 일이다. 사회복지리더와의 협의를 불편한 것으로 여기며 자신만의 세계에 갇혀 지낸다. 이러한 생활이 오래될수록 변화될 가능성은 낮다.

하지만 멘토인 사회복지리더는 다음의 사항을 주의해야 한다. 멘토인 사회복지리더가 멘티인 이용자를 수시로 만나 필요를 파악하여 적절한 서비스를 제공해야 하지만 관리자의 일방적인 지시에 의해 서비스를 제공하게 되면 욕구에 대처하지 못한다. 따라서 이용자의 정보를 관리자에게 적시에 제공해야 한다. 만약 이용자 정보를 적시에 제공하지 못하게 되면 이용자의 상황에 적합한 서비스를 지원하지 못하게 되어 이용자는 관심을 두지 않는 것은 물론 멘토로 인정하지 않아 참여거부는 물론 사회복지리더에 대해 신뢰를 갖지 않는다. 사회복지리더 또한 직무의 일환으로 서비스를 제공하기 때문에 수행해야 할 여러 일 가운데 급한 직무 중심으로 처리하게 되어 이용자 개입의 필요성을 인식하지 않게 된다. 즉, 핵심 목표달성을 위한 추진방향이 모호해져 이용자 상황을 임의적으로 판단하는 오류를 범하는 것이다. 관리자, 동료, 이용자를 위한 것도 아니면서 서툰 판단을 하고 쉽게 결정하는 등 실수를 범하는 것이다.

이러한 서비스는 멘토인 사회복지리더뿐 아니라 멘티인 이용자를 무기력하게 만든다. 이용자와의 의사소통 또한 원활하지 않아 계획을 수립하여도 프로그램에 참여한 이용자 간의 사적 논의가 난무하고 사회복지리더의 진실한 얘기보다 비공식적 논의를 신뢰하고 수용한다. 이용자들은 자신과 관련된 일임에도 결정하기 위해 오랜 시간을 잡담하듯이 얘기하고 사회복지리더와 대화하지만 정확한 정보인지조차 구분하지 못해 판단을 보류한다. 사회복지리더도 지치고 이용자들도 지쳐 계속 진행해야 할지를 판단하지 못해 처리가 늦어져도 결정하지 못하고 혼란에 빠진다.

사회복지리더의 결정적인 실수는 대안을 찾지 못해 판단을 보류하는 등 미온적인 태도를 일관하면서 참여한 이용자들의 상황을 방치하는 것이다. 사회복지리더는 옳은 선택임을 주장하기 위해 이용자들에게 끊임없이 질문을 하고 대화를 하지만 옳은 선택을 하지 못해 주저하면서 결정의 시기가 임박하여 이용자들의 요구를 수용하는 실수 또한 저지른다. 무엇이 문제인지를 판단하지 못하는 것이다. 그럼에도 만족할 만한 대안이 아니어서 또다시 대화해야 하는 지루한 선택을 기다리면서 이탈하는 이용자가 생긴다 해도 긍정적으로 생각하지 않는다.

멘토와 멘티의 관계는 모델링이 핵심이다. 이용자와의 관계에서는 더욱 그러하다. 생활의 문제와 심각할 정도의 욕구결핍을 간직한 이용자의 상황을 멘토의 조언과 모델링을 통해 극복해가도록 이끄는 데 있다. 따라서 사회복지리더의 우유부단함은 멘티에게 혼란을 가중시킬 뿐만 아니라 멘티의 현재 상황을 개선하지 못한다. 이를 볼 때, 코칭이 필요하지 않은 이용자는 없다. 우리는 매사 간섭하는 부모를 불편함으로 여기지만 성인이 되어 직장생활을 하면서 얼마나 소중한 것인지를 알게 된다. 하지만 그 시기에는 간섭으로 여긴다. 힘들다는 생각에 극복할 힘도 없으면서 소리치면 다 되는 줄 알고 지냈지만 알고 보면 엄마의 간섭이 코칭이었다.

"어려움을 극복하기 위해서는 반드시 지지해줄 누군가가 필요하다."

코칭은 코치하는 멘토(사회복지리더)와 코치를 받는 멘티(이용자)가 동일한 책임을 갖고 참여하는 협력적인 관계로 성장하는 것에 목표를 둔다. 자신감 고취, 직무 스킬 습득, 직무 비전에 대한 방법적 실행능력을 갖추게 하여 전문가의 개인적 발달 수준을 높이는 데 목적이 있다(Duke Corporate Education, 박정민·김용운·임대열 역, 2009).

위의 정의를 보면, 직무수행에 필요한 스킬만을 코치하는 것에 제한하지 않는다. 넓은 관점에서 보면 직무에 대한 자신감, 직무수행 기술 등 코치하는 멘토와의 원만한 관계를 통해 멘티(이용자)의 능력을 확대하는 데 목적이 있다. 따라서 코치를 받는 이용자 또한 재능을 발견해야 하고 성장하기 위한 목표와 방향설정이 명확해야 한다. 즉, 비전을 품고 있어야만 멘토 또한 발전하고, 멘티의 성장에 영향을 미친다는 것이다.

Tip........................... 엄마의 코칭

부모는 자식의 앞날을 걱정하며 일상의 여러 가지를 채우기 위해 희생한다. 돌봄은 가정에서나 외출을 할 때 등 한결같은 도움이고 지지이다. 이렇게 자란 자녀가 성인이 되어 제몫을 하게 된다.

돌봄은 양육과정에만 필요할까. 아니다. 장애인을 비롯하여 노인, 청소년 등 모두에게 필요하다. 더욱이 사회생활의 토대가 된다는 점에서 인간의 성장에 필수적인 것이다. 돌봄은 한마디로 코칭이라 할 수 있다.

3) 다툼을 유발하지 않는 코칭 설득

멘토는 해당 분야의 지식과 기술을 갖추고 있으며 먼저 경험한 사람일수록 적합하다. 겪었던 어려움을 극복해낸 계기와 과정을 멘티의 입장에서 제시하는 등 사회복지리더의 멘토 역할은 선행경험이 많을수록, 다양한 지식이 풍부할수록 자격이 있다.

간혹 대화가 토론으로 이어지는 경우가 있는데, 토론은 적합한 이슈를 통해 적절한 대안이어야 한다는 점에서 합의를 끌어내는 것은 중요하다. 하지만 의견의 대립으로 인해 갈등을 유발하기도 하는데 의견이 주장으로 제기되는 경우이다. 분위기가 험악해지는 것은 물론 서로의 의견을 비난 또는 비판으로 일관한다면 더 이상 합의되지 않는다.

따라서 대화하는 설득가인 사회복지리더는 이용자들을 설득하고 이끌어 가기 위해 비난을 멀리한다. 설사 그의 얘기가 사실과 다르거나 수용할 수 없는 의견이라고 하여도 비난을 삼간다. 공식자리에서의 비난은 더 자제한다. 설사 논쟁의 끝에 확실한 승리를 거머쥐었다 해도 다툼 중에 더 많이 말을 하여 목소리가 큰 것뿐이지 진정한 승리가 아니라는 것을 알고 있다. 이런 식의 승리는 논란을 일으키게 하여 기분을 상하게 한다는 것을 알기 때문이다.

비난은 대립하게 하여 다음번 토론을 경쟁하게 만든다. 또한 자존감을 훼손하였으므로 공격적인 무기를 상대에게 준비시킨다. 승리는 일시적인 것뿐이어서 잃어버릴 것들이 너무 많다. 관계의 훼손, 대화상대가 되지 못하는 것 등 상대의 공격성을 자극하기 때문에 어떠한 얘기를 하여도 수긍하지 않는 전략을 모색하게 한다.

Tip............................ 의견대립과 갈등유발

같은 아파트에 사는 민혁은 이웃 동에 사는 나이가 비슷한 친구를 반상회를 통해 알게 되었고 이후 친한 사이가 되었다. 어느 날 아파트가 재개발된다는 소식을 듣고 의기투합하여 적극적으로 참여하였다. 하지만 재개발을 반대하는 주민들이 주민자치회의 임원 선거에 불만을 품고 재개발 설명회에서 잘못된 선거임을 주장하며 임원들의 퇴진을 요구하였다.

민혁과 친구는 총무와 부회장을 맡고 있었다. 양측의 갈등은 극단으로 치달았고 물리적 충돌이 일어났으며, 서로를 비난하는 플래카드를 거는 등 해결의 기미가 없었다. 이런 식으로 2년을 보냈다. 결국 재개발은 무산되었고 주민들은 사이만 나빠지게 되어 서로를 적대시하며 대립하였다.

시비는 사전 차단이 중요한데 갈등으로 확산되기 이전에 조치해야 한다. 낯선 장소에서 만나는 사람과는 가급적 어떠한 비판도 제기하지 말아야 한다. 아무리 좋은 의견이라 하여도 논쟁은 시빗거리가 되는 등 분쟁의 시발점이다. 누군가로부터 공격을 당하거나 비판의 원인이 되므로 가급적 논쟁거리를 만들어서는 안 된다.

Tip............................ 의견대립과 상처

'빈곤주민 개선방안'에 대한 주제로 토론하게 되었다고 하자. 사회복지사가 의견을 제안하면서 수급권자에게 지급하는 월 생활비가 문제임을 지적하였다. 옆 자리에 앉아 있는 사회복지사는 그것도 문제이지만 더 시급한 것은 시혜적 관점이 문제라며, 주민인식 개선이 시급하다는 것을 제안하였다.

둘의 팽팽한 의견은 멈추지 않았고 다른 참여자들의 의견을 고려하지 않은 채 계속되었다. 토론에 참여한 참여자들은 노심초사하였다. 논쟁은 강사가 그만이라는 말과 함께 정리해 달라는 시간까지 계속됐으며 서로 흥분한 가운데 주제를 벗어나 상대의 사회복지 관점까지 공격하기에 이르렀다. 결국 강사가 의도한 토론의 결과는 제시되지 않았다.

논쟁은 정당하고 옳은 얘기라 하여도 비판과 평가의 요인이다. 한 번 상대로부터 공격받은 내용은 또 다른 공격의 빌미를 제공하고 자존감을 회복하기 위한 전투가 되므로 그는 논쟁에서 승리해야 한다는 목표만을 갖는다. 결국 승자 없는 자존심 대결로 끝이 난다.

논쟁은 논쟁일 뿐 상처만 남긴 채 시간이 지나야만 회복되는 특성이 있기 때문에 가급적 논쟁하지 않는 것이 지혜롭다 하겠다.

다음 사례는 사소한 것으로 인해 시비가 아님에도 시비가 된다는 것을 보여주는 예이다. 불편함을 개선해 달라는 정당한 요구임에도 원칙을 말하며 기다리라는 말만을 되풀이하였다. 제품의 문제점을 조목조목 설명해도 받아들이지 않았으며, 기다리라는 것만을 설명할 뿐이다. 어쨌든 자기 몫의 일을 수행해야 하기 때문에 역할에 최선을 다하는 것은 옳은 것이다. 하지만 누구나 불편을 느끼는 상황에서 그의 친절을 받아들이지는 않는다. 오히려 거스르는 말로 오해할 소지가 있어 불편을 가중시키는 친절이다.

타당한 요구

TV 수명이 다되어 망가졌다는 얘기를 아내에게 들은 형철 대리는 TV를 사기 위해 마트를 방문하였다. 마땅한 것이 없어 여러 가게를 방문한 끝에 가격과 디자인이 마음에 드는 제품을 찾았다. 바로 계약을 하고 다음 날 배송을 받았고 설치까지 완료하였다. 하지만 이틀이 안 되어 화면 윗부분에 무지개 줄무늬가 나왔고 화면도 고르지 않았다. 이 사실을 일주일이나 지난 후에 아내에게 듣게 된 형철 대리는 제품을 구입한 마트에 전화하여 교환해줄 것을 요청하였다. 직원은 제품불량이라고 하면서 A/S를 해주겠다고 하였다. 이에 새로 산 제품이 불량이라면서 수리를 해주겠다는 것을 이해하지 못하겠다며 교환을 요청하였다. 그런데 직원은 절차를 따라야 한다며 수리 기사 방문 후 불량이라는 확인을 받으라는 말만 할 뿐이다.

이러한 직원의 태도가 이해되지 않았던 형철 대리는 회사의 브랜드를 믿고 제품에 대한 설명을 듣고 난 후 구매하였는데, 이틀도 안 돼서 화면에 문제가 있는 새 제품을 수리하겠다는 것이 이해가 안 된다고 항의하였다. 이러한 통화는 이십 분 동안 계속되었지만 같은 말만 들었을 뿐이다. 불편함을 드려 죄송하다는 말과 함께 바로 처리해주겠다는 말이 듣고 싶었지만 절차대로 처리하고 있다는 얘기 외에는 듣지 못한 것이다.

이런 식으로 제품을 구매할 때와 구매 후가 다르다면 어느 소비자가 신뢰하겠는가? 결국 구매하지 않게 된다. 위의 직원은 직무를 충실하게 처리한 것이라고 생각하여 짜증이 났을 것이다. 하지만 고객의 불편이 아니라 제품 자체를 잘못 판매한 원인을 제공했음에도 절차를 따지는 것은 분명 잘못된 것이다. 그래서 형철 대리는 점주에게 전화하여 귀사의 서비스 및 처리 절차를 문의하고는 직원들의 응대에 대해 정중한 사과와 함께 시정을 요청하였다. 이후 즉시 조치를 받았다.

4) 코칭이 어려운 이용자

프로그램에 참여하는 이용자의 성향은 다양하다. 자기 방어를 위해 상대의 말꼬리를 잡아 약점을 감추려는 행동을 보이는 참여자가 있다. 수긍하고 이해한다면서 자신의 요구를 어떻게든 관철시키는 참여자, 상황을 바꾸기 위해 주변의 동료들을 끌어들이는 참여자 등이다. 그리곤 그들을 담합하기 위해 자신의 입장을 유리하게 얘기하며 진정인양 거짓을 말한다.

상황을 바꾸려는 의도적인 행동은 설사 모함이라 하여도 개의치 않고 억지주장을 하며 마음에 상처를 받았다는 등 공격성이 내재되어 있다. 이러한 사람은 상대가 상처를 받고 있는지를 개의치 않으며 자신의 이익을 위해 다른 사람을 더 상처받게 한다. 다음번이 더 좋은 기회일 수 있음을 고려하지 않고 현재만을 생각하기 때문에 더 좋은 기회를 놓치는 것이다.

이와 같이 입장을 유리하게 만들기 위해 교묘한 말 바꾸기는 설득이 아니다. 오히려 갈등을 부추기려는 속셈으로 상관없는 목표를 끌어들여 선동하고, 자신의 욕심을 챙기려는 수단에 불과하다. 이런 식으로 이익을 얻는다면 과연 누가 일을 믿고 맡기며 속내를 얘기하겠는가. “미안합니다. 실수했어요. 시정하겠습니다.”라고 하며 동조할 사람이 있겠는가.

설사 잘못이 있다 해도 인정할 턱이 없다. 오히려 사소한 것들을 끄집어내는 등 문제만 거론할 뿐이다. 신뢰를 훼손하였기 때문에 아무리 정당하다고 하여도 이해되지 않는 변명, 입장을 고수하는 대립만 격렬해진다. 결국 갈등만 남게 되어 더 이상 발을 붙여서는 안 된다는 것이 일반적인 의견이다. 이게 결말이다.

이러한 사람들의 특징은 친한 사람들의 얘기를 기억하여 메모하고 주변에 퍼뜨린다. 때로 의미 없는 말로 오해를 사는 경우도 있는데 훼방을 받지 않으려면 주의하고 멀리하는 것이 상처를 받지 않는 방법이다.

5) 좋은 것을 함께하는 코칭 설득

성경 갈라디아서 6장 6절에 가르침을 받는 자는 말씀을 가르치는 자와 모든 좋은 것으로 함께하라."는 구절이 있다. 모든 좋은 것을 함께하라는 것은, 가르치는 자의 경험과 기술, 생각, 배운 것 등 그가 이루기 위해 축적하였던 것들을 함께하여 가르침을 받는 자의 더 나은 성장을 도모하고 현재를 풍요롭게 만들기 위한 논의인 것 같다. 지금까지 이 논의보다 더 멋지게 가르치는 자의 윤리와 자세, 행함의 본이 되는 말을 듣지 못하였다. 우리 사회에 스승의 참된 의미를 알게 하는 구절이다.

스승이 되어 지나온 과정을 돌아보면서 가장 좋았던 것, 무언가를 이루기 위해 노력하였던 과정, 행복을 위해 수고하며 얻기 위해 최선을 다한 열정과 참패의 경험, 과정마다 겪은 일 모두 함께하라는 교훈이다. 이것을 함께한다면 어느 제자가, 학생이 변하지 않겠는가. 최고라 믿었던 스승의 지난날을 생각하며 자신이 해야 할 역할, 실수를 줄이기 위한 노력, 성공하기 위한 과정을 멋지게 준비하지 않겠는가. 이 진리를 알게 되면 세상을 바라보는 시각이 바뀐다. 지금껏 쏟은 열정과 생각을 공유하게 된다.

Tip............................. 누구나 시작은 어렵다

하고 싶은 일만 하면서, 이용자와 관련된 직무를 등한시한다면 혼자만의 세계에 빠져 영향력을 행사하지 못한다. 좋은 것을 자기편에 두고 이용자에게 책임을 전가하면서 사소한 일조차 떠넘긴다면 사회복지리더가 아니다. 유리한 것들을 취하면서 따르지 않는 이용자를 무시하고 문제가 있다는 식으로 폄하한다면 적만 만들 뿐이다.

누구나 시작은 어렵다. 해보지 않은 일은 더욱 그러하다. 직무적응은 물론 관계유지 등에 힘을 쏟으며 자신의 역량을 드러내기 위해 전력하려면 이용자와 관련된 부서의 직무 등을 살펴야 한다. 결심하고 행동할 때 이용자들이 따르는 것처럼 도모할 것들을 찾아 협력한다면 시작하게 되고 원하는 것을 얻게 된다.

어느 이용자가 이기적인 사회복지사와 좋은 것을 나누겠는가. 없다. 인간은 감정에 충실하고 모든 상황을 감정의 교감을 통해 인지한다. 말투와 표정, 언어, 손짓 하나가 나의 편으로 만들고 적으로 바뀌게 한다. 이 점을 상기한다면 누가 적이고, 내 편인지를 알게 된다. 그리고 판단할 수 있다.

그럼에도 사람이 활동하는 집단과 조직에는 손해를 보지 않기 위해 다른 사람을 이용하고 자신의 이익을 얻는 사람이 한두 명은 있다. 사회복지리더가 진행하는 프로그램에도 이러한 사람은 있다. 일부의 참여자들은 나름의 방식을 고수하면서 상관없는 이용자를 끌어들이기 위해 교묘한 방법을 쓴다. 순진한 이용자의 약함을 이용하고, 또는 관계되지 않은 이용자들에게 조언을 하면서 받아들일 대상을 찾는 것이다. 그리고는 입장을 대변해 주기를 기대하며 상황에 따라 생각한 대로 행동하는지를 살피고 잊혀질 만하면 약점을 끄집어내어 소문을 퍼뜨린다. 자신의 허물을 감추고 그가 더 나쁘다는 것을 드러내기 위해서 말이다.

자신만이 선한 듯 얘기하는 사람을 경계하라. 그는 뒷방 한편에 있을 것을 자초하였음에도 힘 있는 사람에게 알고 있는 것들을 퍼뜨리며 연명에 급급해한다. 단순한 것조차 만들지 못해 버거워하면서 무언가를 해내겠다고 하지만 해낼 것이 없다. 이러한 것들 모두 자신의 건재함을 과시하는 행동이지만 그와 쌓은 친분 때문에 받아들인다는 것을 개의치 않는다. 그래서 비슷한 상황에 처해 있는 이용자를 위로하듯 행동하지만 손해를 보지 않으려는 수단에 불과하다. 이러한 사람들과는 연을 끊어야 한다. 과감히 끊자. 그게 변화를 위한 길이다.

프로그램에 참여한 이용자들의 일 년 전 모습을 상상해보라. 그전에 힘들었던 방황의 시기와 고뇌에 찬 시절, 도와줬던 사람이 있었던가. 오히려 상처를 준 아픈 것들만 기억하게 된다면 이용자를 돕는 협력자가 아니다. 가만히 생각해 보라. 지난 시간을 후회하면서 그들을 생각한다면 성장시키지 못한다. 과거에 집착하는 것은 상한 감정만 되뇌일 뿐이다.

그들에 대한 기억을 지워 버려라. 자신감도 없는 과거에 자신을 맡기면서 힘들어하지 말고, 자신의 가치를 인정하고 위대한 삶을 살았던 위인들의 전기를 읽는 것이 행복할 것이다.

위대한 사회복지리더는 이용자의 미래를 준비한다. 따라서 자신감을 회복시켜야 한다. 확신을 줄 사회복지리더가 누구인지 몰라 고민할 수 있지만 아니다. 그들도 살기 위해 노력하는 것에 불과하기 때문에 두려워하면 안 된다. 오히려 강하고 강단 있게~ 확신을 가져라. 어차피 그들의 논의는 얘기에 불과하고 이용자에게 영향을 미치지 못한다.

정말 실력을 갖추어야 한다면 보이지 않게 준비하도록 독려해야 한다. 사회복지리더에게는 이러한 경험이 있다. 확신하는 설득력, 전달하는 표현력 등 더 뛰어나야 한다는 생각이 든다면 시간을 투자하라. 하고자 하는 일에 열정을 갖고 최선을 다해 노력하되, 아무도 모르게 준비하라.

지금까지의 경험 가운데 행운은 무엇이었나. 그것을 대화의 자리에서 나누어라. 이 자리에 오르기까지 여러 어려움과 힘든 과정을 경험하였을 터인데 이겨내게 하였던 동력을 얘기하라. 이용자들 또한 비결을 알기 원하고, 알려주는 것이 현명하게 사람을 모으는 방법이다. 사소한 대화에 시간을 보내기보다 어려움을 극복하기 위해 곁을 지키는 것이 나은 선택이다. 생각하는 모든 좋은 것들을 나눠라. 그러면 친구로 얻을 것이다.

6) 재능을 발견하게 하는 코칭

누구에게나 다른 이가 알지 못하는 비밀스러운 것들이 있다. 이 세계는 너무나 두터운 신비로움에 쌓여 있어 웬만해서는 노출되지 않는다. 단점은 더욱 그러하다. 주변에서 관심을 보인다 하여도 개인적인 일이기 때문에 드러나지 않는다. 흔히 습관은 이러한 것들의 대표적인 예이다.

다른 이가 알지 못하는 자신만의 세계는 추구하는 이상과 관련된 것으로 고미술품 수집에 관심을 두고 평생을 바친 사람은 미술품을 보며 만족해한다. 특이하지만 자동차 수집에 비용과 노력을 투자하는 사람도 있다. 어떤 이는 종이접기 기술이 달인의 경지에 이르고, 어떤 이는 나무젓가락으로 옛날 집을 짓는데 대부분의 시간을 보낸다. 그리곤 평생 해 온 자신의 업적을 지인과 가족들에게 자랑스럽게 이야기한다. 타인에게 드러나지 않았던 그만의 것이지만 사소한 관심이 재능으로 발전한 예이다.

변화가 필요한 이용자의 단점과 장점을 발견하는 것이 사회복지리더의 중요한 역할이다. 하지만 발견하여 개발로 이어지게 하는 사회복지리더는 드물다. 그래서 말하는 리더보다 재능을 발견하여 기술로, 직업으로 이끄는 사회복지리더가 존중받는 것이다. 사회복지사가 리더의 자질을 갖추고 있다면 이용자의 성장은 물론 지역사회를 이끌 수 있다. 이것을 확신해야 한다.

Tip............................ 공동체 형성의 효과

마을의 주민 모두가 옛 문화에 관심을 가지고 참여한다면 협동과 단합이 잘 될 것이다. 하지만 경제적인 이익에만 욕심을 낸다면 이익을 얻지 못했던 주민들의 항의를 감수해야 한다. 따라서 사회복지리더가 주민들을 설득하여 마을 만들기 사업에 규합한다면 번창할 것이다. 생각이 공유되고 생활방식이 비슷해지면서 핵심 가치를 위해 협동할 것이다.

마을의 대소사는 마을 공동체 완성을 위해 합의된다. 화합과 협력이 자발적이고 창의적인 논의가 건설적으로 제안되기 때문에 지향하는 목적 또한 분명해진다. 마을의 운영은 사회복지리더를 중심으로 뭉치기 때문에 어려움이 생긴다 하여도 힘을 모아 헤쳐나갈 방법을 찾게 된다.

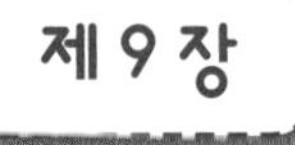

제 9 장

환대하는 사회복지리더의 설득하는 강의

1. 환대하는 사회복지리더의 대화설득역량

1) 적극적인 경청

사회복지리더의 경험은 직무에 대한 자신감을 잃어버린 신입직원, 경제적으로 안정되지 않아 생활비를 고민하는 가장, 비전과 꿈을 잃어버린 청소년 등에게 마음에 간직된 얘기를 하도록 이끈다. 하지만 마음을 열게 하는 얘기를 대화로 이어지게 하는가는 사회복지리더의 진지하고 적극적인 경청의 태도에 의한다. 이들은 모두 설득의 대화를 통해 이끌어야 할 이용자들이다.

자기중심적으로 생각하고 행동하는 사람은 말과 행동이 불일치하고 행동 또한 신뢰할 수 없을 정도로 무모하다. 자신의 의견을 관철시키기 위해 끊임없이 얘기하고 집요하게 파고든다. 상대가 들어준다고 착각하여 끼어들어 말하고, 다른 의견을 얘기한다면 말을 끊고 그를 설득하기 위해 집착한다. 상대의 얘기에 귀를 기울이지 않으며 듣는 것을 소홀히 한다. 이들 또한 우리가 이끌어야 할 멘티이고 변화의 대상이다.

상황에 집착하고 문제에 쌓여 있는 이용자는 주변을 살피지 못한다. 그래서 그의 문제가 해결되지 않는 상황이라면 정신적·육체적으로 피곤하게 생활한다. 하지만 얘기할 상대가 없어 지쳐 지낸다면 희망보다 포기를 선택할 것이다.

많은 이용자들이 생활을 연명하듯 지내면서 이끌어 줄 사회복지리더를 기다리는 것은 현실을 이겨내지 못할 정도로 심각한 경제적인 문제, 대인갈등을 겪으며 사회생활을 하고 싶어도 받아줄 만한 직장이 없어 사회에 진입조차 못하는 현실이 더욱 심화되고 있기 때문이다. 그럼에도 마땅한 도움 처가 없어 포기를 선택하는 것이다.

그래서 대화 상대를 만나면 자신의 처지를 이해하고 들어주는 것만으로도 위로받았다고 생각하며 용기를 낸다. 듣는 것은 이용자를 이해하는 길 찾기로 그의 기대와 생각을 이해하고 향후의 일들에 대한 비전을 품게 한다. 따라서 사회복지리더는 들어주는 경청자여야 한다.

좋은 경청은 다음의 특성이 있다.

첫째, 진지하게 듣고 있다는 반응을 보인다

반응이 적절하면 얘기가 흥미롭다는 기대를 표현한 것이다. 이는 감정적 교류로 이어지게 하여 상대의 관심을 높인다. 사실 듣는 것은 이용자에 대한 최고의 배려이고 칭찬이다. 내용이 어렵거나 이해되지 않는다고 하여도 이용자에게 집중하고 있다는 관심을 보인 것이므로 내 편이 된다. 따라서 진지한 경청은 교류를 넘어 진실이 교감되고 있다는 생각을 갖게 하여 내면 깊숙이 간직된 고민을 풀어놓아도 괜찮다는 안정된 상태로 안내한다. 공감은 진지하게 듣고 있다는 반응을 통해 교류되는 안정된 감정의 상태이다.

둘째, 경청은 적절한 반응을 수반한다

답변해야 할 시기를 고려하여 적절한 반응을 보인다. 얘기가 일방적으로 전달되고 대화로 이어지는가는 반응에 의한다. 올바른 경청을 위해서는 반응하는 기술이 필요하며 경청을 잘하기 위해서는 이용자의 표정에 집중하고 표현에 반응하며, 얘기에 맞장구를 치는 등 설득의 중요한 방법이다.

상황에 따라 적당한 답변을 하고 공감하기 위해 적극적으로 반응한다. 이러한 반응은 좋은 것을 배웠다는 지혜로운 대화기술로 신뢰를 갖게 한다. 그래서 경청은 사회복지리더의 최고의 자질이며 역량인 것이다.

셋째, 친구가 되고 싶다는 얘기를 먼저 하라

낯선 환경에서 알지 못하는 사람과 마주앉게 되었다고 하자. 어색하여 어떠한 얘기를 해야 할지 망설여질 것이다. 하지만 교류하기 위해서는 대화를 시도하고 상대의 관심사를 얘기해야 한다. 답변을 하거나 맞장구를 쳐 준다면 대화가 시작되지만 그렇지 않다면 침묵의 시간을 보내게 된다. 여기에 더해 불필요한 손짓, 어눌한 표정을 짓는다면 대화상대가 아니라는 생각을 갖게 될 것이다.

따라서 첫 대화를 위해 불필요한 태도를 자제해야 한다. 대화의 문을 두드리고 교감이 무르익은 후에만 표정, 태도에서 보이는 친근한 손 잡기 등이 효과적인데 안정된 상태에서만 보이는 행동이다.

대화를 위한 시도는 친구가 되고 싶다는 얘기가 효과적이다. 하지만 대화에 적합한 주제여야 하고 공감하는 내용이어야 한다. 이런 경우 많이 활용되는 방법이 친근한 표정으로 다가가는 것이다. 겸손하게 자신을 소개하고 친근하게 다가가는 사회복지리더에게 모욕과 부족함을 느끼는 경우는 없다. 오히려 위로와 배움에 대한 열정을 높이 평가한다. 친구가 되고 싶다는 얘기는 이러한 공감을 배가시킨다. 또한 대화상황에 따라 대화하게 하여 편안한 상대임을 인식하게 한다.

넷째, 상대의 이익을 고려하라

사회복지리더는 이용자를 지원하기 위해 사람들을 만나고 그들을 개입시키기 위해 설득해야 할 때가 있다. 설득해야 할 때라고 판단되면 충분하게 정보를 파악하고 관심 있는 내용을 대화하면서 지원의 당위성을 설득해야 한다. 협력하는 것만으로도 이익이 된다는 것을 확신하게 해야 한다는 것이다.

대화를 설득으로 이어지게 하고 확신하게 하려면 관심 있는 주제여야 한다. 이용자는 이때부터 집중하고 심각한 문제라 하여도 몰입한다. 여기에서 중요한 것은 설득이다. 이해를 촉구하기 위해 무엇을 해야 한다는 것은 자신의 이익보다 참여하는 이용자들이 역할을 하게 될 때의 가정된 이익을 위한 설득이다. 그래야만 필요한 합의를 끌어낼 수 있기 때문이다. 가벼운 대화에서 중요 사안으로 확대하고 점진적으로 분담해야 참여 정도가 확장된다.

이용자의 상황을 파악하고 고민을 확인한다. 고민을 함께 해결하자는 논의를 통해 어려움을 함께하겠다는 의사를 분명히 한다. “당신의 얘기로 인해 새로운 것을 알게 되었고 좀더 공부해서 지식을 넓히겠다.”는 등 기대되는 말을 한다. 이러한 대화 설득이 기대에 부합할 뿐 아니라 친구를 만들고 요구들을 성취하게 한다.

2) 감동전달

대화설득가인 사회복지리더가 이용자를 감동시키려면 이용자들의 생활을 관찰하면서 요구와 기대가 생활 가운데 좌절되었는지를 확인하고, 만약 일부의 성취만을 갖는다면 적극적으로 대처해야 한다. 이를 사회복지리더가 진행하는 프로그램에 대비하여 보면 이용자들의 참여 동기는 제각각이기 때문에 참여 동기가 없거나 관심이 적다면 프로그램에 대한 기대와 바람이 적다는 의미이다. 만약 무미건조하게 참여한다면 변화가 필요하다는 것으로 동기부여를 위한 대안을 모색해야 한다.

사회복지리디기 대화 설득가로서 이용자들로부터 감동을 받았다는 말을 듣기 원한다면 이용자들의 요구를 이해해야 한다.

◆ 감동 있는 삶을 살고 있는가

이용자를 소중하게 생각하는 사회복지리더는 자신을 사랑한다. 소중하다는 것은 필요한 인물이라는 의미이다. 필요는 도움을 받아야 한다는 것으로 도움을 주지 못하는 사회복지리더는 영향을 미치지 못한다. 생활하다 보면 타인에 의해 직무가 수행되는 경우가 있지만 사실 자신이 시행하지 않으면 진행되지 않는다. 동료들의 얘기는 의견일 뿐, 스스로 결정하고 판단해야 한다.

결정의 권한은 오직 사회복지리더에게 있다. 수많은 조인도 사회복지리더가 선택하지 않는다면 시행되지 않는다. 지금 무엇을 선택하던 선택의 권리는 사회복지리더에게 있다는 것이다. 사회복지리더 결정에 의해 시행된다는 점에서 모든 판단은 리더 자신으로부터 시작된다. 만약 무미건조하게 생활을 하면서 이용자들로부터 감동을 이끌려고 한다면 이는 오만이다.

감동이란 이용자의 정서를 움직이고 내면의 변화를 이끄는 것으로 마음 깊은 곳에 감춰진 자아의 울림이 있다는 것이다. 이러한 변화가 있어야만 동기가 생기고 의지가 강화되어 할 수 있다는 확신을 갖는다. 감동을 느낀 사회복지리더만이 감동을 전한다는 점에서 감동을 전하고 싶다면 이용자들의 생활을 관찰하고 감동이 없는 무미건조한 일상을 확인해야 한다. 사실 우리 사회는 감동의 이야기가 넘치는 생생한 삶의 현장이다.

따라서 감동을 느낄 만한 것들을 제시하지 못하면서 감동을 전할 수는 없다. 사회복지사는 많으나 얘기할 상대가 없어 각박한 것처럼, 어려운 이웃들의 얘기에 귀 기울이며 함께하는 이웃이 적어지는 세상이다. 얘기라도 들어주면 마음이 풀릴 것 같다는 이용자들이 많아지고 있다. "사회복지리더는 설득가이고 경청하는 사람이다."라는 논의는 그래서 옳다.

Tip............................ 일상의 감동사례

지난 해 멋진 영상이 TV 뉴스를 통해 회자되었다. 바로 '이 시대의 젊은이들은 비겁하지 않다.'이다. 지하철 역사에서 발을 헛디딘 노인이 철로 위로 떨어졌다. 젊은 청년은 철로에 뛰어들어 안전하게 구조하였다. 주변에 전철을 기다리는 사람들도 청년을 도왔다. 또 다른 청년의 얘기이다. 지나가던 초등학생이 소방서 앞에서 갑자기 쓰러졌다. 청년은 바로 앞이 소방서임을 알아채고 전력을 다해 달려갔다. 잠시 후 CCTV에는 소방대원 여럿이 나왔고, 소년에게 심장마사지를 하며 응급처치를 하였다. 다행히 소년의 생명을 구할 수 있었다. 인터뷰에 응한 아이의 엄마는 심정지가 있었다며 청년의 도움이 아니었으면 살아나지 못했다며 감사의 인사를 하였다.

이 사회의 따뜻함은 다양한 생활 현장에서 전해진다. 휴가를 보낸 후 복귀하던 군인이 쓰러진 노인을 구해준 것이나, 힘겹게 리어커를 끌고 횡단보도를 건너는 노인을 돕기 위해 차량을 세운 후 밀어 준 청소년들의 선행은 따뜻한 세상임을 실감하는 사례이다.

◆ 경청은 설득의 해답

좋은 경청자는 말을 많이 하기보다 하고 싶은 얘기를 원 없이 들어준다. 들어준다는 것은 친구가 되었다는 의미이다. 들어주는 친구, 환대하는 친구, 그의 얘기는 재미있고 흥미롭다.

경청하지 않고 듣지 않는 동료는 자기 얘기만 한다. 주변의 상황을 정보로 전해주는 것 같지만 사실 경계하고 있다고 보아야 한다. 그의 허점과 단점을 간접적으로 전파하면서 불이익을 당할 수 있으므로 주의하라는 식이다. 이러한 동료는 자신의 이익을 위해 일하기 때문에 허점이 많고 미치지 못하는 역량이 있다면 철저하게 이용한다. 하지만 어느 정도 자리를 잡아가고 만만하지 않은 상대라고 판단되면 비굴한 표정으로 주의하라는 얘기를 한다. 그래서 들어주는 척만 해도 좋아한다. 이런 성향이기 때문에 관심밖에 둘 동료가 아니라 오히려 경계해야 한다.

결국 말만 많고 하는 것이 없다. 직무를 수행하는 것 같지만 실제로는 하는 일이 없어 여기저기 기웃거린다. 자기 일 외에는 관심을 두지 않기 때문에 문제가 터지면 뒷걸음질치고 빠진다. 상관해야 할 상황인지를 판단하며 피할 방법을 찾는데, 대개 자신의 약함을 이용한다. 아프다는 핑계는 대표적인 회피의 수단이다. 하지만 상황이 지나가면 당당하게 말하는데 무엇이 문제라는 식으로 동료의 일 처리를 시빗거리로 삼는다. 그래서 그의 얘기를 들으면 혼란스럽고, 대안이 뭐냐는 질문보다 자기가 어떻게 처신했기 때문에 결과가 이렇다는 것 외에는 들을 것이 없다.

이런 동료와 시간을 보낼 수밖에 없는 상황이라면 흘러 듣고, 듣는 척만 해도 좋아하므로 더 이상 관계하지 않는 것이 자신을 보호하는 방법이다. 우리 사회는 이러한 사람들이 리더처럼 보이는 경우가 많은데 가급적 그들과 함께하지 않는 편이 미래를 도모하는 방법이다.

한편으로 사회복지리더를 필요로 하는 사람들이 넘쳐나고 있다. 그들에게 감동을 전하고 싶은가. 자기감정에 충실하라. 그러면 스스로 감동되었을 때 진실한 마음을 전하게 된다. 이때부터 다가온다.

인간은 감정을 통해 교감하고 관계를 맺으며, 감동에 따라 행동하기 때문에 대화하고 싶다면 마음을 움직이기 위한 내면의 감정을 움트게 해야 한다. 감동을 느낄 때 이용자들 또한 감동받게 된다는 것을 말이다.

3) 여유로운 표정

표정이 어눌한 사회복지리더의 얘기에 관심을 갖지 않는 것은 논의에 힘이 없기 때문이다. 표정이 어눌한 것은 불안하여 안정되지 않은 상태이거나 관심이 없다는 의도이다. 불안함을 느낄 정도라면 잘 진행될 것이라고 생각하지 않는다.

주민들 앞에서 사업을 설명하거나, 또는 기관을 소개해야 하는데 어눌한 행동과 말투, 표정을 지으며 긴장한 채로 강의해 본 적이 있는가. 강단이든, 모임이든 대중 앞에서 공식적으로 설명하려는데, 긴장하여 떨리는 말투, 엉뚱한 손짓을 하며 듣는 이들을 불편하게 만들고 있는지도 모른 채 힘들어하였던 경험을 말이다. 이러한 사회복지리더의 설명이라면 반응이 뻔할 것이다.

공식적인 자리에서는 명확한 의견과 생각을 분명하게 제대로 전달해야 하므로 불안해질 수 있다. 많이 강의해 보는 것이 좋지만 경험이 없다면 원고에 충실하고, 외울 정도로 교안을 검토하는 등 준비가 철저해야 한다. 밑줄 치기 방식으로 전달할 때와 강조할 내용, 그리고 어떤 얘기를 해야 할지를 확인하고 필요한 용어를 선택하는 것이 도움이 된다. 이러한 것조차 준비하지 않은 상황에서 강의하게 되면 원고내용에 충실하지 못할 뿐 아니라 말을 더듬는 등 당황하여 무슨 얘기를 했는지조차 알 수 없게 된다. 주민설명회를 하면서 표정이 어둡다면 누가 복지사업에 관심을 갖겠는가.

이를 극복하게 만드는 것이 여유 있고 안정된 표정을 짓는 것이다. 여유로운 표정은 마음이 안정된 상태로 나타난다. 긴장하지 않고 여유 있으면서 힘이 실린 강의는 주민들을 설득하는 강력한 힘이 있다. 불안하지 않아 주민들을 여유 있게 만든다. 그래서 여유 있는 사회복지리더와 있으면 마음이 편해진다. 굳이 많은 말을 할 필요 없이 부드럽게 편안한 표정만 지어도 동화되어 편안함을 갖게 된다.

4) 힘 있는 언변

멋진 목소리는 주민들을 매료시킬 수 있는 능력과 재능이 있다는 것이다. 마이크를 잡는 순간부터 주민들은 집중한다. 이미 절반은 설득한 것이므로 여유 있게 자신의 주장을 제시하면 된다.

다음의 방법이 도움될 것이다.

기억에 남는 단어와 에피소드를 기록하라. 이제 강의 내용에 부합하는지를 검토하고 언제 전달할 것인지를 확인한다. 설명하려는 내용을 확신하고 힘 있게 전달한다. 주민들이 이해했다면 오랫동안 기억될 것이다.

힘 있는 강의를 하려면 내용 이해가 필수이다. 내용을 이해했다는 것은 주민들의 반응에 따라 어떠한 얘기를 해야 할지 등 설명할 수 있는 준비가 되었다는 것이다. 그들은 무기력한 사회복지리더의 힘없는 얘기보다 확신에 찬 설득력 있는 이야기를 듣고 싶어 한다. 따라서 파악된 내용을 어떤 식으로 전달할지는 충분한 내용 분석에 있다.

확신하는 얘기는 설득하는 힘이 있다. 그러므로 자신의 생각을 감추지 말고 논리정연하게 전달하기 위한 내용분석에 최선을 다하고 확신을 가져야 한다. 그러면 마음껏 즐기게 될 것이다.

5) 영상매체와 제스처

강의 중에 하는 제스처는 주민을 집중하게 하고, 중요한 얘기를 설명하려 할 때, 더 집중할 필요가 있을 때, 분위기 전환이 필요할 때 효과적이다. 또한 주의를 환기시키면서 집중하게 만드는 데도 효과적이다. 응시하는 시선은 중요한 말을 할 때 집중하게 만든다. 지루해하거나 무료함을 느낀다면 분위기를 전환하기 위해 영상 등의 매체활용이 유용하다. 하지만 자주 사용하게 되면 시선을 분산시켜 집중도를 떨어뜨린다. 따라서 선택적으로 활용해야 한다.

6) 진실한 얘기

친한 친구와 속내를 말하는 등 진실된 얘기는 공적인 자리보다 사석에서 하게 된다. 들어줄 거라는 믿음 때문이다. 아픔이 있다면 더욱 그러하다. 누군가에 대한 억울함과 부당한 일을 당했다거나 직무 불만을 얘기할 때 술을 빌려 얘기하는 것은 들어줄 거라는 믿음 때문이다. 이럴 때 생각지도 못한 이야기를 듣게 되기도 한다.

하지만 술에 의지하여 자신의 처지를 얘기하는 것은 대인관계와 관계를 유지하는 데 도움이 되지 않는다. 처음에는 흥미를 보이며 관심을 갖지만, 자주 있다면 인성에 의심을 품는다. 자신의 실수나 잘못을 고백하는 것도 마찬가지이다. 이러한 동료와 같이 있다 보면 문제가 될 만한 정보를 얻기 위해 접근하기 때문에 이용당할 소지가 있어 교제하지 않는 것이 낫다.

마음을 움직이지 못하는 극단적인 방법이 시비와 논쟁이다. 불쾌하게 만들어 대립으로 치닫게 한다. 등을 지고 안 볼 사람이면 그와 논쟁하면 된다. 그와 만날 때마다 갈등하듯 언성을 높이면 된다. 그러면 다시는 만나지 않게 된다. 따라서 이용자의 마음을 움직이려면 진실해야 한다. 이용자들의 가슴에, 뇌리에 남는 대화를 하고 싶은가. 진솔한 삶의 얘기를 들려주라. 그러면 성실하고 좋은 사회복지리더로 기억된다.

Tip............................ 마지막을 시작으로 여는 강의

저자는 학기 마지막 강의에 온 힘을 쏟는다. 이날 강의는 시험을 마친 후 진행된다. 그날을 위해 한 학기 동안 학습한 내용을 찾아 준비한다. 학생들에게 조언을 하고, 방학을 어떻게 보낼지 생각하게 하여 계획한 일들을 성취하는 알찬 방학을 보낼 것을 격려한다. 지난 학기 마지막 시간은 '용기 있는 도전과 시도'라는 주제로 강의를 하였다.

인생은 우리에게도 다른 이에게도 소중하고 그 중심에 가족들이 있습니다. 타인의 삶을 평가할 수 있는 권한이 누구에게 있을까요. 우리에게 가족은 소중한 존재이고, 그들 때문에 직업을 얻고, 직업을 얻기 위해 공부를 합니다. 비록 출발은 학생의 신분이나 이제 가족을 위해 일할 때가 다가오고 있습니다. 졸업장과 사회복지사 자격증을 취득할 때가 다가 오고 있습니다. 여러분이 자격을 갖출 그때를 기대하십시오.

노사연의 '바람'이라는 노래 가사에는 삶의 애환과 슬픔, 인생의 걸음이 얼마나 부질없고 허무한 것인지를 알게 합니다. 그녀는 마치 사막을 걷는 것과 같다는 인생의 애환을 노래하였습니다. 우리는 분명, 무언가를 위해, 무엇을 시도하기 위해 지금껏 준비하여 왔습니다. 사회복지사가 되기 위해 결심한 후 대학에 입학하였습니다. 그리고 그 일을 준비하기 위해 공부를 하였고 지금까지 학업에 정진하며 준비하여 왔습니다.

앞으로 여러분이 해야 할 일을 고대하시기 바랍니다. 그리고 여러분이 만들어야 할 일을 마음에 새기기 바랍니다. 우리에게 주어진 앞날은 다른 어떤 이들 보다 빛날 것입니다.

이제 그 일을 준비하기 위해 다음의 사항을 명심하기 바랍니다.

첫째, 나만이 이 일을 할 수 있다고 확신해야 합니다.

어떤 사람이든 성공하기를 기대합니다. 하지만 성공하는 사람과 실패하는 사람, 더딘 사람 가운데 하나일 것입니다. 그럼에도 우리는 성공하려 시도를 하고 도전할 것입니다. 성공은 우리의 것이지 타인의 것이 아닙니다.

다만 성공에 필요한 조건을 갖추어야 합니다. 이 조건은 노력, 지식, 태도, 인품이고, 이러한 것들을 갖추어야만 더 빨리 일어설 수 있습니다. 준비가 어떠한지에 따라 빨리 성취할 수 있고 아닐 수도 있습니다.

둘째, 내가 해야 합니다.

나의 일은 나만이 알고 있습니다. 다른 누군가가 대신 해줄 수 있는 것들은 아주 사소한 도움에 불과합니다. 선택하고 판단하는 것은 오직 자신만이 할 수 있는 권리입니다. 다른 사람에게 빼앗기지 말기를 바랍니다.

해내고 싶다면 용기가 있어야 합니다. 용기는, 용기 있게 선택할 것들을 결정하고 도전하는 것을 말합니다. 지금 해야 할 일이 있다고 생각되십니까? 과감히 도전하십시오. 그리고 힘들다고 해도, 시간이 없다 해도 실행하기 바랍니다. 그러면 성취감은 물론 자신감을 갖게 됩니다.

마지막으로 생각하십시오.

이 일이 성공할 것인가? 추진하여 얻을 성과가 무엇인가? 등 자신이 해낼 일을 실행할 수 있도록 준비해야 합니다. 준비과정, 실행의 반응, 결과 후 사후관리는 어떻게 할 것인지 등 추진하려는 것을 확신해야 합니다. 이러한 과정을 그린 당신에게는 실행의 과정만 남게 되는데 분명 성취할 것입니다.

확신은 마음에서 얻는 기쁨입니다. 누가 해줄 것을 기대하지 말고 나만이 할 수 있다는 자신감을 갖고, 도전하기 바랍니다.

내가 만난 최고의 사회복지사, 그대들이 있어 행복합니다.

누군가를 감동시키는 직업이 사회복지사이고 이용자들을 이끌어가는 전문가가 사회복지리더이다. 사회복지리더가 있어 행복하고 즐거운 것은 변화될 이용자들의 간절함 때문이다. 사회복지리더가 멋진 강사가 되어야 하고, 설득가로서, 대화하는 강사로 위치해야 하는 이유는 감동을 전하기 위해 존재하는 직업이고 전문가이기 때문이다. 존중하고 존중받는 중에 애타는 것을 채워줄 때 존재감을 더 인정받게 된다. 직무를 처리하는 과정도, 시작하려는 중에도 성취할 일이 있기 때문에 존중받는 것이다.

이용자들에게 감동을 주는 사회복지리더가 되고 싶은가. 이용자들이 감동 거리를 설명할 수 있을 정도의 이해가 있을 때 비로소 감동을 전할 수 있는 기회가 온다. 이용자들을 내 편으로 만들고 싶은가. 그러면 내면 깊이 간직된 얘기를 듣기 위해 다가가고, 더 감동 있는 이야기를 들려주기 위해 비전과 꿈을 제시하라.

설득은 이야기를 나누는 과정에서 일어나는 내면의 변화이다. 마음의 변화가 먼저이고 실천하는 행동이 그다음이다. 실천이 없는 변화는 변화가 아니다. 변화를 일으키기 위해 확신을 갖게 해야 하는데, 이것을 위해 환대하는 대화설득가가 필요한 것이다.

> "사회복지리더의 설득은 확신에 찬 기대 제시와 이렇게 하면 멋진 미래가 보장된다는 확신이 있을 때부터이다. 구체적으로 준비해야 한다는 미래를 제시하라. 그러면 설득된다".

삶이 새로워지기를 원하는가

무료하고 단조로운 생활은 정서를 메마르게 하고 욕구결핍이 요인이다. 변화를 갖고 싶지만 변화를 위한 방법과 대안을 찾지 못했다면 내적 결핍 또한 증가한다.

변화를 주고 싶은가. 그럼 흥밋거리를 찾고 할 수 있는 일들을 도모해야 한다. 해결하기까지 최선을 다하고 사소한 일이라도 메모하여 언제든지 활용할 수 있도록 정리해 두어야 한다. 그러면 체험하지 않은 상황이지만 경험한 것처럼 이야기하게 된다. 변화의 결심은 큰일을 치른 후에 얻게 되는 것보다 잔잔한 감동이 전해질 때 파급력이 크다. 따라서 이용자들을 이끌어 가고 변화를 기대한다면 살아가는 생활을 이해해야 한다.

2. 설득하는 대화강의 전 확인사항 

첫째, 설득하기 위한 내용 준비

한 시간에서 두 시간 분량이 적절한데, 대략 A4지 10매 정도이다. 교안이 완성되면 전개방법에 대한 스토리를 구상한다. 강의 교안 준비는 관심 있는 분야의 내용을 정리해 두고 자료목록을 만든다. 관심 도서, 신문 스크랩, 인터넷 자료, 논문 등 틈틈이 자료를 보충한다. 자료는 폴더에 정리하여 언제든 활용할 수 있도록 한다. 평소에 자료를 정리해 두는 것은 유용하게 쓰일 때를 대비하기 위해서이다.

둘째, 이미지 쇄신과 홍보

사회복지리더에 대한 이미지는 이용자들을 통해 소문으로 전파되는 것이 더 효과적이다. 즉, 설득된 그들이 우리의 홍보 대상이라는 것이다. 사회복지 분야는 잦은 회의와 교류할 기회가 많아 만족이 높다면 소문으로 전파된다. 따라서 대화도 잘해야 하지만 좋은 인상을 심어주기 위해 최선을 다하는 자세를 견지하면서 설득하는 것이 이용자들을 통한 홍보 전략이다.

셋째, 대상 확인

일주일 전에 강의할 대상을 파악하고 시설물, 장소, 인원, 기자재 등을 확인한다. 그 이유는 강의방식과 내용을 어느 정도 수위에서 설명해야 하는지 등 전달방식을 판단하기 위해서다. 실례로, 성인 남성과 여성은 사물을 바라보는 시각이 다르고, 직무를 처리하는 방식 또한 차이가 있다. 참석자 가운데 여성이 많다면 일상의 생활 논의를 비롯하여 관심을 가질 수 있는 사례를 양육, 가사 등에 초점을 두고 제시한다면 이해가 높아진다.

넷째, 직업 파악

직업은 그의 생활 방식과 관련되고 생활수준을 결정하는 요소로 사회활동과 관심 정도를 예측하게 한다. 따라서 직업군을 파악하였다면 동일한 내용이라고 하여도 내용을 달리해야 한다.

리더십 개발에 관한 주제를 정한 후 주부를 대상으로 강의하게 되었다고 하자. 그럼 주된 내용은 주부들이 일상에서 겪는 가정사와 직업생활의 어려움, 자녀 양육의 문제, 성공적인 사회생활을 위한 내용 등이어야 한다. 여성공무원을 대상으로 리더십에 관한 동일한 내용으로 강의하게 되었다면 공무원 조직의 특수성을 감안하여 주민 복지증진을 위한 여성의 역할과 여성의 장점인 섬세함을 강조하는 것이 적절하다. 이러한 교안의 준비는 청중[1]들의 관심과 공감대를 이끌어 내는 것 외에 관심사항을 얼마나 반영하였는가에 따라 설득된다는 점에서 고려되어야 한다.

다섯째, 청중에게 적합한 정보제공

경력이 많다고 하여 강의를 잘할 것이라 단정해서는 안 된다. 준비한 교안을 대상과 장소 등을 확인하지 않고 강의하게 되면 관심사를 비켜가게 된다. 청중들은 인터넷 등을 통해 필요한 정보를 손쉽게 얻고, 원하는 정보를 언제, 어디서라도 스마트폰을 통해 확인할 수 있다. 그만큼 강의하려는 정보가 청중들보다 빨라야 하고 전문적이어야 한다.

청중들은 강사를 기억한다. 내용이 비슷하거나 아는 내용을 이야기하게 되면 지난번 들은 내용이라는 것을 상기시키며 흥미를 갖지 않는다. 따라서 청중들의 상황에 적합한 내용으로 재구성해야 하는데 지역사회 환경과 식업시장, 주민들의 생활현장에 걸맞은 사례를 찾는 것이 도움이 된다. 이러한 준비는 생동감을 갖게 하여 요구에 부응하게 한다.

독자는 게임을 해 보았는가. 일정한 룰에 의해 진행되는 게임 방식은 난이도가 높아지면 속도가 빨라진다. 게임이 복잡하고 어렵다고 생각하지만 빨라지는 속도에 익숙해지면 어렵시 않다. 하지만 원리를 이해하지 못한다면 복잡해서 사용하지 못한다는 이유로 사용하지 않게 된다. 복잡한 기능을 이해하지 못해 싫증을 내지만 필요한 기능을 다룰 수 있도록 교육한다면 사용하는 데에는 어렵지 않다.

여섯째, 장소와 내부환경 확인

장소와 시설물을 확인하는 이유는 강의를 원활하게 진행하기 위한 목적과 참여 목적에 부응하기 위해서이다. 강의 내용이 정확하게 전달될 수 있는 음향 장비인지, 전달을 수월하게 할 장비가 구비되었는지 등 장비와 시설물 확인은 청중들의 기대에 부응하게 한다.

---

1) 본 절에서 의미하는 청중은 사회복지사가 사업을 진행하면서 관계하는 주민, 이용자, 관계 공무원, 타기관 직원 등을 의미한다.

Tip.............................. 장소 확인의 중요성

저자는 2015년 ○○군 민간사회복지 연합행사 강의를 의뢰받아 ○○군 협의회를 방문한 적이 있다. 식전 행사가 진행되면서 빔프로젝트와 노트북, 마이크 사용에 문제가 없었다. 하지만 저자가 단상에 올라 강의를 시작하려는데 빔프로젝트가 작동되지 않았고, 노트북이 작동하지 않는 등 사고가 발생하였다. 단전된 것도 아닌데 마이크 또한 작동되지 않았다. 협의회 직원들조차 어리둥절하며 마이크와 노트북을 점검하였지만 잘 모르겠다는 표정을 지으며 미안하다는 말만 할 뿐 아무런 조치를 취하지 못하였다.

행사에 참여한 사람들은 시간이 길어지는 것도 의아해 했지만 더디게 진행하는 집행진의 모습이 답답한 모양이다. 육성으로 전달되는 강의에 백여 명이 넘는 사람들이 술렁이기 시작했고 집중하지 않았다. 이날 강의는 ○○군 민관이 복지사업을 더 열심히 해보자고 결의를 다지는 자리였고, 연합하자는 의미를 담고 있어 매우 중요한 자리였는데 이러한 사고가 생긴 것이다.

이 경험 이후 저자에게는 한 가지 원칙이 생겼다. 강의대상과 장소, 참석인원, 마이크 및 빔프로젝트, 단상 등의 상태를 사전에 꼭 확인하는 것이다. 교육생들의 직업유형, 나이, 성별, 관심사 등도 확인하는데 일주일 전에는 마친다. 강의 시작 전 장비 등의 상태를 점검한다면 저자와 같은 어려움을 겪지 않을 것이다.

단상, 마이크, 빔프로젝터, 스피커, 교육에 참여한 청중들이 앉을 자리와 구조, 강사가 시선을 두어야 할 곳, 강의 장소, 적절한 조명, 집중할 수 있는 분위기인지 등을 확인한다. 이러한 사전 확인을 통해 충분히 전달될 수 있다고 판단되면 담당자에게 고맙다는 인사를 건넨다.

사실 외부 전문가를 초빙하는 것은 특별한 목적 때문이다. 화합, 협의, 재교육, 새로운 직무지식의 습득, 역량개발 등 기대욕구를 충족하기 위한 조치라는 점에서 사전점검이 철저해야 한다.

이제 장비와 기자재를 어떻게 활용할 것인지를 결정하면 된다. 여기에서 장비를 확인하는 것은 언제 휴식을 가져야 할지를 판단하기 위해서이다. 아무리 좋은 내용이라고 하여도 한 시간 이상 계속된다면 집중하지 않는다. 따라서 호응과 반응이 좋다 해도 40분을 넘기지 않는 것이 좋다.

일곱째, 강의진행

강의진행, 이제부터 모든 것은 설득가에게 달려 있다. 교육에 참여한 청중들의 표정과 태도, 반응을 살피고 새로운 것을 배운다는 기대 등이 충족되고 있는지를 확인하면서 집중하도록 분위기를 이끌어야 한다. 또한 청중들의 반응을 살피면서 설득할 내용을 계속 구상해야 한다. 이는 청중들의 반응에 의한다.

첫 마디의 중요성은 이미 충분히 설명하였다. 많은 경험이 있다고 하여도 첫 마디는 흥미와 관심을 높일 수 있는 이슈가 적절하다.

편안하고 부드러운 일상의 얘기로 시작하는 것이 청중들의 관심을 집중시킨다. 청중들이 관심을 두고 있는 이슈를 전달하는 것이 핵심이다. 또는 평소에 관심을 두었던 내용으로 시작하는 것도 좋다. 주의를 집중하게 하기 위해 강의와 관련된 신문사설, 또는 사회문제나 일상의 기사를 소개하는 것도 효과적이다. 하지만 얘기하려는 의도가 분명해야 한다.

상호작용을 위해 적절한 질문을 던져라. 질문은 주의를 집중하게 만들고 더 몰입하게 한다. 지루하지 않도록 알고 있는 내용을 질문하는 것이 기법이다. 현안을 다루는 것이 적정한데, 해결하기 위한 대안을 생각하고 답변할 수 있는 수준이어야 한다. 주의할 것은 잘못 알고 있는 생각을 강요하고, 주제와 상충되거나 모호한 질문 등은 애초부터 거론하지 말아야 한다는 것이다. 잘못된 지식이나 정보를 전달하게 되면 청중들로부터 비난을 받게 된다.

견해를 밝혀야 한다면 사실에 근거하고, 특히 일반적으로 알려진 내용을 전달할 때에는 사실 여부를 확인하고 출처가 명확해야 한다. 교육에 참여한 청중들이 알고 있는 내용과 상이하거나 잘못 전달하게 되면 이후부터는 초대받지 못할뿐더러 설득하지도 못한다.

시선 처리 또한 중요하다. 먼 산을 응시하면 비전을 말하려는 의도로 청중들을 집중하게 만들기 위해 자주 사용하는 기술이다. 잠시 숨 고르기를 위해 눈을 감는 것은 중요한 내용을 전달하겠다는 의도이다. 손을 들어 허공을 향했다면 행동해야 할 결심을 말하려는 것이다. 이러한 비언어적인 표현은 분명한 메시지를 전달하는 데 효과적이며 설득가의 주장을 확신하게 한다.

청중들은 연상되는 단어 외에 내용 모두를 기억하지 않는다. 매시간 강사가 하는 말에 따라 반응하고 이해하기 때문에, 잘될 것이라는 추상적인 얘기보다는 지금 할 일이 무엇인가로 마무리하는 것이 좋다. 지금 무엇을 선택해야 할지, 무엇을 결단할 것인지를 제안함으로써 실행에 옮기도록 결단을 촉구할 수 있다.

이러한 제안은 좋은 기억을 갖게 하고 그날의 강의 내용을 생각하게 만든다. 또한 실행을 고민하게 한다.

3. 사회복지리더의 설득하는 대화 강의기술[2) ....

1) 설득을 위한 교안준비

◆ 주제 찾기와 교안 작성

강의는 주민들이 이해할 수 있는 용어를 사용하고 이슈적이어야 한다. 강의에 적합하다고 판단이 서면 내용을 정리하여 전달방식을 정하고 강조해야 할 내용과 중요한 이슈를 별도로 표시하여 확신 있는 내용 전개와 강약을 조절하기 위한 스토리를 구상한다.

생활 주제에 대한 관심을 높이기 위해서는 기대되는 내용이어야 하는데, 대개 소재는 소소한 일상의 사건들로 우리가 경험했던 일들이 적당하다. 좋은 교안을 준비하였다거나 훌륭한 말솜씨를 가졌다 해도 그의 생활과 마음속 고민이 무엇인지 알지 못한다면 공감하지 않는다. 설득하는가와 아닌가는 변화를 촉구할 수 있는가와 아닌가에 의한 것이므로 이용자들의 마음을 이해하는 것이 우선이다. 따라서 생활의 주제가 이용자들의 가슴을 움직인다.

교안준비는 풍부하게 자료를 수집하여 분석한 후 확실한 내용 숙지를 통해 설득할 수 있는 자기식의 이해가 선행되어야만 완성된 것이다. 강의를 듣기 위해 참석한 사람들이 전문가라면 더욱 그러하다. 만약 일반 대중이라면 생활 사례를 찾고 가급적 쉬운 용어를 사용하는 것이 흥미를 높인다. 청중들을 분석하고 그들이 원하는 내용전달 방식을 찾아라. 이것만이 그들의 마음을 움직이고 설득시킨다.

◆ 생활 속 소재 찾기

사람들의 각양각색의 삶의 방식을 이해하기 위해서는 배움의 자세가 필요하다. 먹고 살기 위해 힘든 것들, 살기 위해 어떠한 일을 하는지, 생활하기 위해 필요한 것들이 무엇인지 등을 알아야만 이해할 수 있다. 그토록 힘든 와중에 어떤 때 웃는지, 어려운 생활을 꾸려가면서 어느 때에 행복을 느끼는지, 없는 돈으로 자녀들을 어떻게 양육하고 교육하는지 등 이 모든 일들을 알아야 이해할 수 있다. 생활의 달인과 같이 매일 기적을 만들고 이러한 기적은 그들이 사는 주거지에서 일

---

2) 사회복지리더는 상시적으로 사람을 상대한다. 그들을 설득하기 위해 사석에서 대화하거나 또는 기관을 방문한 내관자에게 기관을 소개하며 사업을 설명한다. 또는 초청받아 특강을 하게 되는데 기관 사업의 소개, 사업의 필요성, 실행해야 하는 어려움, 이용자 지원을 위한 참여촉구, 또는 이용자와 관련된 사업수행의 노하우, 기술 등을 소개하기 위해, 그/녀들을 설득하기 위해 설득하는 대화를 하게 되는 경우가 종종 있다. 더욱이 대학의 외래교원으로 초빙 받아 후배들을 양성하기도 하는데, 설득하는 대화의 중요성은 이들이 설득되면 주변의 체계가 변한다는 가정 때문이다. 따라서 상시적으로 사람을 만나 상대하고 대화하면서 그들의 참여를 촉구하는 것이 사회복지리더의 역할이다. 본 절에서는 사회복지리더의 설득기법을 토대로 강의하게 될 경우를 감안하여 강의교안 준비와 강의 기법을 다루었다. 따라서 사회복지리더의 강의 등의 상황을 고려한 것이므로 내용 및 의미는 강의기법에 초점을 두었음을 밝혀둔다.

어나는 생활의 이야기다. 그 주인공이 주민들이고 사회복지서비스가 필요한 이용자들이다. 따라서 이러한 생활을 엿볼 수 있다면 행운을 얻은 것이라 할 수 있다. 사실 좋은 강의를 위해서는 주민들이 살아가는 지혜가 필요하고 더해져야 한다. 결국 이용자들이 이해하지 못하는 얘기는 좋은 대화가 아니다.

주민들이 살고 있는 장소를 방문해 보면 생활상이 이해될 것이다. 시간을 내어 시장을 다녀보는 것도 삶을 이해하는 데 도움이 된다. 전문기술을 보유하고 있는 전문가는 어떻게 일을 시작하게 되었고, 기술을 연마하기 위해 무엇을 하였는지, 준비기간과 기술습득 과정은 어떠한지, 어느 곳에 취업을 하여 연수를 거쳐 지금의 숙련된 기술을 갖게 되었는지 등 앞으로 직업을 가져야 할 많은 이용자들은 이러한 정보를 궁금해한다. 왜냐하면 그들은 성공하여 자리를 잡은 전문기술자들의 숙련성과 기술이 없기 때문이다. 따라서 그들의 놀라운 인생의 얘기가 많은 도움이 될 것이다.

의사나 변호사는 쉽지 않은 배움의 과정을 거쳐 면허시험에 합격해야 한다. 그들의 공부방식과 수련과정은 일반인들에게 알려져 있지 않다. 노력의 결과인 의사, 또는 변호사가 되기까지의 과정을 알고 있는 주민들 또한 많지 않다. 어떻게 공부하였고 준비했으며, 포기하고 싶을 때 극복하였던 계기, 수련과정에서 겪은 일들이나 준비해야 할 것들을 알게 된다면 용기를 내어 도전해 볼 것이다.

운전면허 학원에 등록하여 오토와 스틱으로 분류되는 면허의 종류, 나중에 스틱을 운전할 수 있으니 1종 보통이 좋다는 설명, 대형면허가 필요한 사람들이 취득할 수 있는 방법에 관한 유익한 정보 등이다.

◆ 참석한 목적과 기대 예측

청중들을 내 편으로 만들기 위해서는 연수에 참석한 이유를 확인하고 기대하는 바를 충족시켜야 한다. 참석한 이유를 가벼운 질문을 통해 상기시키고 관심 정도와 기대하는 것이 무엇인지를 질문하기 위해 예시를 준비하라. 아래의 예시를 살펴보자.

돌봄의 전문성

보육교사에게 돌봄은 매우 중요한 역할로 전문성이 필요하다는 의견과 아니다라는 의견이 분분하지만 돌봄은 전문성이 요구되는 분야이다. 보육교사의 관심사는 무엇인가? 처우 개선을 위한 전략, 현재의 문제들, 인정받는 직장생활 등 의외로 많다.

보육기관이 지역사회와 연계해야 하는 이유는 바로 보육기관의 사회적 역할에 관심이 많고, 영유아의 안정된 성장을 기대하기 때문이다.

돌봄은 엄마가 되어 누구나 할 수 있는 일, 타인의 안정된 생활을 유지하도록 돕는 일 등이라 할 수 있지만 인간은 누구나 20살 이전까지 돌봄을 받아야 하고, 이러한 돌봄의 정도에 따라 건강한 성인기를 준비할 수 있게 된다. 인간은 부모에게 돌봄을 받는 과정을 통해 성숙하고 돌봄의 주체가 되어 인간다움을 보장받는다.

자기 돌봄 중의 하나로 화장을 하는 이유는 기꾸어야 한다는 생각 때문이 아닌가? 하루는 화장을 하면서 시작된다. 자신을 가꾸고, 더 아름다워지기 위해 화장품과 악세서리를 사는 등 자신을 가꾼다.

인간은 자신만의 미(美)를 가꾸고, 아름다움을 위해 투자한다. 아름다움의 추구는 집을 나서고, 사람을 만나는 사석에서도 추구된다. 친한 친구와 만나자는 얘기에도, 가족들과 외식을 가자는 얘기에도 준비를 하겠다며 옷매무새를 가다듬고 머리를 단정하게 하고 화장을 한다. 매일의 시작은 자신을 가꾸기 위한 아름다움의 추구이고 이러한 추구는 잠자리에 들 때까지 지속된다. 이는 '자기도취에 의한 얻어낸 자화상'으로 진정한 자아를 완성하기 위한 미(美)의 추구는 욕망에 가깝다.

결국 자기 돌봄의 추구는 생활하기 위한 생존과 결부된 것으로 자기 존재감을 드러내는 것이라 할 수 있다.

지역사회에는 다양한 사람들이 있고 나름대로의 방식에 의해 생존해 간다. 각자의 방식으로 주어진 삶의 몫을 해낸다. 때로 실망을 하고 상처도 받는다. 어떤 이는 더 많이 일을 해서, 어떤 이는 편애하는 관리자 때문에, 역할의 비중이 작아서 등 상처 또한 제각각이다. 이들은 나름의 이유를 갖고 있다. 그리고 이러한 고민을 풀기 위해 노력하겠지만 사실 관계를 유지하는 방법 외에는 대안이 없다.

상처를 위로하고 관계를 유지하기 위해 설득의 대화가 필요한 것이다. 사회복지리더의 설득하는 스피치는 그래서 중요하다.

◆설득하는 교안의 구성

시작하기는, 강의를 시작하면서 생활 친화적인 소재를 이야기 식으로 설명하여 강의에 집중하게 한다. 본인이 겪은 것이든 또는 들은 얘기든 그들이 이해할 수 있는 생활주제를 찾아 서두에 반영한다. 이러한 준비를 통해 청중들은 관심을 보이고 집중한다.

내용 설득은, 자기식의 이해가 충분해야 설득된다. 강의 원고 외에 추가할 내용을 메모하고, 하려는 얘기를 복잡하지 않게 순서를 정한 후 중요 내용만을 기록한다. 주의할 사항은 강의자가 이해하기 어려운 용어나 청중들이 이해하지 못하는 전문용어는 담지 말아야 한다는 것이다. 사회복지리더조차 파악되지 않는 내용을 억지로 읽어가는 것은 그날의 강의를 망치겠다는 것이다. 따라서 이해되지 않는 내용은 가급적 원고에 담지 않는 것이 좋다.

사회복지리더가 주제를 정해 강의하는 것은 드물다. 대부분 주제를 정한 후 적당한 강사에게 요청하는 식이다. 따라서 자신 있는 교안 서너 가지를 준비해 두면 요청하는 주제에 따라 적극적으로 대응할 수 있다. 이러한 준비를 마친 후 강의대상과 장소, 직업군을 고려하여 이슈를 제기한다면 교안의 완성도를 높일 수 있다.

이제 원고에 집중하고 내용전달을 효과적으로 수행할 수 있도록 일목요연하게 정리한다. 중요 단어와 문장은 굵은 글씨로 표시해둔다. 힘 있는 목소리로 이슈를 강조하기 위해서이다.

완성된 원고의 전달방법을 구상한다. 아무리 훌륭한 교안을 준비하였다 해도 설득되지 않는다면 좋은 교안이 아니다. 따라서 강의내용을 알차게 전달하기 위해 스토리 전개가 명확해야 한다.

호소력 있는 강의는 사회복지리더가 내용을 충분히 이해하고 전달할 때 가능한 것이다. 만약 걱정이 앞선다면 핵심내용을 요약하고 거울을 보며 반복하여 연습한다. 힘 있는 목소리에 표정과 손짓으로 강조한다면 더 설득력 있게 전달된다. 강조해야 할 내용은 표정에 주의하고, 영상시청, 또는 노래가사 가운데 의미 있는 구절을 찾아 소개한다면 설득을 배가시키는 데 효과적이다.

마무리하면서 교안에서 제시하고자 하였던 목적을 다시 상기시키기 위해 주제를 말한 후 이슈를 제기한다. 먼저 결론을 얘기하고, 앞으로 경험하게 될 상황을 사례로 전달하여 용기 있는 설득을 제안한 후 마무리한다.

설득하는 강의준비를 위해, 저자는 요청된 주제를 키워드별로 분류한다. 소주제를 나누어 각각의 의미를 분석한 후 핵심내용을 정한다. 각각의 의미, 설명할 내용, 문제점, 개선 대안을 확정한다. 이후 내용의 전개를 구상한 뒤 핵심 의제를 몇 가지로 분류하여 교안을 마무리한다.

설득하는 스피치는 표정과 목소리만으로는 전달되지 않는다. 표정관리, 즉 확신 있는 어조와 말투, 표정 등이 설득을 배가시킨다. 강의에 힘을 싣는 방법 가운데 하나는 강의내용과 관련된 생활 속 예시와 예화를 소개하는 것이다. 그러면 그날의 강의는 설득된다.

Tip............................ 강의진행 예

저자는 ○○군 통합사례관리 교육을 진행할 기회가 있었다. 교육생들은 사회복지기관 종사자들로 2일 동안 진행하였는데, 교육을 준비하면서 다음의 사항을 고려하였다.

먼저 1일 차에는 사회복지 종사자들에게 이슈를 제기하기 위해, 통합사례관리 적용의 필요성과 기존의 사례관리와의 차이점을 제안하였다. 지역 차원의 통합사례관리 적용방안과 과제를 제시하였고, 통합사례관리를 적용하기 위해 기관에서 고려해야 할 사항을 이슈화하였다. 특히 사례의 발견을 위해 기관의 역할 분담방식을 집중적으로 부각한 후 연계방안을 도출하기 위해 상당한 시간을 할애하였다. 의뢰부터 사후관리까지, 화두를 정해 강의의 완성도를 높였다.

2일 차에는 토론에 집중하며 해결 방안과 역할을 분담하고, 사례관리의 핵심 이슈를 토대로 기관 간의 연계방안을 모색하였다. 사례관리의 단계별 과정을 실행하기 위한 협력방안과 참여를 제안하고 기관들의 역할을 제안하였다.

2) 설득하는 강의 기법

먼저 주제를 말하라. 내용의 줄거리를 파악하고 단어연상만으로도 무슨 얘기를 해야 할지 떠오를 정도여야 한다. 목차를 소개하면서 강의 내용과 핵심 이슈를 설명한다. 주의할 것은 내용을 암기하기 위해 너무 많은 에너지를 소비하지 말라는 것이다. 외우기에 집중하면 단상에 서는 순간 긴장하게 되어 이야기의 줄거리를 잊어버리게 된다. 핵심내용을 요약하여 이야기하듯이 설명을 하고 진지한 표정으로 먼 산을 응시하는 듯한 손짓을 통해 설명한다면 감동의 여운을 남기게 된다.

◆ 줄거리를 짜라

청중들이 시선을 고정한 채 동작 하나에 반응하며 한마디에 집중하는 상황은 부담을 가중시키는 낯선 것이다. 긴장된 표정을 한다거나 어눌한 말투로 서두를 시작하게 되면, 청중들은 단번에 알아차린다. 사회복지리더가 긴장하고 있는 사실을 알았기 때문에 더이상 흥미를 두지 않고 강의에 집중하지 않는다. 더욱이 원고를 외워서 강의하게 되면 기억해 낸 내용을 설명하는 과정에서 의도와는 다르게 얘기하거나, 하려는 말이 끊기는 등 매끄럽지 않게 된다.

마음에서 우러나오는 강의는 진지한 말투, 생각하게 하는 이야기, 공감되는 상황, 핵심내용에 대한 적절한 제스처가 강의 내내 어우러진다. 사회복지리더 표정에서 흥미를 느끼고 줄거리가 이해되는 생활 속 사례가 가득 차 있어 내용이 연계된다. 이슈를 제기할 때는 진지한 표정으로 강한 확신과 우리가 해야 할 일이라는 강력한 메시지를 상기시켜야 한다.

이러한 감동은 강의하려는 분명한 목적과 확신에 의한다. 사실 익숙해 있는 공간에서조차 목적을 갖고 활동하려는 수십 명의 청중들에게 분명한 메시지를 전달하는 것은 많은 경험이 필요하다. 하지만 무엇보다 중요한 것은 강의내용에 대한 확신을 갖는 것이다. 충분한 자료의 준비, 스토리가 이해되는 전개과정, 확실한 이슈 등이다. 이제 청중들을 집중시키기 위해 관심을 높이기 위한 용어를 선택하고, 이슈적인 화제 등을 예시로 반영한다.

독자도 알다시피 강의하는 과정에서 원고대로 전달하는 경우는 거의 없다. 청중들의 반응에 따라 강의내용을 조절해야 하기 때문이다. 따라서 암기하기 위해 에너지를 쏟지 말고, 자기 확신에 의해 멋진 강의를 하겠다는 각오를 분명히 하라는 것이다.

사회복지리더가 설득하는 강의를 하기 위해서는 다음의 사항을 고려해야 한다.

메모사항만 적어 두면서 청중들에게 부드럽게 이야기하듯 강의하고 공감하는 표현을 쓴다. 편안한 표정으로 부드럽게 서두를 시작한다. 핵심내용을 강조하여 설명할 때는 손짓, 표정이 진지하다 등이다.

따라서 강의내용은 위로가 먼저이고 그들의 허전함을 달랠 수 있어야 한다.

다음의 사항을 참고하면 도움이 될 것이다.

첫째, 위로를 전하며 시작한다

현대사회의 조직은 쉴 틈 없이 움직이며 생존을 위한 경쟁이 심각할 정도로 급박하여 버티기 힘들 정도이다. 일에 지치고, 사람에게 지쳐 있어 대화하는 중에도 육체적·정신적으로 긴장한 채 지내는 등의 생활이 반복되고 있어 여유를 갖기 위해 휴가를 가지만 직장의 직무를 벗어나기 어려운 상황이다.

사회복지리더 또한 사회복지기관에 근무하면서 한시도 편할 날이 없었다는 것을 경험하지 않았는가. 사람들이 피로가 누적되어 스트레스를 쌓아두면서까지 일에 내몰리고 있어 휴식이 필요하지만 이마저도 여의치 않은 상황이어서 생계를 이어가기 위해 일을 하는 경우가 다반사이다. 이들이 우리의 주민들이고 이용자이다.

현대사회를 살고 있는 사람들은 쉼과 휴식에 목말라 있다. 전화받을 시간조차 멈칫할 정도로 다른 이를 배려하면서 사람들에게 맞추기 위해 애를 쓰고, 이렇게 하지 않으면 관계가 유지되지 못하기 때문에 긴장은 잠들기 전까지 늦출 수 없다. 물론 이렇게 일을 하는 것이 인정받고 있다는 증거이지만 과도한 스트레스와 긴장해야 하는 상황이 반복되고 있어 쉼과 휴식이 필요한 상황이다. 사회복지리더의 역할이 개인과 지역사회로 확장되어야 할 이유는 많은 이들이 사직, 또는 이직 후에도 마땅한 대안을 찾지 못하고 있기 때문이다.

누구나 어려움은 있다. 선호하는 직업에 종사한다고 하여 행복하다고 단정할 수는 없다. 사실 사람 간의 갈등을 중재하는 것은 힘든 일이다. 변호사는 매력적이고 선호하는 직업이기는 하지만, 사람 사이의 갈등과 분쟁을 해결하지 못하는 상황일 때 수입이 생긴다. 그가 돈을 벌기 위해서는 매우 심각한 분쟁과 갈등이 일어난 당사자에게 개입해야 한다. 이때부터 수입이 생기고 역할이 주어진다. 그의 수입은 문제에 노출되어 있으면서 갈등의 상황을 법적인 해석을 통해 정당성을 주장하고 손해를 보지 않도록 역할을 할 때부터이다. 엄밀하게 보면 의뢰인이 정직하건 아니건 간에 의뢰인 편에서 역할을 해야 한다. 설사 범죄자라도 그의 편에 서야 한다. 죄질이 심각할수록 수입이 많아지는 구조여서 과연 이러한 일을 평생 해야 한다면 행복한 시간을 얼마나 보낼 수 있을까.

의사는 어떤가. 인간에 대한 이해를 갖기 위해 십여 년 넘게 공부했지만 질병과 싸워야 한다. 수술을 해야 하는 의사는 질병 문제를 의술로 해결해야 하기 때문에 사람의 외모보다 장기를 걱정해야 한다. 중대한 질병이라면 건강해질 것이라는 확신을 갖기도 어렵다. 최근 의료분쟁은 흔한 일이 되었다.

설사 수술이 잘되었다고 하여도 고통스러워하며 회복하는 환자를 돌보아야 한다. 아픈 환자의 고통을 지켜보며 그들의 아픔을 통해 수입을 얻는 것이다. 완쾌된 모습을 볼 수 있다면 다행이지만 아닐 확률도 높다. 아픈 환자는 유일한 돈벌이고 환자를 얼마나 유치하였는가에 따라 수입이 증가한다.

이와 같이 직업은 장·단점이 있다. 따라서 강의내용은 위로가 먼저이고 그들의 허전함을 달랠 수 있어야 한다.

둘째, 도전과 휴식, 힐링의 시간이어야 한다

청중들의 입장에서 교육, 또는 연수는 쉼과 휴식이어야 한다. 정신적인 안정을 찾고 사회복지직에 대한 도전의식을 새롭게 갖는 등 동기부여가 먼저이다. 기관을 나와 교육장까지 온다는 것 자체가 재충전의 기회라는 점에서 긴장하지 않고 앎의 지식을 확장하는 기회가 되어야 한다.

셋째, 지역을 이해해야 한다

지역은 주민들의 생활터전이라는 점에서 지역을 이해하는 것은 생활방식을 이해했다는 의미이다. 주민들은 지역의 환경에 영향을 받으며 생활하게 된다. 따라서 주민들이 느끼는 생활의 어려움을 공감하고, 입장을 담아 강의하기 위해 지역의 상황과 생활방식이 어떠한지를 파악하는 것은 강의내용을 친화적으로 전달하는 데 효과적이다. 주민들의 의식과 사고, 생활방식 등 필요한 것들과 부족한 것들을 파악한다면 얘기하려는 바가 설득된다. 강의 전날, 또는 며칠 전에 지역을 다녀보는 것도 방법일 것이다. 지역은 주민들의 생활터전으로 사회복지리더가 이끌어야 할 대상이기 때문이다.

넷째, 좋은 강의는 고민하게 한다

강의를 준비하면서 주제가 정해지면 주제에 맞는 핵심이슈를 제기하고 어려움 등을 이해한다는 논의를 통해 수행해 온 여러 역할에 대해 위로를 전해야 한다. 금일 다루어야 할 주제를 환기시키고 얻게 되는 성과 또한 제기한다. 함께 풀어가자는 여운을 남기고 향후 일어날 변화를 위해 무엇을 시도하고 도전해야 하는지 등 대안을 모색하자는 공감을 얻는다면 당일 강의는 성공한 것이다.

인간은 살기 위해 일을 하고 생존하기 위해 조직에 속한다. 모든 사람이 직장을 다니는 것은 아니지만 살아가는 것은 숙명이다. 생존에 필요한 것들이 너무도 다양하고 많지만, 생활에 필요한 것들은 동일하다. 필요를 어떻게 충족시키는 가는 개인의 생활수준을 결정 짓기 때문에 이를 이해하는 것이 설득의 단초이다.

개인들이 요구하는 바가 다르겠지만 직무충실성, 직무수행능력, 수행직무가 개인의 성과와 연관되어 인정받는 것, 진급 등에서 누락되지 않고 정년까지 버틸 수 있는 것 등은 모두의 고민거리이다. 어떻게 인정받고 개인의 역량을 배가하여 능력을 발현하게 할 것인가는 사회생활을 위한 기본적인 것으로 이 점을 상기시키고 고민하게 해야 한다.

Tip............................ 강의 준비절차

청중들의 입장에서는 이걸 꼭 들어야 하는지 의문을 갖고 참여했을 수 있다. 만약 강의 내용이 청중들의 생각에 부합하지 않아 설득력이 떨어지거나 농담으로 시작하는 등 진지하지 않게 되면 관심을 갖지 않는다. 더욱이 흥미롭지 않은 주제라면 괜히 참석했다고 후회하기 때문에 그날의 강의는 실패하게 된다.

따라서 청중들의 관심을 높이기 위한 주제 정하기는 강의의 성공과 실패를 좌우하는 매우 중요한 준비에 속한다. 주제를 정하기 위해 이슈를 파악한 후 자료를 수집한다. 또한 핵심 이슈를 축약된 용어로 함축시킨 후 주제를 정한다. 목차 또한 청중들의 관심을 높일 수 있도록 확인하고 다루어야 할 내용을 분석하기 위해 인터넷이나 논문 등을 참고한다.

이해하기 쉬운 용어를 사용하는 것은 내용의 전개를 충실하게 만들고 청중들 스스로 생각하게 만든다. 즉, 주제에서 다루고자 하는 이슈를 반영해야 하는데, 주제를 환기시키면서 결론까지 연결하는 것이 핵심이다.

3) 설득하기 위한 점검

◆ 설득하는 대화 법칙

첫째, 청중들이 우호적인 경우

공감할 수 있는 논의를 제시하고, 이해할 수 있는 얘기, 핵심내용을 강력하게 전달한다.

둘째, 청중들이 적대적인 경우

부드럽게 시작하고 메시지가 강력해야 한다. 서서히 공감하는 말로 논의하듯이 이어간다.

셋째, 멋진 원고내용을 구상하라

인성, 힐링, 사람들을 위로하고 관심을 높이는 내용으로 준비한다.

넷째, 생활친화적인 예화를 들어라

생활의 예시는 청중들의 공감과 이해를 돕는다. 좋은 강의는 생활에서 겪은 일들이 예시로 반영되어 있다.

◆ 스피치 준비와 점검내용

첫째, 용기와 희망을 주기 위한 대안이 담겨 있어야 한다.

둘째, 누구나 공감하는 희망의 메시지여야 한다,

셋째, 현대 사회의 가족 해체와 조기 독립에 따른 가족문제를 예방하고 회복하기 위한 비전이 담겨 있어야 한다,

넷째, 다양한 유형의 곤란함을 예시로 제시하고 어려움을 감싸 안는 희망처가 있음을 정보로 제공해야 한다,

다섯째, 희망찬 메시지는 생각하고 기대를 갖게 해야 한다,

여섯째, 희망, 꿈, 열정의 강사는 인성을 논하고, 대인관계 방법과 리더가 되기 위한 대안을 고민하게 한다. 사람들은 성장과 일을 처리하기 위해서 동료들과 협력한다. 이러한 협력을 통해 관계를 유지해 간다. 따라서 도전에 대해 확신을 갖게 하는 내용이어야 한다.

살아가면서 감당하고 극복해내야 하는 것들은 생활의 장애물이 되거나 성장하는 기회가 되지만 개인적인 것이어서 안쓰러운 마음만 갖게 할 뿐 스스로 이겨내야 한다. 개인적으로 어떠한 직업을 선택하느냐에 따라 사회적으로 존중받고 선호

하는 역할을 수행하게 되는데, 분명한 것은 사람들을 변화시키는 직업을 선택하였다는 것만으로도 개인에게는 영광일 뿐 아니라 다른 사람에게도 유익을 끼친다는 것이다. 물론 본인에게도 삶의 보람, 가치 등을 갖게 하여 인생의 의미를 진지하게 성찰하게 한다. 따라서 좋은 직업의 기준이 다르겠지만 타인을 위해 영향을 끼치는 직업적 활동은 선택된 자만이 할 수 있는 일임에는 틀림이 없는 같다. 약간의 도움만으로도 변화되었다면 분명 위대한 일을 해낸 것이다.

Tip............................ 설득하는 대화의 초점

아무리 좋은 직업에 종사하는 사람이라도 개인이 감당해야 할 일이 있고, 어쩔 수 없는 것들이 있다. 그렇다면 설득가인 사회복지리더가 해야 할 과업은 그들의 마음을 다잡아 이끄는 것이다. 하지만 사회복지리더가 체득한 것들을 경험하지 않았기 때문에 전문가에게 자문을 구하는 것이다.

간접적으로 체험하게 만들고 한 마디에 결심하게 하는 것, 이것이 설득하는 대화의 핵심이다. 따라서 풍부한 체험이 있는 강의만이 변화를 체감하게 한다. 예시를 어떠한 방법으로 전달할 것인지를 고민하라. 그럼 얘기에 귀를 기울이며 자신의 부족을 채우기 위해 도전할 것이다.

4. 환대하는 설득의 대화강의적용[3] ....

환대하는 설득가인 사회복지리더[4]는 설득하는 대화강의를 위해 다음의 사항을 고려해야 한다. 주민들 앞에 선 자신을 상상하며 정곡을 찌르는 이야기를 하기 위해 독서에 많은 시간을 투자해야 한다. 이러한 노력은 환대하는 사회복지리더가 대화 설득가로 활동하면서 주민들의 삶에 긍정적인 변화를 제안하겠다는 의도이다.

낙관적인 생각을 하고, 아무리 힘든 일을 겪는다 해도 극복할 수 있다는 확신에 찬 마음을 가진다면 해내지 못할 것이 없다. 하지만 이러한 능력이 다수의 사회복지 종사자들에게는 부족하다. 하지만 설득할 수 있는 내면의 역량을 갖춘다면 분명 설득하는 강의를 자유롭게 구사할 수 있다. 따라서 배우고자 하는 마음이 중요하다. 소극적인 생각을 버려야 한다. 과거로 도피하는 길은 우유부단하게 처신하는 것이며, 해야 할 역할을 포기하는 선택을 하는 것이다. 그러면 정말 현실이 된다.

생생한 기억이 있는 체험을 설득하는 대화로 이어가기 위해서는 지금껏 지내온 생활에 더해 배웠다는 감동을 느끼게 해야 한다. 경험한 일은 타인이 경험한 것이 아니기에 값지다는 것을 설명하지만 확신하지는 않는다. 과거의 일이기에 현재가 아니라는 점에서 어떠한 설명인가에 따라 달라진다. 낭비하지 않는 시간이었다는 믿음을 준다면 관심을 갖는다.

경험 속에서 얻었던 일, 아이디어, 신념, 가치를 정리해야 한다. 진정한 준비는 생각하고 말하는 것들과 핵심을 어떻게 전달하려는가에 의한다. 생각을 가다듬고 주민들의 기대가 무엇인지를 생각해 보라. 이러한 준비가 청중들을 설득시키고 용기의 결단을 촉구하게 한다.

1) 성공을 확신하는 대화강의

주제에 몰입하면서 자료를 충분히 수집하고, 대화내용에 대한 전개방식을 구상

---

3) 데일 카네기 저. 최염순 역. 2004. 카네기 스피치 & 커뮤니케이션. 씨앗을 뿌리는 사람. 케네기트레이닝 카네기연구소. 23-148에서 일부내용 발췌하여 재인용 및 수정.

4) 본 장은 대화설득가인 사회복지리더가 다양한 상황에서 강의를 하게 될 것을 가정하였다. 대개 기관소개 또는 사업소개, 사업의 참여 등을 시도하게 되는데, 사회복지리더는 대화설득가임을 감안하여 설득하는 대화강의에 필요한 기술을 다루었다. 데일 카네기의 도서를 참고하였는데, 설득하기 위한 대화법을 이해하기 쉽게 소개하였기 때문이다. 이제 자신만의 방식으로 설득하는 대화, 명강의를 준비해 보자. 이 장을 통해 독자는 위대한 강사로서의 자질과 역량을 준비하게 될 것이다.

한다. 주제를 진행하기 위해 내용을 정리한다. 중요한 것은 주제를 이해하고 확신해야 한다는 것이다. 주제와 전개방식의 이해는 주장하고자 하는 내용을 신뢰하게 하여 자신감을 갖게 한다. 만약 부족하다고 느끼면 다른 강사의 강의를 듣고 그의 강의몰입, 이것을 집중적으로 분석한다. 말하기, 얘기방식, 목소리 제스처, 음성 등을 자신의 것으로 만들어야 한다.

◆ 효과적인 대화강의를 하려면

경험하면서 얻었던 것들을 이야기한다

지난날 가장 부끄러웠던 일, 즐거웠던 행복한 추억, 또는 아내를 만나 결혼하게 된 계기 등 피부에 와 닿는 이야기를 함으로써 흥미를 갖게 하고, 자신을 만들어 준 사람들이 해준 배려 또는 경험을 솔직하게 이야기한다. 만약 자신이 알고 있는 사실이나 알고 있는 내용을 진실인양 이야기한다면 얼마나 지루하겠는가. 주민들은 전문지식이나 어려운 용어, 특히 사회복지리더가 알고 있는 어마어마한 주제에 흥미가 없다. 현실적이며 피부에 와 닿는 생활과 관련된 화제에 흥미를 보인다.

삶을 통해 배운 교훈을 이야기한다

인생을 살면서 직접 배운 것을 이야기하고 관심의 초점을 일상에 두어야 한다. 살아오면서 겪었던 교훈들을 즐겨 말하고 극복의 과정과 힘든 시간을 이겨냈던 방법을 알려주어야 한다. 자신의 경험이 절대적인 것은 아니지만 듣는 사람들의 관심사를 비켜가지 않게 된다. 인생이 당신에게 가르쳐준 것을 이야기한다. 그러면 당신의 이야기에 관심을 가질 것이다. 잊지 말아야 할 것은 주민들은 고차원적인 철학원리나 불가능한 사실에 관심을 두지 않는다는 것이다.

경험에서 주제를 찾는다

청중들은 지금이 있기까지 특별한 사건을 경험하였고 경험해 왔다. 경험은 인생의 전환점으로 삼을 수 있는 특별함이다. 어린 시절 특별한 장소, 특별한 사람과의 만남, 추억어린 장소, 도움을 준 사람들, 학창 시절의 에피소드 등은 청중들을 주목하게 한다. 이러한 소재는 비슷한 경험이 있기 때문에 관심을 갖는다.

가능하다면 이야기하는 중에 어린 시절의 예화를 반영해야 한다. 유년 시절의 역경과 싸움을 주제로 한 드라마나, 변화된 지금의 상황을 비교한다면 강의에 흥미를 갖는 것은 물론 집중한다. 연극이나 영화, 소설 등이 인기가 있는 이유는 우리가 지내온 지난 시간의 경험을 회상하도록 만들기 때문이다. 세월이 흘러갔지만 기억에 선명하게 남아 있는 경험이라면 관심을 갖는다.

성장을 위한 젊은 시절의 노력

두렵지만 시도해본 일을 이야기하여 현재의 사업이나 직업을 어떻게 갖게 되었는지를 설명한다. 어떤 준비를 통해 현재의 경력을 갖게 되었는지, 또한 경쟁이 치열한 세상에서 출세하기 위해 무엇을 준비하였는지, 당신이 경험한 좌절의 상황과 기대를 가졌던 것, 승리할 수 있었던 것 등을 이야기한다. 즐겨하는 취미와 여가 시간의 활용, 협조를 받고 성장하게 하였던 신념과 신조 등이다.

- **체험에 진실을 담아 진정성 있게 이야기하라.**

  주제에 집중하지 않으면 진지해지지 않는다. 주민들의 관심을 높이기 위한 가장 좋은 대화는 진실을 담아 진정성 있게 이야기하는 것이다.

- **이야기를 나누어라.**

  이야기하려는 것을 청중들도 중요한 일이라는 것을 느끼도록 해야 한다. 주제에 진지하게 집중하게 되면 흥분된 그때의 감정을 듣는 이들도 느끼게 된다. 유능한 사회복지리더는 주민들의 감정을 느끼면서 그들이 느끼는 감정에 충실한다.

2) 매료시키는 대화강의

주제를 한정시켜라

설악산 국립공원 여행을 주제로 하여 설명하려고 한다. 본인이 본 풍경과 느낌을 이야기하려 한다. 전체 풍경을 설명하면 지루하게 느껴져 설명이 언제 끝날지를 기다리게 된다. 멋진 경치, 오솔길, 나무와 다람쥐 등을 생각하기도 하지만 설악산의 풍경만을 상상하면서 내용을 잊어버리게 된다. 더욱이 특정 새나 동물 등에 한정하여 얘기한다면 설악산의 풍경과는 거리가 있는 상황만을 기억하게 된다.

보다 현실적인 이야기의 주제는 사회복지리더가 정한 내용에 걸맞은 주제로 한정시키면 이야기할 내용을 설명할 수 있는 여유를 갖게 된다.

질문에 대비하라

강의를 준비하는 과정에서 주제와 관련된 백 가지 이상의 생각과 내용을 모아두었다가 필요한 핵심내용을 채우고 나머지 내용은 질문에 대비한다. 청중들은 주제와 관련하여 궁금한 것들과 모르는 내용을 질문하는데, 즉석에서 답변할 수 있도록 충분한 자료를 준비하지 않는다면 대응하지 못한다.

주제를 생각하면서 예상되는 질문을 준비하고 적절한 답변을 계획한다. 융통성이 필요한데, 질문사항을 파악하지 못해 답변하기 어렵거나 곤란하다면 더 많은 자료를 찾아야 한다. 이러한 낭패를 보지 않으려면 주제와 관련된 자료를 가급적 많이 수집해야 한다.

보기와 예로 가득 채워라

일반적으로 사람들에게 많이 읽히는 도서들의 공통점은 대부분 이야기 식으로 씌어 있거나 숱한 사람들의 일화로 가득 차 있다.

연수 또는 교육에 참석한 청중들의 기대는 지식과 기술을 습득하기 위해 참석하는 경우가 대부분이다. 일상적이고 평범한 이야기라도 인간미가 있고 사람들과 어울리는 방법에 관한 사례를 듣고 싶어 한다. 사실 인생을 이야기하고, 어려움을 극복하였던 일화가 담긴 설득하는 강의가 오랫동안 기억된다. 이야기를 한 줄로 정리할 수 있는 핵심 용어를 선택하여 전체 내용을 함축적으로 담을 수 있는 내용, 구체적인 사례를 들어가며 설명하는 것이 호소력이 높다.

이야기 방식에 더해 예화와 친근한 생활 소재는 듣는 사람들의 관심을 집중시키고 인간미를 느끼게 한다. 예화로 가득 찬 대화는 이해가 쉽고 설득된다. 따라서 확신에 찬 예화로 전개할 내용을 구성해야 한다. 반영할 예화를 찾고 생생한 경험을 소개하기 위해 실화를 토대로 핵심내용을 정리하는 것이 설득에 효과적이다.

자료의 원천은 자신의 환경과 체험이 적절하다. 자신의 경험만큼 풍부한 예화는 없다. 체험만큼 설득력 있는 이야기가 없다. 이를 확신해야 한다. 개인의 사적인 경험일 뿐이라는 생각을 버리고 그들 또한 이러한 경험이 있다는 것을 확신해야 한다.

다만 청중들을 낮추어서 얘기하는 태도, 자기중심적인 말투나 무례한 태도는 반감을 살 수 있으므로 주의해야 한다. 주민들은 자신이 경험하지 않은 사회복지리더의 체험과 사적인 경험에 흥미를 느끼고 관심 또한 높다. 따라서 개인적인 경험을 이야기하는 것은 청중들을 집중하게 한다.

이름을 사용하고 이야기를 인간화한다

사례를 인용하여 설명해야 할 때는 사람의 이름을 사용하는 것이 뇌리에 남는다. 만약 신원을 밝혀야 한다면 가명을 쓰는 것도 괜찮다. 형식, 철형, 민수 등과 같은 일반적인 이름이라 할지라도 누구, ○○이, 이런 사람이라고 하는 것보다 또는 어떤 사람, 또는 그 사람이라고 하는 것보다 훨씬 낫다.

이름은 인간에 대한 명확한 이해를 갖게 한다. 따라서 실화를 예로 들려면 이름을 거론해야만 현실적이기 때문에 누군가에 관한 이야기를 할 때는 익명을 사용하지 말고 이름을 사용하는 것이 효과적이다.

세부묘사로 이야기를 채운다

무관심은 거절을 의미하는 대표적인 것이다. 따라서 집중하게 만들려면 그들의 표정을 살피면서 집중하고 있는지 등 반응을 살펴야 한다. 상황이 이해되도록 구체적으로 묘사하되 내용이 이해되어야 한다.

대화체를 사용한다

예를 들거나 특정 사건을 설명하려 한다면 상황을 구체적으로 묘사하고 설명하는 방식이 적정하다. "당시는 이랬습니다."라고 장면에서 본 것과 같이 이야기하고, 당시의 상황, 모습, 말투, 환경 등을 자세하게 설명한다. 상황을 이해하게 하는 설득은 청중들의 이해를 높이는 데 효과적이다.

표정으로 이야기를 시각화한다

청중들을 설득하는 최고의 기술은 오감을 활용하는 것이다. 마치 눈앞에서 장면을 보면서, 소리를 듣게 하는 표현법을 사용하고, 손짓과 몸짓 표정으로 이야기하는 것이다.

만약 농구경기장에 대해 설명하려 한다면 눈에 보이고 함성을 듣게 하는 표현이 적절하다. 청중들이 농구에 대해 이해하지 못한다 해도 그들이 농구장에 있는 것처럼 묘사해야 하는데, "관중들이 소리치는 함성이 들리십니까? 관중들은 왜 소리를 칠까요? 그것은 자신의 팀이 승리하기 원해서입니다. 여러분이 응원하는 팀이 이기기를 원하십니까? 지금 마음속으로 응원해 보시기 바랍니다." 하며 멋진 슛을 하는 시범으로 보이면서 이야기를 한다면 청중들의 시선은 사회복지리더에게 집중될 것이다.

연상되는 친숙한 단어를 사용한다

관심을 일으키는 최고의 설득기술은 연상하게 하는 것이다. 사회복지리더의 이야기 가운데 장면을 생각하게 하고, 특정한 장면을 떠올리게 하려면 상황을 구체적으로 묘사하는 것이 설득하는 데 효과적이다. 그러면 이야기에 집중하고 잡념을 버리게 된다.

생생한 생각을 하고 사고하게 하는 이야기만큼 뛰어난 설득이 없다. 핵심 내용을 설명하기 전에 사례를 통해 연상하게 한다면 그날의 설득은 성공하게 된다. 따라서 연상을 일으키는 오감을 다룰 수 있어야 한다. 연상하게 하는 말을 사용하기 위해 연상되는 단어를 사용한다.

유능한 사회복지리더는 이용자 스스로 생각하게 만든다. 이야기의 사례를 생동감 있게 만들고 싶다면 마치 그 현장에 있는 것처럼 느끼게 해야 한다. 주민들이 알고 있는 친숙한 단어를 사용하는 것이 이러한 느낌을 갖게 한다.

청각과 시각을 자극하기 위한 능력을 연습한다. 가령 집에서 개를 키우고 있다는 설명을 하게 되면 청중들은 여러 생각을 하기 때문에 불분명한 이미지를 연상하지 않도록 한다. 예를 들어 집에서 개를 키우고 있다고 하면, 애완용인지, 발발이인지, 진돗개인지 불분명한데, 우리나라에서 희귀종인 삽살개를 키우고 있다고 정확하게 얘기하면 확실한 이미지를 연상하게 된다. 이러한 설명은 청중들에게 분명한 연상을 떠올리게 하여 내용의 이해를 높인다.

내용에 생기를 불어넣어야 한다

활력과 열정에 관한 내용을 설명하려 할 때는 강한 어조, 분명한 말투여야 한다. 진지함과 열정적인 주장은 청중들이 이해하고 있는 일반적인 견해를 무너뜨리고 상식을 바꾸게 한다. 청중들이 듣고자 하는 말에 집중하기보다는 분명하고 확신에 찬 이야기를 진정으로 설득하려면 확신 있는 몸짓, 분명한 어조로 성토해야 한다. 이렇게 하는 대화 강의는 청중들의 가슴에 남게 된다.

진지한 태도와 말투 속에 열변을 성토한다. 사회복지리더가 열정에 더해 자신의 경험을 진정성 있게 제안한다면 분명 주민들의 가슴에 오랫동안 기억될 멋진 이야기를 하게 될 것이다.

이제 가장 적합한 화제를 선택한다. 굳게 믿고 있는 확신에 찬 내용을 자신의 주장으로 설명하라. 호소력의 힘은 강한 신념과 깊은 감동에서 우러나온다.

감정을 재생하게 사례를 설명한다

경험의 사례를 설명하려면 공감하는 감정을 느끼게 해야 한다. 설득하는 강의는 사례를 통해 전달될 때 호소력이 높다. 이 경우 감정의 흥분을 느끼고 표출할 수 있는 내용을 설명해야 한다. 내용 가운데 흥분의 분량이 많을수록 관심을 불러일으키고 몰입시킨다는 점에서 감동의 감정을 억누르지 말고 힘주어 얘기한다.

자신의 열정을 전달하기 위해 더욱 최선을 다해야 한다. 상황이 아니라고 판단하지 말고 흥분의 감정을 더 느끼도록 청중들의 감정을 자극하는 데 최선을 다한다.

천천히 얼굴을 들고 늠름한 자세로 청중들을 바라본다. 금일의 강의가 유익할 것이라는 확신을 주고 청중들과 함께할 것이라는 신뢰를 전하는 데 최선을 다할 것이라는 확신을 표정으로 전해야 한다. 청중들은 사회복지 리더의 일거수를 보며 어떠한 말이든 수용한다. 설득하는 열정에 의한다는 것을 기억하기 바란다.

3) 공감하는 강의

데일카네기(2004, 최염순 역. 109-110)는 유명한 연설가인 콘웰박사에 대해 다음과 같이 소개하였다.

"콘웰박사는 강의의 핵심은 강사가 얼마만큼 청중들의 것으로 만드는가에 달려 있다고 하였다. 청중이 적응하도록 내용을 구성한다면 이는 명강사의 자질을 갖춘 것이다. 콘웰박사는 강의를 시행하기 전 다음의 사항을 확인하였다. 시골이나 도시를 방문할 때, 또는 타 지역에서 강의를 의뢰받게 되면 가급적 일찍 도착하여 해당 기관의 관리자, 이용자, 또는 주민, 기술자 등을 만나 대화하였다. 또한 상점에 들러 관계된 직원들과 대화하기도 하고 때로는 생활 여건이나 필요한 내용 등에 관해 손님들과도 이야기하고 관심사를 파악하였다. 이러한 자료를 정리해서 그 지역에 적합한 문제를 확인하고 적당한 해결 방법을 찾기 위해 노력하였다."

◆ 청중들과 연대감을 형성하는 법칙

흥밋거리에 대해 이야기한다

청중들은 자신들의 일이고 이해관계가 있거나 관계가 있는 일에 관심을 보이게 되어 있다. 청중들이 관심을 보이는 내용을 강의에 포함시키면, 주목을 받고 호기심을 일으킨다. 그러면 강의내용이 일방적인 것이 아니라는 이해를 갖게 하여 대화로 이어지게 되어 흥미 있게 전달된다.

시작하는 이슈

전문회계사라면, 대화를 시작하기 전에 "여러분에게 세금을 신고할 때 삼백만 원을 절약하기 위한 방법을 일러 드리겠습니다."라는 얘기로 시작하면 주민들의 귀가 번쩍 뜨일 것이다. 변호사라면 "여러분에게 법률적인 소송이나 다른 사람의 모함을 대처하기 위한 방법을 알려 주겠다."는 얘기로 시작한다면 집중할 것이다.

데일카네기(2004, 최염순 역. 114-115)는 아메리카 매거진의 책임자인 존 시달에 대해 다음과 같이 소개하였다.

그는 '흥미 있는 사람'이라는 코너를 담당하는 편집장이다. 그는 "인간은 이기적이다. 그래서 자신들과 연관된 것에만 흥미를 갖는다. 대형건물을 짓는 것에는 아무런 흥미를 느끼지 않는다. 대신 어떻게 하면 출세를 할 수 있는지, 월급을 더 받을 수 있는 방법이 무엇인지, 어떻게 하면 건강할 수 있을지를 고민한다."고 하였다. 그래서 그가 잡지의 편집장이 되자 시원하게 여름을 나는 법, 목욕을 잘하는 방법, 직원을 채용하는 방법, 문법을 잘못 쓰지 않는 법, 치아 관리법, 기억을 오랫동안

하는 법, 집을 싸게 사는 법 등에 관한 기사를 실었는데, 사람들에게 많은 관심을 불러일으켰다. 그만큼 사람들의 관심은 일상에 관한 것에 있다는 것을 알 수 있다. 그래서 그는 부자들에게 백만장자가 된 방법을 이야기해 달라고 요청하였고, 유명한 은행가에게는 어떻게 부와 명예를 얻을 수 있었는지를 기고해 달라고 하였다. 그 후 존 시달의 잡지는 2백만 부가 넘게 판매되었다.".

정직하고 진지하게 감사 표시를 하라

사람들이 생활하면서 겪은 일들은 제각각 다르지만 기억되는 칭찬의 공통점을 찾아 인정하고 격려해야 한다. 이러한 격려만으로도 사회복지리더는 인정을 받는다.

청중들과 동질성을 가지도록 해야 한다

청중들과 직접적인 연결을 명확히 밝히기 위해서는 첫 마디가 분명해야 한다. 또한 이름을 적절하게 활용해야 한다. 아는 사람의 실명을 사용하고 그들의 이름을 인용하는 것은 친근함을 갖게 한다. 하지만 알지 못하는 이름을 즉석에서 사용하는 것은 실수를 유발하고 이해되지 않는다. 하지만 이름을 인용하려면 이야기의 줄거리에 부합해야 한다. 또한 이유가 분명해야 한다. 따라서 호의적인 경우에만 사용하고 정도가 지나쳐서는 안 된다.

청중들의 관심을 높이기 위한 방법 중에 주의집중을 위한 방법으로 활용되는 기술이 3인칭의 '그들'보다 2인칭의 '여러분'이라는 표현을 사용하는 것이다. 여러분이라는 표현은 주의를 환기시키고 집중하도록 만든다. 설득하는 가운데 여러분이 아닌 개인들을 등장시키는 데 효과적이다.

Tip......................... 주민들의 관심을 높이는 설득의 강의

원주시에는 장애인 거주시설이 네 개 설치되어 운영되고 있다. 그런데 강사는 "원주시에 장애인 거주시설이 30개가 넘개 운영되고 있습니다."라고 한다면 주민들은 무슨 소리야 하며 제대로 현황 파악을 하지 않았다고 생각할 것이다. "그렇습니다. 아마 믿지 않으실 것입니다. 하지만 장애인 거주시설은 네 개에 불과하지만 원주시에서 운영되고 있는 노인시설을 합한 수치입니다. 장애인들이 고령화되고 있어 비단 장애인 거주시설에만 국한되지 않고, 노인시설에서 생활하고 있는 입소노인들도 질병과 특별한 문제를 겪은 후 장애인으로 등록하는 현실입니다. 따라서 우리가 생각한 것보다 더 많은 시설이 설치되어야 합니다라."고 한다면 관심을 집중하게 할 수 있다. 하지만 매우 진지하고 열의가 있어야 한다.

주민들을 이야기 속의 파트너로 삼아야 한다

설득을 하면서 청중과 함께할 수 있는 활동을 만들어야 한다. 청중 가운데 한 사람을 선택하여 참여하도록 하는 것이 청중들의 주의를 끄는 데 효과적이다. 이 같은 방법은 사회복지리더와 청중 사이의 간격을 좁히고 벽을 무너뜨린다.

자신을 낮추어야 한다

주민들을 대하게 되면 언제나 겸손한 태도여야 한다. 과시하는 듯한 태도는 반감을 사는 반면, 겸손한 태도는 주민들의 호감을 사고 신뢰하게 한다. 불안전한 지식이지만 최선을 다하겠다는 태도를 보인다면 호의와 존경심을 갖는다.

사회복지리더의 겸손은 주민들을 감동시킨다. 자기를 낮추고 노고를 치하하면서 얘기하는 목적을 분명히 한다면 진실한 마음이 전해진다.

4) 준비된 대화와 즉흥적인 설득

◆ 행동하게 만드는 설득

설득하는 대화 강의는 행동을 유도하고, 지식과 정보를 제공하여 확신하게 한다. 또한 즐겁게 하여 관심을 높이게 한다. 사회복지리더는 주제에 따라 대화를 이끌어가지만 목적이 분명해야 한다. 주제를 상기시키고 내가 얻을 것이 무엇인지를 분명하게 제시한다. 그렇다면 설득을 위해 무엇을 전할 것인가. 그들을 감동시킬 수 있는가에 초점을 두어야 한다.

◆ 진행방법

- 설득을 하기 전에 '실례'를 들어라. 주민들에게 전달하고 싶은 내용을 시각적으로 보이도록 예시한다.
- 핵심주제를 설명하고, 주민들이 기대하는 바에 대한 생각을 정확하게 전달한다.
- 이제 이유를 말한다. 그리고 얻을 수 있는 이익을 설명하고 얻게 되는 성과를 확신 있게 설득한다.

설득의 시작은 긴장감을 느끼게 해야 한다. 짧은 예시를 제시하되 5분을 넘기지 않는 강렬한 용어로 설명한다. 가령 자녀가 아파 병원을 방문하였을 때 응급실 광경을 설명하려 한다면 주민들은 동질감을 갖게 된다. 자녀가 아파 발을 동동 구르며 의사를 찾았지만 다른 환자를 치료하는 의사에게 말조차 건네지 못한 상황 등은 누구나 공감하는 내용이다. 빈곤으로 인해 병원조차 방문하지 못하는 아이들의 어려움, 생명이 위험할 정도임에도 치료조차 제대로 받지 못하는 아이들의 아픔은 가슴을 뭉클하게 할 뿐 아니라 오랫동안 기억된다. 이러한 내용이 시작되면 사회복지리더는 지지를 받는다. 또한 의도한 대로 이끌어갈 수 있다.

제10장

사회복지리더의 환대하는 생활

◆ 메마른 관계회복을 위한 준비

생활하기에도 빠듯한 현실은 생애주기 전반에 나타나고 있어 위로가 필요한 사람들이 증가하는 상황이다. 반찬을 걱정하는 엄마는 자녀양육을 염려하고, 할아버지, 할머니는 자녀 걱정에 아픈 몸을 이끌고 장터에서 산나물을 팔며 노후를 걱정한다. 청소년들은 학교생활과 대학입시를 고민한다. 취업을 준비하는 것도, 직장생활을 하는 것도 녹록지 않은 생활이다. 그래서 하루 먹고 살기에도 힘이 들어 감흥이나 감동을 받아 본 적도 별로 없다. 이렇듯 정서적으로 메말라하는 사람들이 증가하고 있어 설득가의 위로의 한마디가 그리운 시대이다.

일생동안 빈곤과 가난, 가족의 어려움을 겪으며 생활해 온 이용자와 대면해야 하는 사회복지리더의 한마디가 의지를 갖게 한다는 점에서 사회복지리더는 위대한 설득가여야 한다. 사람들의 생활에 관심이 많은 사회복지리더는 주민들의 생활을 이해하기 위해 지역을 다니며 자주 모이는 장소에서 대화 나누기를 시도한다. 방법을 생각하고 도움 주기를 즐긴다.

감동을 주고 나아질 것이라는 얘기를 하고 싶은가. 그들의 생활이 바뀌기를 기대하는가. 그럼 설득하기 위한 준비 부족임을 깨달아야 한다. 지금 바뀔 대상은 준비하지 않는 사회복지리더의 언변이고, 전하려는 내용이 감동이 없는 본인의 문제임을 인정해야 한다.

◆ 돌봄이 필요한 인간

인간은 돌봄을 받는 존재이다. 엄마는 아기의 울음소리를 통해 원하는 것이 무엇인지를 알아채는 모성을 통해 돌본다. 그래서 태어나는 순간부터 아이의 모든 신변을 처리해 준다. 먹을 것을 준비하고, 기분이 언짢아 울고 있으면 어르고 달래며 시원하게 부채질을 해준다. 배변을 위해 배를 문질러 주고, 모유를 먹고 난 후에는 트림을 유도하기 위해 등을 두드린다. 혹여나 다치고 아플까를 걱정하며 작은 소리에도 반응하고 안아서 키운다. 목도 가누지 못하는 아기는 그렇게 엄마의 품에서 잠을 자고, 가족들의 품에서 무럭무럭 자란다. 이 시기는 부모와의 정서적 교감 정도에 따라 편안함을 느끼고 행복한 울음을 힘차게 울고, 웃고, 미소 지으며 자라고, 자라는 자체만으로도 가족들에게 기쁨이다.

자라면서 걷기 시작하고 한 살이 되면 엄마라는 말과 아빠라는 첫마디에 부모가 되었음을 실감한다. 이때 얻는 기쁨은 아이의 자람에 따라 더해진다. 걸음을 띠는 것만으로도 어쩔 줄 몰라 하고 힘이 되기 위해 응원하며 자람을 자랑스레 여긴다. 아기는 그렇게 말을 배우고, 밥을 먹고, 화장실을 갈 때마다 엄마라는 한 마디를 외치며 보살핌을 받는다. 식사 때마다 반찬을 먹이고, 모유와 분유를 먹지 않는 나이가 되어 밥과 반찬, 빵과 음료수, 아이스크림 등을 먹으며 씩씩하게 성장한다. 이 모든 것은 성장하기 위해 필요한 것들로 부모 외에는 줄 수 없는 사랑이 담긴 영양분이다.

어린이집을 다니며 친구를 사귀어도, 고집을 피워도, 돌봄의 다른 요구이기 때문에 표현이 다를 뿐 보살핌은 계속된다. 하지만 언어를 배우고 자기 생각을 말하는 네 살부터는 주장을 말하는데 이 또한 서툴기에 귀엽다.

이러한 돌봄은 성인이 되기까지 계속된다. 어린이집을 다녀야 하는 시기에 친구들과 교사, 부모들과 관계하며, 진급을 할 때마다 참여하는 등 바빠진다. 외출을 할라치면 따라온다는 자녀의 손을 잡고 집을 나서야 하는 등 모든 생활을 자녀와 함께한다. 집안에서조차 떨어지지 않고 괴롭힐 정도로 붙어 있으려 한다. 자녀는 부모에게 의지하는 존재임을 확인할 수 있는 것으로 이러한 행동은 자식임을 알게 하는 유일한 것이다.

청소년기부터는 이러한 의존이 점차 줄어든다. 아마 넓은 세상을 경험한 터라 생각이 많아지고 자아가 성숙된 터라 자기 의지에 의해 무언가를 해보려는 시도여서 걱정하지는 않는다. 부모는 커가는 과정이라 여기며 독립적인 사고와 생각을 판단할 수 있는 능력을 키울 수 있도록 도와주며 건강하게 자라도록 돌봄을 지속한다.

사실 돌봄의 제공은 자기 돌봄을 수행할 나이까지인데, 부모의 헌신적인 돌봄 후에 완성되는 인간다운 생활을 위한 준비라고 할 수 있다. 정성껏 돌봄을 받은 자녀는 성장하면서 자기 정체감을 형성한다. 비로소 자기 돌봄을 수행할 나이인 스무 살의 꿈. 이때부터 독립적으로 생활하는 것이다.

따라서 돌봄은 신체적 수발과 양육을 포함하고 인간다운 생활을 유지하기 위한 생활에 관한 모든 것이다. 돌봄이 필요한 시기에는 부모로부터 돌봄을 받으며 자신을 가꾸고, 위생적인 생활은 물론 정신적인 안정을 찾게 되어 풍요로운 생활을 하게 된다.

정성스럽게 돌봄을 받은 아동은 위생적인 생활과 정신적인 위안을 갖게 되어 생활의지를 갖는 것은 물론 자기 삶을 확신하게 된다. 따라서 성장과정에서 적절하게 돌봄을 받지 못한 자녀는 다음 세대 진입에 어려움을 겪게 되어 자기 돌봄을 수행하지 못한다. 또한 결핍된 욕구를 간직하고 있어 정서적으로 불안정하고, 주변 사람들과의 정서적 교감이 부족하다. 거기에 더해 신변처리와 주변환경을 정돈하면서 생활하는 것을 불안해한다. 교류하고 나눌 만한 사람이 없거나, 애착을 갖지 못해 신체적·정신적 건강을 상실할 소지가 높다.

따라서 원만한 돌봄의 제공은 신체적 안정과 정서적인 교감 등을 갖게 한다. 이를 통해 인간다운 생활을 하게 되어 안정된 생활을 자조적으로 수행하는 것이다. 이러한 안정성은 성인기부터 노년기까지의 생활을 유지하는 데 필요한 힘을 제공한다. 생활유지는 물론 미래를 준비하는 데 있어 안정된 심리상태를 유지하게 하여 힘든 일을 겪는다 하여도 극복할 힘을 제공한다. 또한 새로운 일에 도전하고 변화를 유연하게 받아들이게 한다.

이러한 의미에서 돌봄은 인간다운 생활의 필수조건이고 생활을 위해 반드시 충족되어야 할 필연적인 것이다. 사회복지리더가 주변을 돌아보고 돌봄을 받지 못하는 주민들과 클라이언트를 살펴야 할 이유는 정말 돌봄이 필요하지만 돌봄을 거부당하는 사람들이 증가하기 때문이다. 그들은 누구의 자녀이고 부모이다. 이제 환대하는 돌봄을 제공하기 위해 애착을 담아 후원하고, 신뢰하는 봉사를 실천하면서, 안정된 생활과 인간다운 삶을 이끌어야 한다. 분명 이러한 서비스가 제공되는 지역은 풍요로운 정이 넘칠 것이다. 이를 실행하는 사회복지리더는 분명 리더로 인정받을 것이다.

◆ 응급실에 근무하는 의사

응급실 의사는 항시 생명이 위독한 환자를 보살펴야 한다. 때로 수술을 하고, 생명이 위독한 환자와 가족들을 상대해야 한다. 환자의 가족들에게 고인이 사망했다는 것을 설명할 때도 있다. 처치했던 노력을 더 설명해야 할까? 치료에 최선을 다했지만 고인이 돌아가셨다는 말을 해야 하는 의사는 어떤 심정일까? 과연 최선을 다했다는 의사의 말을 환자의 가족들은 진심으로 받아들일까?

하루에도 원주기독병원에는 수많은 응급환자들이 실려 온다. 저자의 막내딸 또한 일곱 살이 되기 전에 전신마취를 두 번이나 하는 수술을 받았다. 한 번은 열경기로 인해 수술을 받았고, 또 한 번은 탈장 때문이었다.

아이는 배가 아프다는 표현을 하였지만 밥을 많이 먹어 그런 것이라며 배를 문질러 주는 등 대수롭지 않게 여겼다. 하지만 너무 아프다고 호소하여 저녁 늦은 시간에 택시를 타고 응급실에 입원하였다. 하지만 응급실은 초만원이었다. 밤 열 시에 입원하여 당직의사를 기다렸지만 새벽 4시가 넘은 시간에야 만날 수 있었고 그제야 도착한 의사는 응급환자가 줄었다는 것을 말하면서 진찰을 하였다. 다행히 수술은 성공적으로 마쳤지만 마취 후 힘없이 쓰러지는 막내딸의 모습과 입원실에서 아파하는 딸의 모습을 보며 무척이나 안타까운 2주를 보낸 것으로 기억된다.

이렇게 아픈 사람들을 치료하는 의사들은 참 대단하다. 그들의 아픔을 모두 알 수는 없지만 인간의 건강과 생명을 지키기 위해 밤낮 없이 열심히 하는 의사의 직업정신은 아무나 할 수 없는 것이라는 믿음을 갖게 된다. 참 고마운 직업이다. 사회복지리더가 환대하는 리더십을 발휘하려면 전문가다운 책임을 막중하게 인식해야 한다. 현재의 아픔을 공감하고 끝까지 최선을 다해 책임지는 모습을 통해 이끌어 갈 수 있다는 의미이다.

◆ 응급실 간호사

간호사를 보자. 암 병동의 응급실 간호사라면 매일 죽어가는 환자를 간호하면서 가족들의 아픔을 직·간접적으로 겪는다. 매 순간 환자들을 간호해야 한다. 다행히 완쾌되어 입원실로 옮기면 좋겠지만, 아니라면 가족들의 통곡소리와 안타까운 죽음을 지켜보아야 한다.

어느 날 환자들과의 생활에 지쳐 벗어 나고픈 생각이 든다면 선택한 걸음을 고통으로 여길 것이다. “더 이상 버틸 힘이 없습니다. 내가 간호하던 환자만 하루에 다섯 명이나 죽었습니다. 더 이상 버틸 힘이 없습니다.”라고 한다면 어떻게 위로해야 할까, “인생은 다 그런 겁니다. 당신의 소명을 잊지 말고 최선을 다하시기 바랍니다.”라고 얘기할 것인가.

많은 사람들이 직장생활을 하면서 버거운 직무로 인해 종종 힘들어하고는 한다. 위로의 얘기를 해야 할 때가 있고 얘기해야 할 상황이 생긴다. 자신의 경험이 축적된 얘기가 설득되지 않는다면 다음부터는 찾지 않을 것이다. 사회복지리더는 이러한 상황을 염두에 두고 이해될 수 있는 얘기, 즉 그의 감정에 반응하며 공감하는 얘기를 해야 한다. 감싸 안을 포근한 대화, 이 한마디를 많은 이용자가 그리워한다는 것을 잊지 말아야 한다.

◆ 죽음을 생각하면서

인간에게 죽음은 받아들여야 하는 숙명이다. 죽는다는 사실 때문에 주어진 하루를 최선을 다해 생활할 수도 있고, 포기하면서 지낼 수도 있다. 따라서 열심히 살았다는 확신이 있어야만 후회하지 않는다.

매여 왔던 삶을 벗어버리고 나비가 되어 훨훨 날아오를 수 있을 때가 죽음을 맞이하는 시간이라면, 후회 섞인 푸념조차 녹아내는 시간이 임종의 순간이다. 어떤 이에게는 절박한 심정을 토해내듯이 후회와 절망의 감정에 매몰될 수 있지만, 인생을 후회 없이 살았다면 후손들에게 교훈을 남긴 삶일 것이다. 지금이 그때라면 독자는 어떠한 말로 고백할 것인가.

삶이 절망이라는 이웃들을 돌아보고 그들의 얘기를 들어보라. 분명 절망할 수밖에 없는 이유가 있을 것이다. 그들의 삶을 이해하기 위해 관심을 가져야 한다. 그러면 더 힘든 생활을 살펴보게 되면서 아픔을 이해하게 되기 때문이다. 그들에게는 이해하고 도와주며 위로해줄 누군가가 필요하다. 그가 사회복지리더이다.

엘리자베스 퀴블러 로스, 그녀는 죽음학을 평생 공부한 학자이다. 인생과 죽음에 관한 글을 쓰기 위해 죽음을 연구하였고 인생의 의미를 찾기 위해 평생을 바친 인물이다. 퀴블러 로스의 대표작 『인생수업』(엘리자베스 퀴블러·로스데이비드 케슬러. 류시화 역, 2006)을 오전부터 읽어가면서 감동을 받고 지내 온 시간을 돌아보며 앞으로 어떻게 생활해야 할지를 고민하였다. 삶은 누구에게나 공평하지만 힘들다. 그리고 버거울 정도의 어려움에 직면하는 시간이 너무 자주 일어난다.

엘리자베스 퀴블러 로스는 사람들의 아픔을 이야기로 기술하면서 그들을 이해하고자 하였다. 죽음을 앞둔 사람들의 체험을 이야기한 것이다. 이것을 알리기 위해 죽음 앞에서 그들의 고민과 애환, 고민스러운 것들을 더 들으려 하였다. 현실이 아프고 너무 힘들다는 사람들이 어떻게 사는지를 알기 위해 찾아갔다. 그것을 알게 하고 알리는 것이 사명이라고 믿었다.

"사람들이 고민하는 것을 알리기 위한 방법을 고민하자.
사람들이 고민하는 것이 무엇인지를 찾아야 한다.
자신에게 필요한 것이 무엇인지를 알게 해야 한다."

사회복지리더는 자신이 체험한 일들을 이용자들의 삶에 녹아들어 미래를 준비하게 하는 설득가이다. 오직 말의 힘으로 이용자들에게 나아갈 방향을 제시한다.

더 나은 삶을 위해 할 일을 고민하게 하고 소중하게 보내야 할 하루를 다짐하도록 안내한다. 즉, 체험된 경험으로 이용자들을 설득하는 것이다.

◆ 삶과 배려

사회복지사로 근무하면서 여러 변화가 있었을 것이다. 사람에 대한 이해가 이처럼 어려운 것이구나 하는 생각이 들었을 것이고, 이토록 어려운 삶이었나 하는 안타까움에 마음을 추스르는 데에도 시간이 필요했을 것이다. 가난과 싸우는 이용자의 생활을 이해하는 데 오랜 시간을 보내고, 어떻게 도와야 할지 엄두가 나지 않았을 수도 있다.

인간은 누구나 주어진 삶의 몫을 해내기 위해 애를 쓴다. 어제보다 나은 오늘을 기대하며 하루를 버티며 지낼 수도 있다. 삶이 힘들다는 생각은 현실 때문에 겪는 안타까운 처지 때문이다. 삶은 누구에게나 공평하다고 믿지만 포기한 것들이 많았기에 남보다 못한 삶이라는 생각도 들고, 나이를 먹은 게 아닌가 하는 생각에 주저할 수도 있다.

우리는 자라면서 용기를 내고 포기하지 말라고 배웠다. 필요한 것들을 얻기 위해 다른 사람보다 한발 앞서야 한다는 것도 들었다. 이러한 것들이 다른 이의 얘기인 것처럼 들리는 이유는 생활이 버겁기 때문이다. 자녀를 키울 때 해주었던 마음 씀씀이와 헌신, 함께하였던 모든 것들이 희생이었듯이 우리 주변에는 고통스럽고 힘들게 사는 이용자들이 많아지고 있다. 따뜻한 위로의 한마디를 그리워하며 환대하는 사회복지리더를 기다리고 있을 것이다. 이를 얘기해 줄 주인공은 오직 독자 그대뿐임을 기억하기 바란다.

그럼에도 살아오면서 배운 것은 삶은 배려라는 것이다. 지금처럼 배려하는 생활이라면 분명 지난날을 보상받는 보람을 느낄 때가 온다. 이들을 위해 사회복지리더는 환대하는 설득가여야 한다.

Tip............................ 더 행복해지려면

앞으로 어떻게 살아야 젊은 날을 보상받을 수 있을까? 오직 독자의 생각에 달려 있다. 자신이 행복해야 행복을 전할 수 있다. 행복한 생각을 얘기하고 따뜻함이 교감될 때 더 행복해진다.

지난날을 생각하며 후회하지 않으려면 현재를 충실하게 보내야 한다. 더욱 최선을 다해야 한다. 어떻게 하면 매일 즐겁고 행복하게 지낼 수 있을까?를 생각해야 한다.

단언컨데 불행은 이용자의 몫이 아니다. 더 행복해질 수 있다는 확신을 갖고 주저하지 말자. 더 행복해지기 위해 할 일을 찾아 시도하라. 얻고, 나누며, 소유하기 위한 것들을 시작하라. 인생은 불행하게 지내라고 주어진 것이 아니다. 이용자에게는 행복할 권리는 있어도 행복하지 않을 권리는 없다는 것을 기억하기 바란다.

◆ 함께하는 삶

행복을 생각하지만 행복을 추구하지 못하거나 생각할 겨를 없이 살아가는 이용자들이 많아지고 있다.

독자에게 지금 행복하냐고 묻는다면 어떻게 대답할 것인가. “예, 매우 행복합니다. 소중한 가족들과 함께해서 기쁘고, 좋은 친구들과 나눌 만한 것들이 넘쳐 즐겁습니다. 직장도 괜찮아 다닐 만하여 어려움이 없고, 관리자도 잘해줍니다.”라고 얘기할 수 있겠는가.

이러한 생활이 우리의 인생이어야 한다. 하지만 너무 많은 것을 남을 위해 애쓰는 것은 아닌지 생각해 보아야 한다.

지금이 행복해야 할 시간이다. 우리는 결혼을 통해 더 행복해지기를 기대한다. 하지만 결혼한 지 한 달 된 딸이 결혼을 잘못한 것 같다고 얘기를 한다면 부모가 되어 흘려들을까. 분명 아니다. 참으라는 말도 할 수 있지만 딸의 결혼생활이 정말 불행한 것인지를 확인하고, 더 불행해진다면 이혼을 권하는 등 딸의 행복을 위해 중대한 결심을 할 것이다.

어느 날 혼자라는 생각이 든다면 얼른 직무를 던져 버리고 가족에게로 돌아가야 한다. 이것은 경고이다. 곁을 지키는 소중한 대상이 누구인지를 살피고 회복하기 위한 무언가를 시도해야 할 때임을 알려주는 신호이다. 퇴근하는 길에 치킨을 사가지고 가서 가족들과 즐거운 시간을 보낼 것을 권한다.

선택을 해야 한다면, 결정하기까지 가장 소중한 것이 무엇인지를 고민해야 한다. 그것이 직장이라면 직장에서 승부수를 던져야 한다. 하지만 동료들이 경쟁의 상대라면 논의가 달라진다. 일에 집착하며 성과를 내야 한다는 생각은 개인의 성향이라 할 수 있지만 이러한 모습을 지켜보며 감내하는 가족들은 점점 멀어지게 된다. 원하는 것을 얻을 수는 있겠지만 힘과 용기를 주는 가족들과 보내야 할 소중한 것들을 잃어버리면서까지 힘들게 생활하지 않기를 바란다.

부부는 가족을 위해, 모든 것을 공유하며 생활에 필요한 것들을 충족해 간다. 사소한 의견 차이로 다투기도 하지만 가족이기 때문에 참고, 힘든 일을 함께하는 의논의 상대이다. 사랑하기 때문에 실수를 용납하고 위하면서 서로를 의지하는 사이이다. 세상에 하나뿐인 둥지에서 가족은 서로를 위로하고 허락하면서 내일을 준비하는 최고의 동료이다.

하지만 힘들다는 얘기를 하며 공격하는 생활이라면, 다투는 것이 일상이라면 멀어질 것이다. 잊혀진 과거의 추억이 생각되면 지난날을 돌아보라. 불행하고 힘든 생각이 든다면 무덤덤하게 흘려버려라. 곁에서 지켜주는 모든 것들이 쓸데없고 귀찮다는 생각이 든다면 자신에게 문제가 있는 것이므로 회복해야 할 것들이 있다는 경고이다. 이를 놓치면 영영 회복되지 않는다.

지금 소중한 것이 곁에 있다. 행복은 누구나 가질 권리지만 소유하겠다고 욕심을 내면 조건을 갖춘 대상을 찾기 위해 가정 밖을 나서게 된다. 하지만 또 다른 기대 조건을 요구하기 때문에 버거움은 반복되는 일상일 뿐이다. 하나를 얻은 후 만족하고 또 하나를 얻으면 기뻐하라. 그러면 차곡차곡 기쁨이 쌓여 행복해질 것이다.

Tip............................ 자식 때문에 아파하는 사람들을 위해

자녀가 없는 가정이 많아지고 있다. 그래서 입양을 고민하기도 한다. 그것도 너무 힘들어 포기하는 가정도 수두룩하다. 반면 휴지 줍는 거리의 노인들은 희생으로 키운 자식들이 남긴 자녀를 돌보아야 할 처지에 있는 조손가정의 손주·손녀를 생각하면 도움이 필요하다는 것을 알게 된다. 손주·손녀를 돌보기 위해 헌신을 하지만, 할 수 있는 일이라곤 휴지를 주워 한 끼를 거르지 않도록 하는 것이 전부인 그들에게도 모든 것이 힘겨운 생활일 것이다.

IMF 이후 거리의 휴지 줍는 일은 새로운 일자리 창출에 기여한 것은 맞지만 거리의 상점과 편의점, 술집을 다니며 폐지를 줍는 일을 할 수밖에 없는 현실이 안타깝다. 하루 삼천 원의 일당을 위해 다리가 아파 못 걷겠다는 말도 못한 채 하루 종일 리어커를 끌어야 할 처지라면, 또는 유모차를 끌며 손주가 도와줬으면 하는 미안함에도 휴지를 주워야 한다면, 잘 키워야 한다는 생각을 갖지만 답답한 현실은 하소연할 데가 없다. 유일한 보호자가 팔십의 노모라면 어느 손주가 거리로 나서지 않겠는가? 직업의 귀천이 아니라 한 끼의 식사를 위해서 말이다.

소중한 것을 지키려 하지 말고 소중한 것을 함께하려는 생각을 가져보라. 그러면 무엇이 소중하고 중요한지를 알게 될 것이다.

무엇이든 갈망하는 것이 있다면, 과거에 집착하지 말고 행복한 것들을 지키는 것이 먼저이다. 행복을 만드는 것은 큰일을 해낸 후에 얻는 것이 아니다. 생각을 바꾸면 된다. 지금은 과거의 굴레를 벗고 자유로워져야 할 때이다.

지난날, 힘든 시기를 이겨낼 수 있었던 요인은 무엇이었는가? 도와준 그들을 위해 무언가를 해야 한다. 그들이 내 기억에 남는 순간까지 무언가를 해주고 싶다는 생각을 하고, 열정을 표출할 방법을 서서히 준비하라. 할 수 없는 이용자를 탓하기보다는 해야 할 일을 생각하라.

일하는 사람은 많은데 추진하는 사람이 적다는 답답함을 경험하지 않았는가. 끝까지 밀어붙이지 못하는 이유는 못해서가 아니라 여건이 아니었기 때문이다. 이용자를 위해 끊임없이 무언가를 해야 한다면, 남을 위해 평생을 살다 너무 많은 것을 가족들을 위해 살지 못했다는 말만 하게 된다. 미안하다는 말 외에는 할 말도 없다. 정말 그렇게 마치고 싶은가. 평생 동안 이런 말만 한다면 허망하지 않겠는가.

독자가 이러한 생활에 익숙해 있다면 힘들 수밖에 없다. 하지만 자신의 인생은 타인에게 충성하기 위해 존재하는 것이 아니다. 지금 힘든가. 힘든 상황인가. 과감하게 자신의 몫이 아니라는 결정을 내려라. 극복할 힘이 필요할 뿐, 사회복지사는 더 나은 생활을 누릴 자격이 충분하다.

지난 시간의 흔적은 자신보다 주변에서 먼저 아는 경우가 많다. 집착하면서 달려온 것인지는 그때는 모르지만 지나면 알게 된다. 후회를 토로하기보다는 축복을 받고 함께 도모하였던 일들이 행복했다는 얘기를 들어야 하지 않겠는가. 독자의 건승을 기원한다.

◆ 가족을 생각하면서

행복하고 싶어도 행복하지 않은 생활에 매몰되어 있는 사람들이 있다. 가족을 지키기 위해 애를 쓰지만 빈곤 등의 어려움에 처해 있는 많은 가장의 고민은 무능력이다. 벗어나고 싶어도 일할 곳이 없어 가정에 머문다. 주어진 생활이 버겁고 감당하지 못할 정도로 극심한 빈곤에 놓여 있어, 하루를 어떻게 보내야 할지, 무엇을 먹어야 할지 등 속앓이를 하면서 미안함과 안타까움에 하루하루를 보낸다.

인간다움은 인간이 인간으로서 해야 할 역할을 거부하지 않고 순리로 받아들이면서 존재 자체를 존중하는 것이다. 이용자가 어떠한 상황에 처해 있다 하여도 그의 삶 자체를 이해하면서 그답게 사는 것을 인정하는 것이다. 그렇다면 인간다운 삶을 살기 위해 필요한 것들을 충족하고 더 채우려고 애쓰는 것은 당연한 것이다.

퇴근하면서 라디오를 켜니 행복에 대한 주제로 아주머니가 인터뷰하는 내용이 소개되었다.

"남편이 출장을 가니 너무 행복하다. 밥을 해달라는 사람이 없어 행복하다. 남편이 늦게 들어와 행복하고, 옆에서 귀찮게 하지 않는 남편이 없어 행복하다. 그런데 전화를 걸면 사랑한다고 말하지만 사실 귀찮게 하지 않는 남편이 없어서 행복하다. 남편이 출장을 자주 갔으면 좋겠다. 보고 싶었던 영화 관람을 하고 친구들과 마음껏 수다를 떨면서 내 시간을 보내는 지금이 행복하다. 밥을 차려 달라고 보채거나 무엇을 해달라는 남편이 없어서 행복하다. '남편 사랑해, 자주 출장 가죠.'"

라며 인터뷰를 마쳤다.

아주머니의 푸념 섞인 얘기가 남편에게 구속되어 매일 힘들게 산다는 것일까. 아니다. 가족들의 뒷바라지를 하면서 남편을 위해, 자녀들을 위해, 자기 시간을 갖지 못한 엄마의 너스레다. 그럼 이렇게 사는 것이 불행한 것일까. 아닐 것이다.

부모는 아무나 될 수 있지만 자녀를 양육할 준비가 되어 있어야 한다. 아무나 부모가 된다면 이 땅의 어린 청소년들은 문제가 없어야 한다. 특히 자녀의 성장에 절대적으로 영향을 미치는 부모는 자녀들에게 좋은 것, 더 나은 것들을 해주기 위해 노심초사한다. 자녀의 불확실한 미래에 대한 것이기에 더욱 그러하다. 그리므로 우리가 부모가 된다는 것은 자녀를 양육하는 데 있어 희생하겠다는 각오, 신뢰하는 것, 존중하며 평생을 살겠다는 확실한 결정 후에 내려야 할 선택이어야 한다.

인간은 가족의 축복을 받으며 성장하고, 성인기를 맞은 후 또 다른 가족을 이루면서 독립하게 된다. 이러한 과정을 본 후에 죽음을 맞이한다. 이것이 인간의 숙명이고 생존방식이다. 이를 거부할 수 있는 인간은 아무도 없다. 이 숙명을 삶의 축복으로 여겨야 한다. 축복의 인생을 살고자 한다면 가족을 위해 더 많은 것을 해주려 애쓰게 된다.

사회 환경에서 더 작은 직장 환경이, 가정환경이 사람들에게 영향을 미치고 이러한 영향은 사회생활을 위한 힘을 제공한다. 반면 경제력과 원만하지 않은 사회생활을 통해서도 사람들은 계속 영향을 받는다. 이러한 영향력은 부정적일 수 있어 새로운 에너지를 공급받아야 하는 데 그것이 가정이다.

다수의 이용자들은 경제력이 부족하고 변변치 않은 집에서 주거하더라도 가족을 통해 힘을 얻어 일을 한다. 가정 밖의 활동을 위해 이십여 년을 넘게 가족은, 모든 것을 감수하며 보살펴 왔다. 가족을 통해 사회생활과 활동을 준비하는 것이다. 모든 것을 받아주는 가족은 자녀가 학교에 가지 않아도 공부를 등한시해도 힘듦을 위로하고 곁을 지키며 기다린다. 그래서 가족은 모든 것들을 나누고 위로하는 존재라고 하나보다.

이 세상에 가족이 없었다면 방탕한 초등학생을 심심찮게 보았을 것이다. 사회범죄를 저지르는 청소년들을 보면서 불안과 공포에 떠는 교사의 모습을 상상해보라. 매일 일에 지친 가장들을 위로해줄 가족이 없었다면 거리는 불량한 사람들의 행태로 인해 공포를 느낄 것이다. 그래서 "가정은 사회의 윤리와 인성을 가르치는 위대한 교실이다."라는 말이 옳은 것이다.

직장에서의 고민의 흔적을 버리라고 한다면 할 수 있겠는가. 가족은 곁에 있다. 그리고 모든 것을 받아들인다. 가족들은 늦게까지 야근하는 것을 걱정하고 힘든 것을 위로하기 위해 최선을 다했다. 안타까워하면서 위로를 보냈다. 자식들 또한 마찬가지다.

가족들은 그가 가장임을 알기 때문에 그와 평생 동안 살아야 하기 때문에 모든 것을 존중하고 받아들인다. 모든 것은 가장의 편이기에 어떤 식으로 얘기하는지에 따라 그는 적이 된다. 하지만 조직에서 상처를 받고 도저히 이해할 수 없는 상황을 얘기한다고 하여 일을 대신하지는 못한다. 가족들에게 걱정만 끼칠 뿐이다.

오히려 가족과 함께 휴가를 보내는 것이 나은 선택이다. 곁에 있는 소중한 가족들과 함께 즐거운 시간을 보내면서 자유를 최대한 만끽하기를 권한다. 이런 식으로 스트레스를 해소하지 못하게 되면 밖에서 힘들었던 일들을 가족들에게 쏟아내게 된다. 들어주지 않는다고, 때로는 이해하지 못한다는 말을 하며 상처를 주기도 한다. 또는 사소한 트집을 잡아 그것도 못하냐는 등 화목해야 할 가족을 힘들게 하는 것은 아닌지 생각해 보아야 한다.

가족은 실수를 해도 받아주고 좋은 직장을 얻는다 해도 걱정하며 잘 지내기를 염려하는 안식처이다. 일생동안 뒷바라지를 하며 걱정해 주는 존재는 오직 부모와 가족 외에는 없다는 것을 기억하기 바란다.

Tip............................ 시스템 구축의 필요성

요령을 피우는 사람은 요령으로 망한다는 말은 진리다. 그가 할 수 있는 것은 곁에 있는 동료를 힘들게 하여 이익을 얻기 위해 수단을 부리는 것에 불과하다. 아프다고 한다거나 내가 요즘 힘들고 몸이 안 좋다고 하며 책임을 회피하고 동료가 떠맡으면 그때부터 문을 닫고 자기 일에만 신경을 쓴다. 부담을 덜었기 때문에 자유롭게 문제를 거론하는 등 그의 논의는 뻔하다. 그는 신뢰를 잃어가는지도 모른 채, 자신의 방식대로 하면 동료들이 이해하고 넘어갈 것으로 착각한다.

중요한 논의나 해결해 내야 하는 사안을 처리하기 위해 회의석상에서는 말을 많이 하지만 역할은 빠진다. 기획부터, 기안서 작성, 보고, 발표회, 사업장의 방문 등 혼자서 처리해야 한다면, 이러한 동료를 인정할 것인가? 아니다. 그냥 형식적으로 "식사하셨냐?"는 얘기 외에는 건네지 않게 된다. 그럼에도 그는 처신을 잘하고 있다고 착각한다.

따라서 조직이 효율적으로 가동되고 손해를 보지 않으려면 시스템을 구축해야 한다. 체계 마련이 중요한 이유는 조직의 생존과 직결되기 때문이다. 직원들이 원칙에 충실하고 지킬 때 조직은 번창한다. 또한 대외적인 명성을 알린다. 조직이 분열되어 있다고 하여도 뭉치게 한다. 따라서 사회복지리더는 조직의 비전과 목표를 제시하면서 직원들을 규합하는 데 최선을 다하고 성공을 위한 활동을 가치로 제안한다.

◆ 부모가 짊어지는 짐

부모는 자녀들을 위해 수십 년을 경제적으로 뒷받침하고, 등교할 때마다 가방을 들어주며 친구들을 초대하여 생일잔치를 해주는 등 든든한 의지의 대상이다. 누구와 친구가 되었으며 잘 지내는지를 걱정하고 가치관을 바르게 형성하도록 물질적·정신적인 후원자로 역할을 한다. 성적이 오를 때나 아플 때나 항상 곁에 있다. 졸업하고 상급학교에 입학할 때도, 또다시 졸업하여 대학 갈 때도, 취업을 준비하고 직장을 다닐 때도 곁에 있다.

결혼한 후에도 이러한 역할은 끊임이 없다. 살림을 잘하는지, 잘 사는지를 염려하며 지지자로, 격려자로, 조력자로 역할을 한다. 나이가 들고 더 나이가 들어 손주·손녀가 생기면 기뻐하고 존재감만으로도 세상을 얻은 것처럼 얘기한다. 세월이 흘러 배우자와 사별하고 본인 또한 생을 마감하게 된다. 아마 부모가 없었다면 이 세상은 엉망이었을 것이다. 이 세상은 부모들이 만들어 후손들에게 물려주는 커다란 가정이다.

선조들은 지혜와 기술을 장자에게 물려주면서 가장의 역할과 책무를 수행할 수 있게 수십 년 동안 호되게 훈련시키지 않았는가. 가족은 힘들 때 모든 것을 받아들이고 육체적·정신적으로 대체하는 존재임을 알았던 선조들의 지혜이다.

이런 역할이 필요한 지금, 가족의 문제가 오히려 사회문제로 확산된 가정폭력은 가족의 희생을 잘못된 방식으로 이해한 결과이다. 상처받은 마음의 분함을 풀지 못해 힘든 시간을 보내는 가족들이 늘어나고 있는 것이다. 그럼에도 힘듦을 가족 외에는 풀지 못하는 사람들 또한 증가하고 있다. 이를 설명하듯 우리나라의 이혼문제는 상상을 초월할 정도로 확산되고 있는 현실이다.

자녀세대에 대한 기대가 없는 사회는 가족들의 헤어짐을 당연한 것으로 받아들인다. 자신이 하고 싶은 것만을 추구하고, 원하지 않거나 욕구에 부합하지 않으면 분명하게 거절한다. 또한 다른 이의 의견을 수용하려 하지 않는다.

우리 사회가 이러한 사회가 되기를 원하는가. 아니라고 하지만 경쟁은 또 다른 경쟁을 유발하여 족쇄가 된다는 것을 알지만 수용하는 현실이다. 그래서인지 행복하지 않은 결혼에 대해 이혼이 자연스럽고, 원치 않은 자녀를 보육시설에 맡기는 행위들이 받아들여지고 있다. 자녀들은 이러한 부모의 모습을 보면서 과연 어떠한 성인기를 맞이할까.

자녀들이 부모들과 사는 것을 부담스러워하는 시대이고, 부모 또한 자녀들에게 충고하지 못하는 시대이다. 그래서 중학생만 되어도 대화가 없다는 부모들의 호소가 증가하는 실정이다.

가족 간에도 돈이 있어야 한다는 얘기가 심심치 않게 회자되고 있다. 형제에게 돈을 빌리는 것은 정말 어려운 일이다. 힘든 여건임에도 부모 외에는 손을 벌릴 데가 없다. 우리 사회가 이러한 식으로 변하고 있어도 누구 하나 변화를 촉구하지 않고 있다.

사람이 살 만한 사회는 사람냄새가 나야 한다. 정이 넘쳐야 한다. 대화가 없고 교류가 없다면 좋은 사회라고 할 수 있겠는가. 좋은 사회를 누가 만들 것인가를 고민해 보면 사회문제에 대응하는 토대가 가정임을 알 수 있다. 따라서 가정이 든든해야 사회가 안정된다는 관점은 옳다고 할 수 있다. 이를 주도하여 회복하게 이끌고 만들어 가는 리더가 사회복지사이고, 그가 사회복지리더이다.

◆ 행복하기 위해서는

행복한 순간을 보내려면 행복한 것들을 찾기 위한 노력이 필요하다. 아무런 노력도 없이 행복할 수 있는가. 지금, 행복한 식상을 만들고 직무가 즐거운 방법을 고민해야 한다.

사람들은 종종 불행을 생각하면서 더 불행해질 극단적인 생각에 빠져 복잡해진 심경을 토로할 때가 없어 고민하고는 한다. 그래서 행복했던 시간보다 힘들게 한 동료를 생각하며 아팠던 상처를 떠올리고는 한다. 상처를 준 동료에게 집착하며 가족들이 힘든지, 친구들과 멀어지는 자신을 생각하지 않는다. 종종 힘든 상황에 내몰고는 힘들다며 학대하는 것이다. 많은 상처를 받은 터라 깊어진 상처를 회복하는 데에도 오랜 시간이 걸린다.

하루아침에 세계 최고의 재벌이 경찰조사를 받고, 한 나라의 대통령이 권한남용으로 구속되는 시대이다. 그가 이러한 현실을 상상이나 했을까. 아닐 것이다. 오히려 자신의 권력을 더 단단하게 만들기 위해 주변 사람들과 끊임없이 논의하였을 것이다. 하지만 무엇이 문제였을까. 내일을 준비하지 않아서 이런 일이 생겼을까. 아니다. 좋은 것들을 만들 수 있는 기회가 주어졌지만 권한을 남용하면서 소중한 것들을 낭비하였기 때문이다.

이러한 실수를 하지 않으려면 내일은 좋아질 것이라는 기대를 가져야 한다. 사회복지리더는 해야 할 일과 역할을 계획하여 기록한다. 그리곤 일을 생각하고 내일을 대비한다. 하지만 내일이기 때문에 알 수가 없다. 내일이 되어야만 알기 때문에 지금을 성실하게 보내는 것이 현명한 처사이다.

◆ 이용자에 대해 너그럽게 대하라

정말 소중한 것은 내면의 힘에서 나오기 때문에 바른 방향으로 나아가도록 사회복지리더는 안내자여야 한다. 사실 이러한 생각은 누구나 하는 것이다. 노력을 해야만 얻을 수 있는 사회적 분위기도 영향을 미쳤지만 부족한 것을 느끼는 순간, 행복하기 위해 노력해야 한다는 것을 대부분의 이용자들은 알고 있다.

따라서 결핍을 느낀다면 무언가를 시도하라는 신호이다. 이제 그것을 얻기 위해 할 일을 찾아보고 얻지 못한다고 하여도 최선을 다해 노력했다는 사실에 만족할 수 있다.

"군대를 제대한 철형이는 집 밖을 나가지 않고 집에서만 지냈다. 부모는 그런 철형이가 안타까웠고, 왜 집에만 있는지 도무지 말을 하지 않는 아들이 답답하였다. 어느 날부터 밖을 나가기 시작하면서 아침부터 저녁까지 보이지 않았다. 일을 하러 다니나 보다라고 생각을 했지만 아니었다. 철형이는 군대에서 해 보지 못했던 것들을 해보기 위해 하루 종일 거리를 돌아다니며 시간을 보냈다. 그래서 늘 용돈이 필요하였다. 자신을 이해해주지 않는 부모가 답답하다며 대들기도 하였다.
가난도, 그의 마음을 옥죄이는 갈등의 원인이었다. 집에만 있었던 이유도 돈이 없었기 때문이다. 부모는 나아질 것이라는 기대를 가졌지만 철형이는 해 보지 않았기에 주저하였던 것이다. 이제야 해 보지 않았던 것들을 찾아보려 하였지만 부모는 철형이의 행동을 이해하지 못하였고 아르바이트라도 하는 바람을 가졌다."

어쩌면 주변의 기대와는 다르게 우리 또한 철형이의 행동을 할 때가 있다. 또한 갈등하고 다투기도 한다. 그러나 시간이 필요할 뿐 조급하게 생각하지 말아야 하는데, 당장 필요한 것이 아니라면 도움이 되지 않는다는 생각에 다그치는 것이다.

잠시 숨 고르기를 하면서 어떻게 풀어 가면 좋을지를 생각하고 무엇이 문제인지를 생각해보라. 충분히 생각한 후에 판단하라. 이 원칙은 간단하기 때문에 대인관계와 사람 사이의 일들을 수월하게 풀어가게 한다.

이용자에 대해 기다려라. 기다림은 이용자에게 너그러워지는 것이다. 이용자를 이해하지 못하는 사람이 동료를 이해하지 못하는 것처럼 소중하다는 생각을 하게 되면 넉넉한 마음을 갖게 된다. 현실을 직시하고 할 수 있는 것들을 찾아보라. 그럼 기다림이 즐거움으로 바뀔 것이다.

◆ 이용자의 입장에서 보면

곤란하고 판단하기 어려운 현실의 벽 때문에 종종 학대하듯이 자책하는 경우가 있다. 좋은 성격, 경제적인 부유함, 화려한 말솜씨를 고민하고는 한다. 하지만 아무리 고민한들 얻을 수 없다는 것을 깨닫기까지 시간이 필요하다.

하지만 부정적인 생각에 매몰되어 오랜 시간을 보낸다면 집착하게 되어 억눌린 채 생활하게 된다. 위축되어 주눅이 들어 있다면 상처를 받게 되어 혼란스러운 감정만을 자극하게 된다. 상처를 받게 되고 이용자들과의 관계가 훼손되고 있음에도 의식하지 못한다.

대화는 상대가 있고 공감하는 정보를 통해 합의된 생각이 일치될 때 이해된다. 하지만 정보가 있지만 전하려는 내용이 일방적이거나 공감되지 않는다면 소통 부재는 물론, 교류할 것이 없다는 생각을 하게 되어 단절을 선택하게 된다. 무엇을 나누어야 할지조차 판단하지 못하게 된다. '할 말은 해야겠다.'는 것은 '듣고 있지만은 않겠다', '내 생각을 강력하게 주장하겠다', '이제부터는 당하지 않겠다.' 등 여러 의미를 내포하고 있다. 이용자와의 대화에서 밀리지 않고 무언가를 얻겠다는 의도이다.

일방적인 대화 방식을 멀리하는 방법은 자기중심에서 타인의 시선으로 사물과 상황을 보려는 시각을 갖는 것이다. 타인 중심의 논의는 자신의 관점에서 상대를 이해하는 데서 출발한다. 그럼 그가 바라는 것이 무엇인지를 알게 되어 친구를 사귀게 된다. 내가 아닌 이용자의 입장에서 이해하기 위해 고민하라. 그럼 대화거리가 생길 것이다. 이러한 대화를 주도하는 사회복지리더여야 한다.

◆원하지 않았던 인생이 현실이 되면

우리는 살아가면서 생각지도 못했던 어려움 때문에 힘든 상황에 내몰리는 경우가 있다. 불행은 생각한 것보다 더 아픈 것들을 겪게 한다.

> "어느 날 부모와 다툰 현국이가 누나가 빈정대며 기분을 상하게 하였다며 몹시 화가 난 표정으로 무작정 집을 뛰쳐나갔다. 현국이는 울먹이며 이어폰을 낀 채 사람이 없는 곳을 걷다가 횡단보도를 건너려 하였다. 하지만 과속으로 달리는 트럭을 보지 못해 차에 치였고 평생 두 다리를 쓰지 못하게 되었다. 더욱이 부모의 사업 또한 도산 직전으로 집을 팔고 이사를 해야 했는데, 누나와 방을 써야 했고, 화장실 하나에, 거실도 없는 전셋집이다."

아마 현국이는 누나와 다툰 것이 화근이라고 생각할 수 있다. 부모 또한 가난을 받아들이지 못하고 현국이를 보며 상처받은 얘기를 하면서 슬픈 현실을 마주해야 한다. 누나는 어떤가. 누나 또한 현국이의 다리를 보며 평생 속죄하듯이 살아갈지도 모른다.

현국이가 겪은 일이나 부모의 빚이 현국이와 누나의 싸움으로 생긴 것일까. 현국이는 누나와 다툰 후 집을 나간 것이 다리를 못 쓰게 된 원인일까. 현국이 가정을 어떻게 치유하면 좋을까.

이용자들은 감당하지 못할 일이나 힘든 상황, 판단하기 어려운 일이 생기면 자책하면서 주변 사람들에게 문제의 원인을 돌리기도 한다. 하지만 이런다고 하여 상황을 되돌릴 수는 없다. 상처와 흔적은 남았지만 되돌릴 수는 없다는 것이다.

이용자에게는 치유하고 회복할 만한 힘이 없다. 하지만 개인의 관심 정도에 따라 용기를 주고 희망을 기대하게 할 수는 있다. 반대로 관심이 없다면 개인의 문제이기 때문에 관여하지 않을 수도 있다. 중요한 것은 치유에 필요한 내면의 힘을 끄집어 내지 않는 것이 더 문제임을 간과하는 것이다.

만약 현국이가 부모를 향해 "엄마는 나에게 도움이 안 돼, 누나를 혼내주든가 했으면 내가 이렇게 되지 않았을 거 아니야."라는 말로 상처를 준다면 감수하며 받아들일 엄마의 마음은 어떨까. "맞아 나의 잘못이야."라고 한다면 모든 것이 감수될까. 이겨낼 힘이 없어 포기한다면 상황은 뻔할 것이다. 현국이의 장애, 무언가를 계획하지 못하는 큰딸, 남편의 무능력까지 더 한다면 가정을 포기할지도 모른다. 가장인 아버지는 어떨까. 경제적인 문제를 고민하면서 할 수 있는 것이 없다면 자포자기할 것이다.

비난은 적대적이고 공격적인 상황을 악화시킨다는 점에서 힘들수록 상의하고 함께할 방법을 모색해야 한다. 그것만이 치유하는 방법이기 때문이다. 현국이의 사고는 가족들의 분란을 만든 원인이 아니라 사고가 날 수밖에 없었던 불가피한 것이었다. 아버지의 사업실패로 인한 빈곤의 문제 또한 마찬가지다. 하지만 문제의 원인을 가족들에게 돌리고, 공격적으로 힘들게 하는 것들이 상황을 더 심각하게 만든다는 점에서 불기피한 상황을 다른 이의 탓으로 돌리는 부정성을 차단시켜야만 불행해지지 않는다.

왜 이용자들은 불가항력적인 사건을 주변 사람들과 연관지어 생각할까. 그런다고 문제가 해결되는 것도 아닌데 말이다. 어린 시절부터 경험한 자격지심이 요인이다. 자격지심은 자기정체감에 대한 것으로 낮은 자존감을 말한다. 자존감은 자신을 사랑하고 믿어주는 것, 잘할 수 있다는 확신에 관한 것이다. 내면으로부터 나오기 때문에 가족들의 따뜻한 배려와 기대 어린 마음 씀씀이를 통해 자란다. 한 마디로 성숙해지는 것이다. 하지만 칭찬과 격려가 자존감과 연결되지 않는다고 믿을 때가 있다. 이는 건강한 성장을 가로막는 부정적인 성향 요인이다.

불행을 겪을 수는 있지만 감추어져 있는 능력까지 소멸시킬 수는 없다. 다만 더 늦게 발견하고 깨달을 뿐이다. 따라서 불행한 사건은 빨리 잊어야 한다.

직장에서 존재감이 드러나지 않더라도 다른 재능으로 채워진다면 인생이 달라진다. 불행하다고 여겨지는 것들을 비워라. 불행하다는 생각은 비난을 채우고 행복한 미래로부터 멀어지게 한다. 반면, 마음이 평온해지기 위해 행복한 것들만 생각해도 소중한 미래를 불행이라는 너울에서 해방시킨다.

이용자가 불행이라는 너울에 갇혀 지내고 있다면 사회복지리더는 행복을 느낄 수 있도록 최선을 다해야 한다. 그리고 행복한 것들을 위해 더 힘써야 한다. 분명 이용자에게는 행복할 권리가 있으므로 불행할 이유가 없다.

따라서 불행의 원인을 이용자 자신에게 돌리기도 하지만 주변으로 전가시키는 것이 더 불행하게 만든다. 더 이상 도움이 필요 없는 존재처럼 행동하고, 때론 극단적인 선택을 하는 데 주저하지 않고 선택해 버린다. 조언조차 듣지 않으면서 배제하는 등 불행을 자초하는 이용자는 더 이상 귀중한 존재임을 망각한다.

사회복지리더는 이러한 고민에 놓여 있는 이용자를 위해 존재한다. 좋은 리더로 여겨지고 존중받는 것은 이용자들을 위로하고, 격려하는 대화와 설득의 말 때문이라는 것을 기억하기 바란다.

◆ 시간을 낭비하지 않으려면

독자는 자신에 대해 잘 알고 있다고 생각하는가. 그동안 어떤 모습으로 살아왔는지, 그리고 주어진 시간을 기회로 활용하며 보냈는지 생각해 보라.

우리는 특별한 사람과 보낸 시간을 의미 있게 생각하고, 반대로 의미 없는 만남을 허비했다고 판단한다. 주어진 인생이 같은 것처럼 보이지만 살아가는 방식은 다르다.

Tip............................ 시간활용을 기회로 삼으려면

현국이와 민수는 제주도로 여행갈 목표를 세웠다. 민수는 배를 타고 제주도를 여행할 생각이다. 제주도까지는 열 시간이 걸린다. 현국이는 비행기를 이용할 계획이다. 이유는 한 시간 안에 도착할 수 있기 때문이다.

민수는 배를 탄 후 시간을 보내기 위해 바다 경치를 보았고, 배 안을 구경하였다. 한 시간이 지나 갑갑한 마음이 들었고 무료함을 달래기 위해 여기저기 배 안을 구경하였지만 더딘 시간이 지루하기만 하였다. 현국이는 이미 도착하여 제주도의 여러 곳을 구경하였다. 더 볼 것이 없는지를 찾으며 여유로운 시간을 보냈다.

누구에게나 주어진 시간은 민수와 같이 더딜 수 있고 지루할 수 있다. 하지만 환경 탓을 하며 상황을 비관한다면 더딘 시간을 보내게 되어 할 일을 잊어버리게 된다. 사회복지리더는 시간의 지배를 받아야 하는 존재가 아니라 시간을 활용하는 방법과 기회로 활용하는 주인공이 되어야 한다. 결국 모든 것이 변하는 시간을 어떠한 식으로 활용할 것인지는 사회복지리더에게 달려 있다는 것이다.

학생들이 대학에 진학하는 이유는 다양하다. 그래서 수업에 임하는 자세 또한 제각각이다. 어떻게 대학생활을 보냈는지에 따라 졸업 후 진로가 달라진다는 것은 누구나 아는 사실이다. 수업을 착실하게 들었는가. 수업준비를 얼마나 하였는가. 과제물을 적절하게 수행하였는가에 따라 취업을 했는지 안 했는지 진학을 했는지 등 진로가 결정된다. 또는 진학을 했는가. 2년 안에 준비해야 할 것들이지만 시험 준비를 하지 않고 시험을 치르거나 놀기를 좋아하고 학교생활을 등한시한다면 결과는 뻔할 것이다.

> "50세의 가르침은 더 뜨거워야 한다. 60세의 가르침은 세상을 이겨낼 지혜가 담겨 있어야 한다. 예술의 혼이, 정렬이, 창조적인 가능성이 담보되어야 하는데, 이를 교육으로 승화하려면 분명 차이가 있어야 한다".

카예는 "삶에서 하나의 문이 닫히면 언제나 다른 문이 열린다. 그러나 그 사이의 복도는 매우 좁고 길다."라고 하였다(엘리자베스 퀴블러 로스·데이비드 케슬러. 류시화 역, 2006). 사회복지리더에게는 시간을 보내는 두 가지 문이 항상 주어진다. 첫 번째 문은 다가오는 상황과 일에 대해 부딪히는 것이고 또 하나는 상황에 대한 두려움으로 인해 피하는 것이다. 이 두 가지 문은 항시 따라온다. 만약 두려움이 생긴다면 밀어내야 한다. 두려움을 밀어내지 못한다면 불안한 감정에 평온을 잃어버리게 된다. 따라서 사회복지리더는 이용자에게 옳은 선택을 하도록 이끄는 리더여야 한다.

◆ 진정한 자신을 발견하기 위해

이용자들은 너무 좌절을 많이 겪는다. 좌절은 지금 이 상황을 절망하게 만든다. 이걸 알면서도 좌절을 받아들이는 경우 또한 허다하다. 여기에서 좌절은 포기를 의미한다. 좌절을 겪고 있기 때문에 좌절을 인식하고 받아들이는 것이다. 다수의 이용자들은 좌절하는 방법을 모른다고 하면서 너무 쉽게 좌절하는 이유도 좌절해 있다는 것을 알아주길 바라지만 도와줄 누군가가 없다는 것을 알게 되면서 실망하기 때문이다. 여기에서 중요한 것은 절망한 후에 헤어나지 못하는 이용자 자신이다.

사실 나와 가족 그리고 절친한 친구를 제외하고는 도와줄 사람이 없다. 한 번쯤 친구의 부탁을 거절했던 경험을 갖고 있을 것이다. 거절의 경험이 많은 사람은 관계를 회피하거나 쉽게 단절을 선택한다. 이용자들의 약점은 불행한 일을 당하면 하늘이 무너지는 것 같이 절망하면서 힘듦을 힘든 것으로 끝내지 않고 간직하고 무기력한 존재로 지내면서 현실을 절망적으로 받아들이는 것이다. 그리고는 절망을 즐기듯이 행동하며 힘들어서 위로를 받아야 한다는 표정을 지으며 힘들다는 얘기를 하는 것이다. 스스로를 절망에 던져버리고는 방치하는 것이다.

누구나 힘든 일을 겪으면 그렇게 행동하고 처신할 것이다. 하지만 훌훌 털어버리고 일어서야 할 때를 모른다면, 안쓰러운 시선을 받는 존재로 전락한다. 더 이상 필요 없는 짐이 되는 것을 자초하게 된다. 그럼 큰일을 맡고 싶어도 하지 못하게 된다.

현대 사회는 리더가 필요하다. 리더는 누군가가 아니라 자신이라는 확신을 가져라. 그러려면 명대화와 설득할 수 있는 환대하는 설득가로 바로 서야 한다. 환대하는 설득가는 아름다운 인생의 실화가 넘친다. 또한 진솔하게 체험된 이야기와 사례가 풍부하다. 이를 만들고 있는 자신을 그려보라. 그럼 위대한 사회복지리더로 우뚝 설 것이다.

인생. 그것을 논하고 얘기하면서 멋진 삶을 기대하듯이 우리의 삶이 결코 이렇지 않다는 무언가를 시도하라. 사랑을 갈구하면서 사랑을 찾지 못하는 현실을 극복해야 한다.

진정한 나를 발견하고 싶다면 자신의 스타일을 개발해야 한다. 창조적으로 고민해야 한다.

"분명 독자는 위대한 대화설득가로, 사회복지리더로 리더십을 발휘할 것이다."

참고문헌

강정애·태정원·양혜현·김현아·조은영(2010). 리더십론. 서울: 시그마프레스.
강훈·민세홍·김미영(2013). 창의와 소통의 리더십. 서울: 교육과학사.
김명교(2004). 따뜻한 리더십. 서울: 은금나라.
김영한(2009). 창조리더십 2.0. 경기: 위즈덤하우스.
김윤호·김태완(2015). 리더십의 이해. 경기: 형성출판사.
김재득·김현성·박은미·홍순목·이종덕(2017). 신언서판리더혁명. 경기: 공동체.
박계홍김종술(2014). 변화와 혁신을 위한 리더십. 경기: 학현사.
서영남(2005). 민들레 국수집. 서울: 더북컴퍼니.
서영남(2010). 민들레 국수집홀씨하나. 서울: 휴.
오응수(2014). 스포츠조직의 갈등과 리더십. 경기: 학현사.
이영관(2010). 스펙트럼리더십. 경기: 대왕사.
임봉영(2012). 개정증보 서비스 리더십. 서울: 백산출판사.
유진이·박철웅·최순종(2008). 세계화와 글로벌 리더십. 평택대학교 다문화가족센터. 경기: 양서원.
최혜림(2013). 자기브랜드 리더십. 경기: 양서원.
허갑수·변상우(2013). 파워리더십. 서울: 도서출판청람.
홍사중(1999). 리더와보스. 경기: 사계절.

Bob Rosner & Allan Halcrow(2001). *The Boss's survival guide*. 최고의 팀을 만드는 리더의 법칙. 김은령 역(2002). 서울: 청림출판.
Dale Carnegie(1998). *How to win friends and influence people*. 카네기 스피치 & 커뮤니케이션. 최염순 역(2004). 서울: 씨앗을 뿌리는 사람. 케네기트레이닝 카네기연구소. 23-148에서 일부내용 발췌하여 재인용 및 수정.
David A. Whetten & Kim S. Cameron(2006). *Developing Management Skills*. 관리스킬의 개발 I: 개인스킬. 김정은·오정은·장환영 역(2017). 서울: 교육과학사.

Duke Corporate Education(2006). *Coaching and feedback for performance*. 중간관리자의 성과코칭스킬. 박정민·김용운·임대열 역(2009). 서울: 이너북스.

Gary A. Yukl(2012). *Leadership in Organizations*. 현대조직의 리더십 이론(제8판). 강정애·이상욱·이상호·이호선·차동옥 역(2011). 서울: 시그마프레스.

Elisabeth Kübler-Ross & David Kessler(2014). *Life Lessons*. 인생수업. 류시화 역(2006). 경기: 이레.

Henry Mintzberg & John Kotter. 리더십. 현대경제연구원 옮김(1999). 경기: 21세기 북스.

Louis Carter, David UIrich, & Marshall Goldsmith(2011). *Best Practices in Leadership Development and Organization Change: How the Best Companies Ensure Meaningful Change & Sustainable Leadership*. 세계초우량기업들의 리더십 개발과 조직혁신. 박래효·이관영 역. 서울: 시그마프레스

Peter G. Northouse(2011). *Introduction to Leadership*. 리더십 입문: 개념과 실천(제2판). 이용철·김진웅·김기홍·리상섭 역(2013). 서울: 시그마프레스.

Richard I. Hughes, Robert C. Ginnett, & Gordon J. Curphy(2009). *Leadership: enhancing the lessons of experience*(6ed). 개인·팀·조직의 경험으로부터 배우는 리더십. 정재삼·두민영·김은지·이영민(2013). 서울: 교육과학사.

Robert Coles(1989). *Dorothy day. A radical devotion* 환대하는 삶-도로시데이, 평화와 애덕의 83년. 박현주 역(2011). 서울: 낮은산.

Robert Hogan(2006). *Personality and the fate of organizations*. 성격과 조직의 성패. 이영석·오동근·오인수 역(2010). 서울: 시그마프레스.

Stephen R. Covey(1990). *Principle centered leadership*. 원칙중심의 리더십. 김경섭·박창규(2001). 경기: 김영사.

Wayne W. Dyer(2001). *Your erroneous zones*. 행복한 이기주의자. 오현정 역(2006). 경기: 21세기북스.

저자 소개 

이 재 용

문학박사(장애인복지, 사회복지행정 전공)

저자는 사회복지기관 컨설팅 전문가로 장애인거주시설 재활사업팀 팀장을 거쳐, 과장, 사무국장, 부원장, 원장을 역임하였으며, 종합사회복지관 부장과 관장으로 재직하면서 사이버평생교육원 운영교수, 한라대학교 겸임교수로 재직하였다. 현재 국가인권위원회 정신보건분야 인권강사로 활동 중이다. 사회복지실무중심의 교육과 사회복지기관 종사자들의 역량강화에 전력하고 있다.

현) 송호대학교 사회복지학과 교수
송호대학교 지역협력센터 센터장

[주요 저서]

- 『인간행동과 사회환경』(2013). 공저. 창지사.
- 『사회복지사의 역량강화를 위한 보고사무의 실제』(2015). 창지사.
- 『개정판 사회복지행정론』(2016). 공저. 형설출판사.
- 『현장중심의 통합사례관리』(2016). 창지사. 2017년 문화체육관광부 세종도서 선정
- 『사회복지프로그램 개발과 평가』(2017). 정민사 외 다수

[대표 논문]

- 거주시설 장애인의 사회적배제 경험연구(2014, 한국케어복지학회)
- 사회복지사의 직무소통 장애경험 연구(2016, 한국케어복지학회)
- 청소년의 자아존중감, 지역사회인식, 삶의 만족의 관계: 매개모형과 종단적 관계 중심으로(2017. 12, 한국보건복지학회, 보건과 복지)
- 사회복지사의 클라이언트 폭력경험 연구(2018, 보건복지학회, 보건과 복지) 외 다수

「대인관계의 지평을 넓히고 의사소통의 지혜를 선물하는
사회복지리더의 환대하는 리더십과 설득의 대화

초판 1쇄 인쇄 2018년 9월 1일
초판 1쇄 발행 2018년 9월 7일

지 은 이 | 이재용
펴 낸 이 | 김기섭
책임편집 | 이윤미
펴 낸 곳 | 창지사 www.changjisa.com
우) 08589 서울시 금천구 가산디지털 1로 83 파트너스타워I차 9층
전화 (02) 719-2211~3
팩스 (02) 701-9386
등 록 | 1977년 4월 28일·제1-421호

•저자와 협의하여 인지는 생략합니다.

ISBN 978-89-426-2372-3 (93330)

값 17,000원

「이 도서의 국립중앙도서관 출판예정도서목록(CIP)은 서지정보유통지원시스템 홈페이지 (http://seoji.nl.go.kr)와 국가자료공동목록시스템(http://www.nl.go.kr/kolisnet)에서 이용하실 수 있습니다.(CIP제어번호: CIP2018026839)」